国家出版基金项目

"十三五"国家重点出版物出版规划项目

"文化创意+"传统产业融合发展研究系列丛书 第一辑

秀彦 主编

"文化创意+"旅游业融合发展

李柏文 编著

知识产权出版社
全国百佳图书出版单位
——北京

图书在版编目（CIP）数据

"文化创意+"旅游业融合发展/李柏文编著.
—北京：知识产权出版社，2019.11
（"文化创意+"传统产业融合发展研究系列丛书/牛宏宝，耿秀彦主编.第一辑）
ISBN 978-7-5130-6495-8

Ⅰ.①文… Ⅱ.①李… Ⅲ.①旅游业—产业融合—文化产业—产业发展—研究—中国 Ⅳ.①F592.3 ②G124

中国版本图书馆CIP数据核字（2019）第214068号

内容提要

本书梳理了"文化创意+"旅游业融合发展的情况，系统地回顾了文化创意旅游产业的发展阶段、研究动态和融合效应，归纳总结了文化创意旅游渗透型和平台型融合发展的方式和实现路径。在此基础上，以理论结合案例分析的方式全面介绍了"吃、住、行、游、购、娱"旅游六要素与文化创意融合和孵化发展，以及旅游要素的文化创意技巧与方法。同时，也从宏观的视角介绍了旅游目的地的文化创意对象、内容和方法。最后，从文化创意业态、产业链和文化创意产业运营的视角，分析了文化创意旅游的七大业态，以及文化创意在全产业链中的应用。

责任编辑：李石华　　　　　　　责任印制：刘译文

"文化创意+"传统产业融合发展研究系列丛书（第一辑）
牛宏宝　耿秀彦　主编

"文化创意+"旅游业融合发展
"WENHUA CHUANGYI+" LÜYOUYE RONGHE FAZHAN

李柏文　编著

出版发行：知识产权出版社 有限责任公司	网　址：http://www.ipph.cn
电　话：010-82004826	http://www.laichushu.com
社　址：北京市海淀区气象路50号院	邮　编：100081
责编电话：010-82000860转8072	责编邮箱：lishihua@cnipr.com
发行电话：010-82000860转8101	发行传真：010-82000893
印　刷：三河市国英印务有限公司	经　销：各大网上书店、新华书店及相关书店
开　本：720mm×1000mm　1/16	印　张：17
版　次：2019年11月第1版	印　次：2019年11月第1次印刷
字　数：300千字	定　价：58.00元

ISBN 978-7-5130-6495-8

出版权专有　侵权必究
如有印装质量问题，本社负责调换。

序言

未来的竞争，不仅仅是文化、科技和自主创新能力的竞争，更将是哲学意识和审美能力的竞争。文化创意产业作为"美学经济"，作为国家经济环节中的重要一环，其未来走势备受关注。

党的十八大提出"美丽中国"建设。党的十九大报告提出"推动新型工业化、信息化、城镇化、农业现代化同步发展""推动中华优秀传统文化创造性转化、创新性发展""不忘本来、吸收外来、面向未来、更好构筑中国精神、中国价值、中国力量，为人民提供精神指引"。毋庸置疑，未来，提高"国家内涵与颜值"，文化创意产业责无旁贷。

2014年1月22日，国务院总理李克强主持召开国务院常务会议部署推进文化创意和设计服务与相关产业融合发展。会议指出，文化创意和设计服务具有高知识性、高增值性和低消耗、低污染等特征。依靠创新，推进文化创意和设计服务等新型、高端服务业发展，促进与相关产业深度融合，是调整经济结构的重要内容，有利于改善产品和服务品质、满足群众多样化需求，也可以催生新业态、带动就业、推动产业转型升级。之后，"跨界""融合"就成了我国国民经济发展，推动传统产业转型升级的热词。但是，如何使文化更好地发挥引擎作用？文化如何才能够跨领域、跨行业地同生产、生活、生态有机衔接？如何才能引领第一产业、第二产业、第三产业转型升级？这些都成了我国经济结构调整关键期的重要且迫在眉睫的研究课题。

开展"'文化创意+'传统产业融合发展研究",首先要以大文化观、大产业观梳理出我国十几年来文化创意产业发展中存在的问题,再以问题为导向,找到问题的症结,给出解决问题的思路和办法。

我国发展文化创意产业至今已有十几个年头,十几年来,文化创意产业的发展虽然取得了非常显著的成就,但也存在一些发展中的困难和前进中的问题,制约了文化创意产业的更大、更好发展。习近平总书记的"美丽中国""文化自信""核心价值观"以及"培育新型文化业态和文化消费模式"的提出,无不体现党和国家对文化、文化产业以及文化创意产业的高度重视。2017年8月,北京市提出"把北京打造成全国文化创意产业引领区,打造成全国公共文化服务体系示范区"的发展思路,建设全国文化中心。这可以说再一次隆重地拉开了文化创意产业大发展的序幕,同时也为全国的城市发展和产业转型升级释放出发展的信号,指明了一个清晰的发展方向——建设文化引领下的城市与发展文化引领下的产业。

现在,到了认真回顾发展历程与展望未来的一个重要时间节点。当前,我们应该沉下心来,冷静地思考,回顾过去、展望未来。回顾过去是为了总结经验,发现不足,梳理思路,少走弯路,找出问题的症结;展望未来会使我们更有信心。回顾过去的十几年,大致可分为五个阶段。

第一阶段:798阶段。自2002年2月,美国人罗伯特租下了798的120平方米的回民食堂,改造成前店后公司的模样。罗伯特是做中国艺术网站的,一些经常与他交往的人也先后看中了这里宽敞的空间和低廉的租金,纷纷租下一些厂房作为工作室或展示空间,798艺术家群体的"雪球"就这样滚了起来。由于部分厂房属于典型的现代主义包豪斯风格,整个厂区规划有序,建筑风格独特,吸引了许多艺术家前来工作、定居,慢慢形成了今天的798艺术区。2007年,随着党的十七大"文化大发展、大繁荣"战略目标的提出,全国各地的文化创意产业项目开始跃跃欲试,纷纷上马。

在这个阶段,人们一旦提起文化创意产业就会想起798艺术区;提起什么才是好的文化创意产业项目,人们也会认为798艺术区是个很好的范例。于是,全国各地负责文化产业的党政干部、企事业相关人员纷纷组成考察团到798艺术区参观、学习、考察,一一效仿,纷纷利用闲置的厂区、空置的车间、仓库引进艺术家,开始发展各自的文化创意产业。然而,几年下来,很多省市的"类798艺术区"不但产业发展效果不明显,有的甚至连艺术家也没有了。总之,大同小异,存活下来的很少。总体来说，这个阶段的优点是工业遗存得到了保护；缺点是盈利模式单一，产业发展效果不尽人意。

第二阶段：动漫游戏阶段。这个阶段涵盖时间最长，基本上可以涵盖2005—2013年，覆盖面最广，范围最大，造成一些负面影响。在这个阶段，文化创意产业领域又出现了一种普遍现象，人们一旦提起文化创意产业就一定会提到动漫游戏；一旦问到如何才能很好地发展文化创意产业，大多数人都认为打造文化创意产业项目就是打造动漫产业项目。于是，全国各省市纷纷举办"国际动漫节"，争先恐后建设动漫产业园，好像谁不建动漫产业园谁就不懂得发展文化创意产业，谁不建动漫产业园谁就跟不上时代的步伐。建设动漫产业园之势可谓是浩浩荡荡、势不可当。浙江建，江苏也建；河北建，河南也建；广东建，广西也建；山东建，山西也建。一时间，全国各省市恨不得都做同样的事，也就是人们都在做同样的生意，因此形成了严重的同质化竞争。几年下来，全国建了一批又一批动漫产业园，大多数动漫产业园基本上又是一个模式、大同小异：很多房地产开发商纷纷打着文化的牌子，利用国家政策，借助政策的支持，跑马圈地。其结果是不但动漫产业没发展起来，甚至是连个像样的产品都没有，结果导致很多动漫产业园又成了一个个空城。归纳一下，这个阶段的优点是游戏得到了很好的发展，尤其是网络游戏；缺点是动漫产业发展不尽人意，动漫产业园更是现状惨淡，可谓是一塌糊涂。

第三阶段：文艺演出、影视阶段。随着文化创意产业发展的不断深入，我国文化创意产业又开始进入文艺演出热阶段，在这个阶段一旦提起文化创意产业，人们又开始认为是文艺演出、文艺节目下乡、文艺演出出国、文艺演出走出去等，可谓是你方唱罢我登场，热闹非凡。在这个阶段，人们都又开始把目光投到文艺演出上，具体表现在传统旅游景点都要搞一台大型的文艺演出、各省市借助传统民俗节庆名义大搞文艺演出活动，甚至不惜巨资。2010年1月，随着《国务院办公厅关于促进电影产业繁荣发展的指导意见》的出台，我国又开始掀起电影电视产业发展新高潮。有一项调查表明：2009年、2010年、2011年连续三年每年都拍1000多部影视剧，但是20%盈利、30%持平、50%赔钱，这还不包括那些没有被批准上映的影视剧。在全国各省市轰轰烈烈开拍各种各样题材的影视片的同时，一些对国家政策较为敏感的企业，尤其是房地产企业，也把目标瞄向了影视产业，开始建立影视产业园，于是影视产业园如雨后春笋般地出现在全国各省市。其形式同动漫产业园基本类同，不外乎利用政策的支持，变相跑马圈地。

这个阶段的优点是文艺演出、影视得到了相应的发展；缺点是大多数影视产业园名不副实。

第四阶段：无所适从阶段。2013年，经过前几个阶段后，可以说是直接把文化创意产业推入了一个尴尬的境地，其结果是导致文化创意产业直接进入第四个阶段。可以说，几乎是全国各地各级管理部门、各企事业单位、甚至是整个市场都进入了一个无所适从阶段。在这个阶段，人们认为什么都是文化创意产业，什么都得跟文化、创意挂钩，恨不得每个人都想从文化创意产业支持政策中分得一杯羹。总之，在这个阶段，政府犹豫了，不知道该引进什么项目了；企业犹豫了，不知道该向哪个方向投资了；更多的人想参与到文化创意产业中来，又不知道什么是文化、什么是创意、什么是文化创意产业，真可谓是全国上下无所适从。

第五阶段：跨界·融合阶段。2014年2月26日，《国务院关于推进文化创意和设计服务与相关产业融合发展的若干意见》的发布，真正把我国文化创意产业引向了一个正确的发展方向，真正把我国文化创意产业发展引入了一个正确发展轨道——跨界·融合的发展之路。如何跨界、如何融合？跨界就是指让文化通过创造性的想法，跨领域、跨行业与人们的生产、生活、生态有机衔接。融合就是让文化创意同第一产业、第二产业、第三产业有机、有序、有效融合发展。可以这么说，2014年是我国文化创意产业发展的一个新的里程碑，也是一个分水岭，对我国文化创意产业的良性发展产生了积极的促进作用。

回顾过去五个阶段，我们深深意识到，中国经济进入发展新阶段处在产业转型期，如何平稳转型落地、解决经济运行中的突出问题是改革的重点。现在，虽然经济从高速增长转为中高速增长，但是进入经济发展新常态，必须增加有效供给。文化产业、文化创意产业作为融合精神与物质、横跨实物与服务的新兴产业，推动供给侧结构性改革责无旁贷。

在经济新常态下，文化的产业化发展也进入了一个新常态，在产业发展新常态下，文化产业的发展也逐步趋于理性，文化、文化产业、文化创意产业的本质也逐渐清晰。随之而来的是文化产业的边界被逐渐打破，不再有局限，范围被逐渐升级和放大。因此，促使文化加快了跨领域、跨行业和第一产业、第二产业、第三产业有机、有序、有效融合发展的步伐。

在产业互联互通的背景下，文化创意产业并不局限于文化产业内部的跨界融合，而正在和农业、工业、科技、金融、数字内容产业、城乡规划、城市规划、建筑设计、国际贸易等传统行业跨界融合。文化资源的供应链、文化生产的价值链、文化服务的品牌链，推动了文化生产力的高速成长。

在产业大融合的背景下，文化创意产业以其强大的精神属性渐趋与其他产业融合，产业之间的跨界融合将能更好地满足人们日益增长的个性化需求。打通文化创意产业的上下游链条，提升企业市场化、产业化、集约化程度，是有效推动我国经济结构调整，产业结构转型升级的必然选择。

基于此，我们整合了来自政府部门、高等院校、科研机构、领军行业等的相关领导、学者、专家在内的百余人的研究团队，就"'文化创意+'传统产业融合发展"进行了为期三年的调查研究和论证，形成了一个较为完善的研究框架。调研期间，我们组成26个课题组，以问题为导向，有的放矢地针对国内外各大传统产业及相关行业进行实地调研，深入了解"文化创意+"在传统产业发展中的定位、作用、重点发展领域以及相关项目。在调研成果基础上，我们从"农业""电力工业""旅游业""金融业""健康业""广告业""会展业""服饰业""动漫游戏""生态环境产业""产城融合""国际贸易"等26个角度，全方位剖析"文化创意+"与传统产业融合发展的路径与模式，力图厘清"文化创意+"与传统产业融合发展的当下与未来，找到我国经济结构调整、传统产业转型升级的重要突破口。

同时，在每个子课题内容上，从案例解析、专家对话与行业报告等多个层面进行叙述，研究根植于"文化创意+"传统产业融合发展的实践过程，研究结果也将反作用于"文化创意+"传统产业融合发展的实践，从提出问题入手，全面分析问题，对趋势进行研判。研究成果将能够为文化建设、文化产业转型升级、传统产业可持续发展的实际提供借鉴，最终探索出"文化创意+"与传统产业融合发展的现实路径。

截至今日，已完成系列丛书的第一辑，共12分册，即《"文化创意+"农业融合发展》《"文化创意+"电力工业融合发展》《"文化创意+"旅游业融合发展》《"文化创意+"健康业融合发展》《"文化创意+"金融业融合发展》《"文化创意+"服饰业融合发展》《"文化创意+"动漫游戏融合发展》《"文化创意+"广告业融合发展》《"文化创意+"会展业融合发展》《"文化创意+"产城融合发展》《"文化创意+"生态环境产业融合发展》《"文化创意+"国际贸易融合发展》。其余的课题，将会陆续完成。

本套丛书紧紧围绕如何服务于党和国家工作大局，如何使文化产生更高生产力，如何使文化发挥引擎作用，引领第一产业、第二产业、第三产业转型升级展开，以问题为导向，本着去繁就简的原则，从文化创意产业的本质问题和 26 个相关行业融合发展两方面展开。

第一方面以大文化观、大产业观深刻剖析文化创意产业的本质。2016 年 3 月，此课题被列入"十三五"国家重点出版物出版规划项目后，我们即组织专家学者，重新对文化创意产业的本质问题就以下几个核心方面进行了系统梳理。

1. 文化创意产业的相关概念与定义

文化是人类社会历史发展过程中所创造的物质财富及精神财富的总和。是国家的符号，是民族的灵魂，是国家和民族的哲学思想，是城市与产业发展的引擎，更是供给侧的源头。

创意是指原创之意、首创之意。是智慧，是能量，是文化发展的放大器，是文化产业发展的灵魂，是传统产业转型升级的强心剂，更是新时代生产、生活、生态文明发展的核心生产力。

产业是指行业集群。是国家的支柱，是命脉，是人们赖以生存的根本，更是文化发展、国家经济结构调整的关键所在。

文化创意产业是把文化转化为更高生产力的行业集群。是文化产业与第一产业、第二产业、第三产业的整体升级和放大，是新时代最高级别的产业形态。

2. 我国发展文化创意产业的意义

文化创意产业项目的规模和水平，体现了一个国家的核心竞争力，我国发展文化创意产业，对于调整优化我国产业结构，提高我国经济运行质量；传承我国优质文化，弘扬民族先进文化；丰富人民群众文化生活，提升人民群众文化品位，增强广大民众的历史使命感与社会责任感；培育新型文化业态和文化消费模式，引领一种全新而美好的品质生活方式；提升国家整体形象，提升我国在国际上的话语权，增强我国综合竞争力，促进传统产业的转型升级与可持续发展都具有重大战略意义。

3. 我国发展文化创意产业的目的

我国发展文化创意产业的目的是使原有的文化产业更具智慧，更具内涵，更具魅力，更具生命力，更具国际竞争力，更能顺应时代发展需要；能够使文化发挥引擎作用，激活传统产业，引领其转型升级。

我国发展文化创意产业，从宏观上讲，是赶超世界先进发达国家水平，提升国家整体形象；从微观上讲，是缓解我国产业转型升级压力，弥补城市精神缺失，解决大城市病的问题；从主观上讲，是丰富人民群众文化生活，提升人民群众文化品位，使人民群众充分享受文化红利，缩小城乡居民待遇差距；从客观上讲，是全国人民自愿地接受新时代发展需要的产城融合，配合文化体制、城乡统筹一体化的改革。

总之，我国发展文化创意产业的最终目的是，把文化转化为更高生产力；把我国丰富、优质而正确的文化内容通过创造性的想法融入产品、产业发展的审美之中，融入人们的生产、生活、生态的审美之中，然后按照市场经济的规律，把它传播、植入、渗透到世界各地。

4. 文化创意产业的经济属性、原则和规律

文化创意产业，说到底还是经济行为，既然是经济行为，就应该有经济属性，文化创意产业的经济属性是美学经济，因为文化创意产业的所有板块均涉及如何将丰富的文化内容创造性地融入其产品的审美之中。

美学经济是文化创意产业发展的规律和原则，也就是说原有产业由于美之文化的介入，会增加内涵、提升魅力并形成正确而强大的精神指引，以此促使产业链的无限延伸与裂变。文化创意产业所指的美是需要设计者、创作者等能够充分了解美的一般规律和原则，并遵循这个规律和原则。既然是规律就要遵循，既然是原则就不可违背，所以说文化创意产品必须是美的，不但表现形式美，更要内容美，也就是说一个好的文化创意产品必须从内到外都是美的，因为美就是生产力。

5. 文化创意的产品特点、产业特征、产业特性

产品特点：原创性，具有丰富、优质、正确、正能量的文化内涵，有一定的艺术欣赏价值和精神体验价值，低成本、高附加值，可以产生衍生品且其衍生品可大量复制、大规模生产，有一条完整的产业链。

产业特征：以文化为本源，以科技为后盾，以艺术体验为诉求，以市场为导向，以产业发展为出发点，以产业可持续发展为落脚点，以创意成果为核心价值，以美学经济为发展原则。对资源占用少，对环境污染小，对经济贡献大。

产业特性：以文化为价值链的基础，进行产业链的延伸与扩展，文化通过创意与相关产业融合使其产业链无限延伸并形成生物性裂变，从而使文化创意产业形成几何式增长。

第二方面了解文化创意与传统产业融合发展的方向、方式和方法。关于这方面内容，在各个分册中有详细阐述。

总之，我国文化创意产业的兴起，标志着生活艺术化、艺术生活化，产业文化化、文化产业化，产业城市化、城市产业化，文化城市化、城市文化化时期的到来；意味着文史哲应用化时期的开始；预示着一种全新而美好的品质消费时代的降临。基于此，在这样一个全新的历史时期，文化创意产业应如何发展？文化创意应如何引领传统产业转型升级？文化创意产业重点项目应如何打造？又如何把它合理规划并形成可持续发展产业？是我国经济发展的迫切需要；是直接关系到能否实现我国经济结构调整、传统产业转型升级并跨越式发展的需要；是我们如何顺应时代潮流，由"文化大国"向"文化强国"迈进的重大战略的需要；是我们有效践行"道路自信、理论自信、制度自信、文化自信"的需要。

在我国经济结构调整、传统产业转型升级的关键时期，要发展我国文化创意产业，就必须加快推进文化创意与传统优质产业融合发展的国际化进程，在生产方式和商业模式上与国际接轨；必须做到理论先行，尽快了解文化创意产业的本质，确立适合自身发展的商业模式；必须尽快提高文化创意产业项目的原创能力、管理水平、产业规模和国际竞争力，在国内与国际两个市场互动中，逐步向产业链上游迈进；在产业布局上，与国际、国内其他文化创意产业项目避免同质竞争，依托我国深厚而多元的文化优势、强大而充满活力的内需市场加之党和国家的高度重视、大力支持以及社会各界的积极参与。可以预见，一定会涌现出越来越多的属于我国自身的、优秀的独立品牌；必将会形成对我国经济结构调整、传统产业转型升级的巨大推动效应；必将会成为国际、国内一流的战略性新兴产业集聚效应的成功典范；也必将成为国际关注的焦点。

本套丛书的出版，将是新时代理论研究的一项破冰之举，是实现文化大发展、经济大融合、产业大联动、成果大共享的文化复兴的创新与实践。当然，一项伟大的工程还需要一个伟大的开端，更需要有一群敢为天下先的有志之士。纵观中国历史上的文化与产业复兴，没有先秦诸子百家争鸣，就没有两汉农业文明的灿烂；没有魏晋思想自由解放，就没有唐明经济的繁荣；没有宋明理学深刻思辨，就没有康乾盛世的生机盎然。基于此，才有了我们敢于破冰的勇气。

由于本人才疏学浅，其中不乏存在这样或那样的问题，还望各位同人多提宝贵意见和建议；希望能够得到更多有志之士的关注与支持；更希望"'文化创意+'

传统产业融合发展研究"这项研究成果，能够成为我国经济结构调整、产业结构转型升级最为实际的理论支撑与决策依据，能够成为行业较为实用的指导手册，为实现我国经济增长方式转变找到突破口。

最后，我谨代表"十三五"国家重点出版物出版规划项目"'文化创意+'传统产业融合发展研究系列丛书"课题组全体成员、本套丛书的主编向支持这项工作的领导、同人以及丛书责任编辑的辛勤付出表示衷心感谢！由衷地感谢支持我们这项工作的每一位朋友。

是为序！

耿秀彦

2019年3月

前言

　　文化创意旅游就是文化资源通过创意开发之后成为旅游产品所引致的旅游活动与现象的总和。从产业融合的视角来看，文化创意旅游是一种新的旅游业态，它源自文化、创意和旅游三种业态的融合，是文化产业、创意产业和旅游产业的交集。文化产业、创意产业和旅游产业都是21世纪的朝阳产业。文化创意旅游产值在GDP中的占比是衡量一个国家经济是否发达的重要标志。文化创意旅游是中国进入后工业化时代的必然产物，2015年，中国服务业占比首次达到50.5%，这标志着中国已经步入服务经济时代。文化创意旅游消费因其具有消费规模大、资源消耗低、消费需求弹性高、消费频率高、消费周期短、全季覆盖等特征，成长为万亿级产业，在当代服务业中的地位越来越重要，对当代中国消费升级和经济结构转型具有历史性的作用。一方面，旅游业因其综合带动效应成为服务业的龙头产业和七大幸福产业之首。2017年，中国旅游总收入5.40万亿元，旅游业综合贡献值9.13万亿元，占GDP总量的11.04%。旅游直接就业2825万人，旅游直接和间接就业7990万人，占全国就业总人口的10.28%。文化创意产业因对其他产业具有产业渗透与提升作用而得到迅速扩张。2016年，全球文化创意产业产值高达2.25万亿美元，直接和间接就业人数2950万，占世界总人口的1%。其中中国文化及相关产业增加值为30785亿元，占GDP的比重为4.14%，在文化产品生产所涉及的7个类别中，文化创意和设计服务的增加值位列第一。另一方面，文化旅游消费升级会推动市场创新和品牌创新，引领产业供给侧的改革、创新和升级，需求引导供给是服务经济的一个重要特征。因此，随着文化创意经济的崛起和旅游黄金时代的到来，文化创意旅游将成为实现中国由"中国制造"走向"中国创造"的重要推力。

文化创意旅游多业态融合主要有两类融合方式：一类是渗透型融合，主要表现为内容型融合，它会产生新的消费内容；以及工具型融合，其中某一产业仅仅是一个改善或优化其他产业的工具，本身没有生产消费内容和不具备直接消费价值；第二类是平台型融合，文化与旅游融合是平台型融合，旅游作为一个平台产业发挥了整合和集聚功能。文化创意与旅游要素的融合主要表现为渗透型融合，通过创意对文化资源的旅游转化功能，把文化创意这一种无形的资源注入吃、住、行、游、购、娱等全要素环节之中，并用文化创意的思维方式对各要素功能、价值进行完善与提升，提高旅游要素的附加值，促进旅游要素的旅游化发展和品质升级。文化创意对旅游的融合还表现在对整个目的地的创意加工能力。随着大众旅游和全域旅游时代的到来，旅游目的地环境成为旅游者接触最广、感知最直接、体验最深刻的要素，甚至可以说"目的地环境就是旅游资源，目的地环境就是旅游产品，目的地环境将成为未来旅游核心吸引力和竞争力之一"。因此，从宏观的视角来看，文化创意与旅游的融合就是与整个目的地的融合，这是文化创意在旅游目的地的宏大叙事，甚至可以说是把文化旅游创意写在天地间，为旅游者营造一种优质的旅游公共文化艺术环境。这是文化创意与其他产业融合所不具备的情形，是文化创意与旅游业融合所独有的现象。

文化创意旅游的主要业态包括旅游文化主题公园、旅游创意园区（基地）、旅游文化创意聚落、博物馆、影视旅游、旅游演艺、文化旅游节事等，文化创意旅游与这些业态的融合更多地表现为平台型融合，也就是文化创意旅游业态最终都会形成文化、创意、旅游三个产业融合发展的一个综合产业平台。不管是渗透型融合还是平台型融合，最终都会形成文化创意旅游产业链，文化创意旅游产业链构建意义重大，是促进产业链内部的业态的协同发展、实现区域旅游经济和谐发展的关键所在。

文化创意旅游产业可以通过横向（关联产业）、纵向两种方式构建产业链。纵向延伸主要针对旅游要素产业的深度开发，横向延伸重点则在与关联产业的融合发展。文化创意旅游产业链的运营是由产业内外能够促进文化创意旅游发展的相关因素共同构成的一个复杂系统，需要根据文化创意旅游的具体要求，整合各种产业要素，对文化创意产品内外部环境和管理运营模式进行完善提升，搭建文化创意旅游发展平台，培养文化创意旅游主体和创意阶层，形成创意文化，从而促进文化创意旅游产品的销售和文化创意旅游企业集聚，最终实现文化创意旅游产业的聚合。

如果说文化是旅游的灵魂，那么文化创意是旅游灵魂的深处；如果说文化是旅游的皇冠，那么文化创意就是皇冠上的那一颗明珠。文化产业作为国民经济支柱性产业，旅游业作为人民群众满意的战略性支柱产业，二者通过创意方式持续互动发展、渗透发展和融合发展，并成为服务经济时代的主要力量。一方面，文化创意是旅游业可持续发展的重要原动力，它是提高旅游业附加值，进而推动中国优质旅游发展的必然要求。另一方面，旅游业是文化创意产业重要的应用平台和展示舞台，旅游业为文化创意产业带来价值实现机会、市场机会和品牌化机会，从而促进文化创意产业的繁荣与发展。文化创意旅游将是挖掘地方文化、完善旅游产业、促进经济结构调整、带动区域经济发展的重要产业工具和产业平台。可以预见，二者的深度融合发展将成为未来服务业发展的新亮点和新热点，并将极大地推动中国文化旅游产业的深化、品牌化和国际化，助力中华民族的伟大复兴。

目录

第一章　文化创意产业与旅游业

第一节　文化产业 /2

第二节　创意产业 /5

第三节　旅游产业 /11

第二章　文化创意旅游业

第一节　文化创意旅游的界定 /16
　一、文化创意旅游的内涵 /16
　二、文化创意旅游的特征 /18
　三、文化创意旅游实现形式 /20

第二节　文化创意旅游发展阶段 /23
　一、伴生型萌芽发展阶段 /23
　二、文化创意旅游阶段 /23
　三、文化与科技创意旅游阶段 /25

第三节　文化创意旅游的效应 /27
　一、内部互动融合效应 /27

二、外部综合带动效应 /29

第三章　文化创意旅游融合方式与路径

第一节　文化创意旅游产业融合方式 /34
　　一、渗透型融合 /34
　　二、平台型融合 /36
第二节　文化创意旅游融合业态演进 /39
　　一、文化创意旅游产品 /39
　　二、文化创意旅游业态 /41
　　三、文化创意旅游产业体系 /42

第四章　文化创意与旅游要素融合

第一节　"文化创意+"餐饮 /46
　　一、主题餐饮环境的创意设计 /46
　　二、主题菜品的文化创意 /48
　　三、餐饮器具的文化创意设计 /50
　　四、餐饮服务方式的文化创意 /51
第二节　"文化创意+"住宿 /55
　　一、文化创意住宿的价值 /55
　　二、文化创意住宿类型 /56
第三节　"文化创意+"交通 /69
　　一、旅游交通道路文化创意 /69
　　二、旅游交通工具的文化创意旅游 /73
第四节　"文化创意+"景区 /81

一、景区文化创意 /81

　　二、景区形象口号创意 /86

　　三、景区的文化创意知识产权 /88

第五节　"文化创意+"购物 /94

　　一、文化创意旅游商品 /94

　　二、旅游商品文化创意原则 /97

　　三、旅游商品文化创意对象 /98

第六节　"文化创意+"娱乐 /105

　　一、娱乐旅游 /105

　　二、旅游娱乐文化创意设计 /107

第五章　"文化创意+"目的地

第一节　目的地品牌创意 /114

　　一、品牌主题创意 /114

　　二、品牌理念创意 /115

　　三、品牌行为创意 /117

　　四、品牌视觉创意 /119

第二节　旅游公共艺术空间 /124

　　一、旅游公共艺术空间的概念 /124

　　二、旅游公共艺术空间价值分析 /126

　　三、旅游公共艺术空间形态 /128

第三节　目的地城乡风貌 /140

　　一、城乡风貌 /140

　　二、城镇风貌 /141

　　三、乡村风貌 /153

第四节　旅游接待礼仪文化创意 /160

　　一、视觉迎宾创意 /160

　　二、听觉迎宾创意 /161

　　三、味觉迎宾创意 /162

第六章　文化创意旅游业态

第一节　文化主题公园 /166

　　一、文化主题公园概述 /166

　　二、文化主题公园的类型 /167

　　三、文化主题公园的创意设计 /171

第二节　文化创意旅游产业园 /173

　　一、园区的功能与类型 /174

　　二、发展路径与发展模式 /175

第三节　文化旅游创意聚落 /179

　　一、创意聚落理论与文化旅游创意聚落 /179

　　二、文化旅游创意聚落类型与发展模式 /182

第四节　博物馆文创旅游 /187

　　一、博物馆及其类型 /187

　　二、博物馆文创旅游概述 /188

　　三、博物馆文创旅游的特征 /189

　　四、博物馆旅游的文化创意设计 /190

第五节　文化旅游节事 /194

　　一、文化旅游节事及其功能 /194

　　二、文化旅游节事的类型 /197

　　三、文化旅游节事的创意设计 /199

第六节　影视旅游 /202
　　一、影视旅游概述 /202
　　二、影视旅游的形成因素 /203
　　三、影视旅游的产品与业态 /205
　　四、影视旅游的文化创意开发 /208
第七节　旅游演艺 /211
　　一、旅游演艺及其分类 /211
　　二、旅游演艺业发展历程 /212
　　三、旅游演艺的文化创意 /214

217 第七章　文化创意旅游产业链

第一节　文化创意旅游产业链的界定 /218
　　一、文化创意旅游产业链的定义 /218
　　二、文化创意产业链构建流程 /219
第二节　文化创意在旅游全产业链中的应用 /220
　　一、用创意深度挖掘与整合资源 /220
　　二、用创意设计与开发旅游产品 /223
　　三、用创意塑造文化旅游品牌 /225

227 第八章　文化创意旅游产业运营与促进

第一节　运营主体与模式 /228
　　一、文旅产业主体 /228
　　二、行业外部主体 /231
　　三、产业运营模式 /232

第二节　文化创意旅游促进 /236

一、政府统筹引导 /236

二、知识产权保护 /237

三、文化资源保护 /237

四、旅游者教育与管理 /238

第三节　文化创意旅游前景与展望 /240

一、文化创意旅游成为旅游业发展的核心业态 /240

二、文化创意旅游成为一种新的生产和生活方式 /240

三、文化创意旅游业态将不断演进与创新 /241

四、文化创意旅游政策将进一步完善与创新 /241

五、文化旅游管理体制改革将进一步深化 /241

243　主要参考文献

249　后记

第一章 文化创意产业与旅游业

文化是一个国家软实力的内核，也是21世纪全球最具创新性的领域，对文化产业的定义权还关系到国家的文化安全和国家的现代化转型，因此文化正成为世界各国战略竞争的要地。而与此同时，创意产业也因其"创意无限、价值无限"的特征成为许多国家和地区优先发展的战略产业。而文化创意旅游既与创意产业相关，同时也与文化产业和旅游产业相关，是三者的相互渗透、互动、融合，并最终孵化出的一种全新业态。

第一节 文化产业

文化通纹画,是人区别于动物的主要标志,是人之所以成为人的象征。文化是人类在历史社会发展过程中所创造的物质财富和精神财富的总和。"所创造的"是指过去式,属于已经形成的,故文化只可以创意而不可以创新,因为一旦创新就没了原有的文化。文化作为一种精神几乎无处不在,但作为一种物质它又是具象的。文化的内涵决定了文化产品既有有形的物质作为载体,又有无形的精神蕴含其中。"大众文化是一个特定范畴,它是指兴起于当代都市的,以全球化的现代传媒为介质大批量生产的当代文化形态。在消费时代由消费意识形态来筹划、引导大众的,采取时尚化运作方式的当代文化消费形态。它是现代工业和市场经济充分发展后的产物,是当代大众大规模化共同参与的当代社会文化公共空间或公共领域,是有史以来人类广泛参与的,历史上规模最大的文化事件"。[①]

人类进入农耕文明、工业文明之后,文化产品与服务被大规模有组织地用来生产和交易,这标志着文化产业的诞生。文化的物质属性和精神属性决定了文化产业具有显著的二重性,即既有文化和精神的属性,也有经济和商业的属性。[②] 20世纪40年代,德国法兰克福学派的西奥多·阿多诺(Theodor W.Rdorno)和马克斯·霍克海默(M.Max Horkheimer)认为,"文化产业"是"一个人只要有了闲暇时间,就不得不接受文化制造商提供给他的文化产品或服务,而且一旦制造商为消费者提供了服务,就会将消费者图式化"。20世纪80年代,日本学者日下公人中也认为,文化产业的目的就是创造一种文化符号,然后销售这种文化和文化符

[①] 参见国家统计局发布的《文化及相关产业分类(2012)》和《文化及相关产业增加值核算方法》。

[②] 胡惠林.文化产业学概论[M].上海:上海文艺出版社,2006:109-112.

号。[1] 1980年，联合国教科文组织在蒙特利尔召开专家会议，会议提出："文化产业是文化产品和服务在产业和商业流水线上被生产、再生产、储存或者分销。"20世纪90年代，美国将文化产业视为可商品化的信息内容产业，文化元素一旦与现代科技结合形成工业体系，客观上就会产生巨大的社会影响力[2]，并催生一个巨大的新产业。文化产业链包括文化创作业、文化制作与传播业和以文化意义为基础的产业三个层面。[3] 因此，文化产业是对文化现象的商业化和经济化处理，具有文化传承和文化生产的双重目标，甚至可以说，文化产业的主要特征是规模庞大且基于经济考虑而非文化发展考虑[4]，即追求工业化和标准化生产以降低成本，获取更大的经济效益。这与文化创意的天性与公共属性具有内在的矛盾性，工业生产追求标准化和规模化，而文化创意追求个性化和小众化，因此文化产品的工业化和标准化生产不但会扼杀人类的个性与创造力，也会降低文化福利性，提高消费门槛。

由于对文化产业存在不同的理解和定义，世界各国和地区对文化产业的界定与统计也存在较大的差异。美国把文化产业定义为版权产业，英国定义为创意产业，西班牙定义为文化消费产业，与中国相近的日本、韩国等国家定义为文化产业。中国在2000年首次提出"文化产业"，并被列入了国家发展战略。2004年首次从政府统计的角度对文化及相关产业进行了全面的界定。文化及相关产业是指"为社会公众提供文化、娱乐产品和服务的活动，以及与这些活动有关联的活动的集合"[5]，它既包括广播电视、娱乐节目、出版与音乐等电视广播节目类，另外还包括舞蹈、美术、文学等艺术类。2012年，中国对文化产业的分类和核算进行了修订，将为人民大众提供文化娱乐产品的服务性活动共同标定为文化产业以及相关产业。为了规范对文化产业的口径，将文化产业相关的几类列为"文化产业"的范畴，并将其分为文化产业核心层、文化产业外围层和文化产业相关层（见表

---

[1] 李建中.论社会主义的文化产业[J].人文杂志，1988（3）：38-44.

[2] 苑捷.当代西方文化产业理论研究概述[J].马克思主义与现实，2004（1）：98-105.

[3] 金元浦.重新审视大众文化[J].当代作家评论，2001（1）：84.

[4] 唐任伍，赵莉.文化产业：21世纪的潜能产业[M].贵阳：贵州人民出版社，2004：8.

[5] 张文洁.英国创意产业的发展及启示[J].云南社会科学，2005（2）：85-87.

1-1)。我国香港把文化创意产业定义为文化创意和商品生产的结合，包括表演艺术、电影电视、出版、艺术品及古董市场、音乐、建筑、广告、数码娱乐、电脑软件开发、动画制作、时装及产品设计等行业。台湾地区把其定义为"源自于创意或文化积累，通过智慧财产的形式与运用，实现创造财富与增加就业机会，并促进整体生活提升"。

表 1-1 中国文化产业及相关产业

文化产业圈层	主要产业内容
文化产业核心层	新闻、书报刊、音像制品、电子出版物、广播、电视、电影、文艺表演、文化演出场馆、文物及文化保护、博物馆、图书馆、档案馆、群众文化服务
文化产业外围层	互联网、旅行社服务、游览景区文化服务、室内娱乐、游乐园、休闲健身娱乐、网吧、文化中介代理、文化产品租赁和拍卖、广告、会展服务
文化产业相关层	文具、照相器材、乐器、玩具、游艺器材、纸张、胶片胶卷、磁带、光盘、印刷设备、广播电视设备、电影设备、家用视听设备、工艺品的生产和销售等

第二节 创意产业

英国把广告、建筑、艺术和文物交易、工艺品、工业设计、时装设计、电影、互动休闲软件、表演艺术、出版、电视、广播等13个行业认定为创意产业。1986年，英国经济学家罗默（Romer）首次提出创意产业。1997年，时任英国首相布莱尔组织成立了"创意产业特别工作小组"，其目的是为了提升人的原创力在经济中的贡献度，认为创意产业是源于个人才华、技能和创造力的组织活动，是个人或组织通过知识产权的开发、利用和推广，使这些知识产权活动发挥创造经济效益和提升就业率的效应。[1] 另一层面，通过文化知识创新来获取潜在财富，为企业探寻发展的动力，提供更多的就业机会。[2] 约翰·霍金斯提出，创意产业是某一个区域中以脑力工作占主导，创造的是知识产权。因此，创意产业是以创新理念、先进技术方法等信息和思维要素为投入，将个人创意与专业技术相结合，通过创意形成知识产权来增加产业链和消费环节的价值，并实现价值的创造与财富的增长。可见创意产业的培育与发展需要从研发者和设计者的角度出发，注重人才的自我创造力和能动性，同时需要配套良好的知识产权保护政策。

21世纪以来，全球创意产业处于快速增长阶段，全世界创意产业每天创造的产值高达220亿美元，并正以5%左右的速度递增。全世界越来越多的国家和城市把创意产业作为重要战略产业进行优先发展。英国、新加坡等国家在1998年就将创意产业定为21世纪的战略产业，2002年开始编制创意产业的发展战略规划。

---

[1] RICHARDS G W, RAYMOND C. Creative Tourism [J]. Atlas News, 2000 (23):16-20.

[2] ALVAREZ M D, SALMAN D, UYGUR D. Creative tourism and emotional labor: an investigatory model of possible interactions [J]. International Journal of Culture Tourism & Hospitality Research, 2010, 4 (3):186-197.

2000年，日本创意产业中的电子游戏软件创收居世界第一，电影与音乐创收分别列世界第二位。当前，以创意产业为核心推动力的新经济的增加值已占据美国GDP的70%，而加拿大则占到了GDP的60%。据不完全统计，中国有200个以上的城市把创意产业作为战略支柱产业来建设。香港是中国创意产业发展最为成熟的地区，2001年全港有创意产业企业3万多家，从业人员17万之多，对经济贡献高达460亿港元，占GDP总量的3.8%。

文化创意产业（Cultural and Creative Industries）是人们在物质产品极大丰富之后，为满足精神与文化的需求，发挥人的智慧、技能和天赋所形成的创造力或运用现代先进技术，对文化资源进行整合、开发和创新，形成文化知识产权，创造出高附加值的文化产品或服务，并对其进行规模化和组织化开发、运营、营销、管理的行业。它是文化产业和创意产业的交集，是文化产业与创意产业融合发展的必然结果。文化创意产业是文化产业的一部分，二者相同之处都是通过市场来服务于人民群众，并且具有服务人民精神和物质需求的双重目标，二者不同之处是文化产业是将文化变成商品服务于大众，而文化创意产业不仅是停留在文化的简单商品化，更是把文化通过进创意行商品化。可见，文化创意产业更加注重的是用创意来提高商品的附加值，这也是文化创意产业与文化产业最根本的区别。但也有英国等一些国家把文化创意产业直接等同文化产业，认为文化产业中创意几乎无处不在，文化产业的创意属性不言而明。文献研究表明，文化创意产业有三个显著特征：一是在产品生产过程中通过添加文化创意元素而形成产品的审美与文化功能，换而言之，创意是文化产业很重要的生产要素；二是文化创意产业的产品表现形式是文化产品或精神产品，并以文化知识产权交易而存在，具有可消费性和可交易性；三是产品的创意价值源自于文化创意人的智慧和天赋以及与之匹配的创新能力，是对文化的再生产和价值再造。

文化创意产业本质上是一种经济形态，是强调人的创造力、文化艺术和科学技术对经济发展起到核心支撑作用的一种产业形态，已成为各国经济发展的重要增长动力之一，并成为知识经济时代下的新兴产业。在各国政府的主导下，文化创意产业进入快速发展时期，显现出强劲的增长趋势。英国通过发展创意产业实现了经济从制造型向创意服务型的转变，并对其经济的可持续发展产生了重大而深远的影响。1997年英国文化创意产业产值仅为600亿英镑，到2002年达到了1125亿英镑，增加值达809亿英镑，占其全国GDP的9%。文化创意产业成为英国仅次于金融业的第二大产业。

中国在《国家"十一五"时期的文化发展纲要》中首次提出文化创意产业，成为第一个由政府提出使用文化创意产业的国家。2009年出台了《文化产业振兴规划》，提出"要大力培育市场主体，加快转变文化产业发展方式，进一步解放和发展文化生产力，将文化产业培育成国民经济新的增长点"。2014年的《政府工作报告》中进而提出"要大力发展旅游、创意设计等生活和生产服务业"。但中国最早使用文化创意产业这个概念的是香港和台湾地区。香港非常重视文化创意产业的发展，成立了文化创意产业策略发展委员会，先后启动2.5亿港元设立基金，成立"创意及设计中心"，推出"设计智优计划"。而台湾把发展文化创意产业作为一个重要的产业，制定了文化创意产业的发展规划和行动方案。在中国大陆，上海市授牌首批18家"创意产业集聚区"，吸引了近30个国家和地区的400多家各类设计创意企业入驻，集聚了1万多名创意人才，为上海开创了一个新型的充满无穷潜力的新产业。2015年，上海文化创意产业实现增加值3020亿元，占全市GDP比重12.1%。北京市明确提出要加快文化创意产业发展，使它成为首都经济的支柱产业，已经形成了798艺术区等10个文化创意产业积聚区。2015年，北京文化创意产业的增加值为3179.3亿元，占北京GDP比重13.8%。此外，深圳为1757亿元，占全市GDP比重10%；杭州文化创意产业的增加值为2232.14亿元，占全市GDP比重22.2%（见表1-2）。可见，中国的主要一线城市均非常重视文化创意产业的发展，文化创意产业是实现城市文化转型的重要助力。

表1-2　中国文化创意产业分布情况

城市	创意产业形式
上海	上海已经建成50个创意产业园区，目标是与东京、伦敦、纽约一起，成为"国际创意产业中心"
北京	北京市文化创意产业发展势头迅猛，并形成了以30个市级集聚区为载体、带动区县集聚区发展的文化创意产业空间发展模式
广州	广州有24个创意产业园，并建设6个产业创意中心，建设创意越秀，创意广州
深圳	深圳的文化产业投入产出比位居全国之首，深圳的创意产业包括动漫、建筑、印刷、服装等

续表

城市	创意产业形式
杭州	杭州创意产业的标志是该市最大的设计联盟——LOFT49。这片云河边近万平方米的旧厂房汇聚了17家艺术机构
东莞	东莞形成了以印刷业为支柱,以演艺娱乐、大众传媒、文化旅游、出版发行和艺术教育培训业为主干的文化产业体系
苏州	苏州是上海创意工厂的落脚地
南京	南京是全国文化创意产业园发展最快、数量最多的省会城市
西安	西安形成了围绕唐延路的文化创意产业带,聚集了一批国内外知名创意企业,是西安文化创意产业发展的聚集地
宁波	宁波形成影视制作、动漫设计和表演、工业设计、建筑设计、工艺美术等一批文化创意产业集群

案例链接:国外文化创意产业

1. 法国

文化创意产业是法国国民经济的重要支柱产业之一,对提升法国的国际竞争力和影响力起到了重要作用。法国文化创意产业涉及绘画与造型艺术、音乐、表演、电影、电视、广播、电游、图书、报刊9个领域。法国文化创意产业营业额总量已达到746亿欧元(其中直接营业额614亿欧元,间接收益132亿欧元)。总营业额的80%来源于文化产业的核心环节,如创意、生产、发行等,20%来自与上述9个领域有着紧密联系的服务性收入。法国文化创意产业占国内生产总值的2.8%,比重低于美国的6.4%,超过德国和欧盟的2.6%。文化创意产业营业额已超过营业额604亿欧元的汽车业和525亿欧元的奢侈品业,直逼营业额分别为662亿欧元、687亿欧元的通讯业和化工业。如果加入间接受益,以法国文化创意产业总营业额为参照,它正接近营业额778亿欧元的房产业和805亿欧元的餐饮业。文化创意产业的发展,还为法国居高不下的失业率缓解了不少压力。文化创意产业的60多种职业共有120万从业人员,占到了全国总就业人数的5%。其中，绘画与造型艺术从业人员30.8万、表演艺术26.8万、音乐制作24.1万、电视业17.6万、电影10.6万、报刊业10.2万、图书业8万、电游业2.4万、广播业1.7万。绘画与造型艺术、电视业与报刊业在经济收益层面拔得头筹。绘画与造型艺术营业额高达198亿欧元，其后是电视业149亿欧元（含广告收入）、报刊业107亿欧元、音乐制作86亿欧元、表演艺术84亿欧元、图书业56亿欧元、电游业49亿欧元、电影44亿欧元、广播业16亿欧元。

2. 英国

英国是世界上最具创意理念的国家，同时也是具有深厚文化积淀的国家，在发展文化旅游产业的过程中，处处显示出对英国历史文化的尊重、理解和保护。王室文化是英国旅游业的一大热点，英国王室领地对外开放的地方越来越多，不仅有不大使用的老王宫、伦敦塔，王室现在依然使用的温莎古堡和肯辛顿宫也长年对外开放，女王办公重地白金汉宫在女王休假的8月至9月也对旅游者开放；而博物馆文化是旅游的另一大热点。英国人珍视历史是出了名的，他们几乎把有价值的历史都放进了博物馆。他们在罗马浴池遗址上建立了一个博物馆，不仅把出土遗址全部保护起来，还用电视片制作了复原图像，描述出这个浴池400年的兴衰和当年的功能与习俗。特色文化也是英国旅游的传统热点，伦敦西区几十家剧院长年吸引着国内外旅游者，既有《歌剧院的幽灵》《悲惨世界》和莎士比亚戏剧等几十年长演不衰的传统节目，也有现代和前卫的艺术表演。全伦敦有108座剧院、音乐厅，每年夏季举行的爱丁堡艺术节已成为国际艺术盛会。威尔士图书节也是享誉欧洲的文化活动。伦敦市内近年发展起来的诺丁山艺术节、泰晤士河艺术节等也在逐步扩大规模。据英国文化部门的统计，英国每年的各种艺术节有500场左右。这些以本地风情为特色的民间艺术节，展现了英国丰富多彩的民俗文化。在文化因素的巨大影响力下，有力地促进了旅游业的发展。历史文化既是旅游资源的一部分，也是现代英国社会生活的重要内容，旅游与文化保护相互滋润、相互促进，良性循环，使英国的旅游资源不断丰富。

3. 美国

美国把自己的文化放在了基于不断想象的不断创新当中了。美国是世界上文化创意产业规模最大的国家,美国人认为创意经济是知识经济的核心内容,更是其经济的重要表现形式。没有创意,就没有新经济。迪士尼王国、好莱坞影视、百老汇戏剧产业园等这些耀眼的名牌向世界展示着美国文化创意旅游产业的丰硕成果。美国的歌舞、雕塑、歌剧、电影都令人神思向往,每个州都有各自的文化,保有自己的特色,并不会去一味地模仿和抄袭。美国的经验表明,真正可怕的是一个民族文化想象的枯竭,只有面向未来,想象未来,才有出路。

4. 日本

日本是亚洲文化创意产业最发达的国家。在日本,文化创意产业被称为感性产业。据日本经济产业及内容产业国际战略研究会提供的数据,在日本各种文化创意产业中,动漫产业占有重要地位。日本是世界上最大的动漫制作和输出国,有"动漫王国"之称。全球播出的动漫作品中有六成以上出自日本,在欧洲这一比例更是在八成以上。日本以动漫为主题展开的节庆、乐园、街区等数不胜数。①

---

① 张玉蓉. 加强旅游业与文化创意产业深度融合的有效途径[N]. 光明日报,2015-05-17(007).

第三节　旅游产业

19世纪托马斯·库克组织团体包车出游，标志着旅游产业的诞生。历经百年的发展，旅游产业已经成为全球最大的产业。世界旅游组织预测，2030年全球出境游客将达到18亿。旅游产业是以旅游资源为基础、以旅游设施为条件，向旅游者提供旅行游览服务的行业，有狭义和广义之分。狭义的旅游产业指与旅游活动直接相关的六要素产业，主要指旅行社、旅游饭店、旅游交通、旅游娱乐以及专门从事旅游商品买卖的旅游商业等行业。广义的旅游业，除专门从事旅游核心业务的部门以外，还包括与旅游相关的各行各业，现在也称之为全域旅游产业，它是与旅游活动中相关联的所有产业的集合，更多地表现为一种产业生态群落，甚至是一个经济体系。广义旅游业表现为产业综合性强、关联度高、拉动作用突出，能够很好地把物质生活消费和文化生活消费有机地结合起来。据不完全统计，与旅游相关的民航、铁路、公路、商业、食宿、国际金融、仓储物流、信息咨询、文化创意、影视娱乐、会展博览等行业或部门已超过128个，其中，旅游消费对住宿业的贡献率超过90%，对民航和铁路客运业贡献率超过80%，对餐饮业和商品零售业的贡献率超过40%，对文化娱乐业的贡献率超过50%。

中国是世界上旅游资源最丰富的国家之一，资源种类繁多，类型多样。改革开放以来，中国旅游业经历了起步、成长、拓展和全域化四个阶段，实现了从旅游短缺型国家到旅游大国的历史性跨越。中国旅游业全面融入国家战略体系，成为国民经济战略性支柱产业。国内旅游、入境旅游、出境旅游全面繁荣发展，中国成为世界最大的国内旅游市场、世界第一大国际旅游消费国，世界第四大旅游目的地国家。截至2018年12月，中国共有景区景点3万多个（其中A级景区10300多个，包括5A级259个、4A级3034个），红色旅游经典景区300个，国家级旅游度假区26个，旅游休闲示范城市10个，国家生态旅游示范区110个，在建自驾车房车营地900多个，全国通用航空旅游示范基地16个。2018年全年国内旅游人数55.39亿人次；入出境旅游总人数2.91亿人次；全年实现旅游总收入5.97万亿元。旅游业对GDP的综合贡献为9.94万亿元，占GDP总量的11.04%。旅游直接就业2826万人，旅游直接和间接就业7991万人，占全国就业总人口的10.29%。旅游已经成为人民群众日常生活的重要组成部分，标志着中国旅游业进入大众旅游时代。

文化旅游产业是文化产业与旅游产业的交集，是文化产业与旅游产业融合发展的必然结果。文化与旅游有着天然的紧密联系，文化与精神需求是旅游的重要动因之一，旅游本质上是文化或精神的体验和享受，业内俗称"文化是旅游的灵魂，旅游是文化的重要载体"。客观上，只有具有文化内涵的旅游产品，才具有持久的吸引力、感召力和生命力。我国文化和旅游部成立之后，把文化与旅游的关系定位为"能融则融，宜融尽融；以文塑旅，以旅彰文"。文化旅游泛指以鉴赏传统文化、追寻文化名人、游历文化遗迹或参加文化活动为目的的旅游。文化旅游具有文化属性、教育属性、体验属性、审美属性和创意属性。文化旅游在时间维度上可分为历史文化旅游和现代文化旅游；在内容维度上可分为古迹游览旅游、民俗体验旅游、宗教文化旅游、建筑文化旅游、饮食文化旅游等。文化旅游动机是有明确的求知或审美诉求，通过旅游感受目的地生活或进行知识学习，从而获取文化熏陶甚至是文化教育。比如汉诗旅游、书法学习旅游、围棋交流旅游、历史探秘旅游、名人足迹寻访旅游、民族风俗旅游等。另一方面，文化旅游过程中将伴随着文化的碰撞冲突、互动交流与融合生长，并推动着旅游新文化的形成，这是现代文化的主流文化形态之一。总之，文化旅游以其丰富的形态、深刻的内涵而表现出特殊的文化魅力。文化旅游产业则是依托人文旅游资源生产旅游产品的相关企业的集合。文化旅游产业的形成与旅游者需求是以文化消费的需求为前提，并因其文化附加值高、关联性高、带动性强而成为旅游产业中最具活力的一部分。

创意旅游是创意产业与旅游产业的交集，是两者融合发展的必然结果。1993年，皮尔斯（Pearce）和巴特勒（Butler）首次提出创意旅游，并将之作为旅游的一种内在产品形式。瑞查德（Richards）和罗曼德（Raymond）认为，创意旅游是指旅游者通过参加互动性工作坊（Interactive Workshop）与当地居民密切接触，在旅游过程中学习旅游目的地国家或社区的某种文化或技巧，体验旅游目的地的文化氛围。[1] 联合国教科文组织（UNESCO）定义创意旅游是一种趋于参与性、真实性体验的旅行活动，通过参与和学习传统艺术、技艺、文字和语言等地方特色文化，与目的地居民建立联系，并在这个过程中参与传承和创造地方活态文化。[2] 从创意旅游的内涵来看，其不同于其他旅游形式的显著特点主要表现在两个层面，一是创意旅游具有个体创意思维训练功能。理论上每个人都天生具有创造性思维，都有获取创意性体验的能力和机会，但大部分卓越才能是后天形成的，即便是创造性天才也不能脱离日常学习。[3] 创意能力可以从教育中获取，所以创意与学习之间存在着一定的关联性。瑞查德和威尔逊（Wilson）认为，创意旅游是利用当地技能、专长和传统为旅游者提供学习、自我发展和自我改造的经历（见表1-3）。在创意体验中，真实性不完全依靠外部的参照物或体验场景，而是取决于旅游者的想象力和技能精进的潜力。[4] 二是创意旅游具有创意生活场景功能。创意能力需要在生活中逐步培育和发展，创意旅游为个体与社会环境的协调、为创意与潜质的提升创造生活场景条件。[5] 瑞查德指出，创意旅游中企业相关人员必须明确其活动内容并与其区域特征相吻合，因而创意的场景已从个别特定区域转到广阔的社会环境。[6] 色贝昂嘎（Seburanga）等认为，生态环境与文化环境的协调、人与环境和谐成为激发旅游者创意潜能的重要场景。[7] 由此可

---

[1] SCHWARTZ S H. Universals in the Content and Structure of Values: Theoretical Advances and Empirical Tests in 20 Countries [J]. Advances in Experimental Social Psychology，1992，25（2）:1-65.

[2] DAVIS G A. A model for teaching for creative development [J]. Roeper Review，1982，5（2）:27-29.

[3] DAVIS G A. A model for teaching for creative development [J]. Roeper Review，1982，5（2）:27-29.

[4] 崔国，褚劲风，王倩倩，等.国外创意旅游内涵研究[J].人文地理，2011，26（6）:24.

[5] SEBURANGA J L，ZHANG Q. Heritage trees and landscape design in urban areas of Rwanda [J].林业研究（英文版），2013，24（3）:561-570.

[6] ALVAREZ M D，SALMAN D，UYGUR D. Creative tourism and emotional labor: an investigatory model of possible interactions [J]. International Journal of Culture Tourism & Hospitality Research，2010，4（3）:186-197.

[7] 白凯，原勃.扎根理论下的印象系列分析[J].陕西行政学院学报，2009，23（1）:15-20.

见，创意旅游是为旅游者提供一个主动参与实践和学习体验的机会与场景，通过旅游者的积极参与学习以及场景教化，激发旅游者自身创造潜力，促进旅游者自身发展和目的地的文化发展。从创意旅游的外延来看，创意旅游主要有三种参与方式：一是旅游者直接独立参与创意生产；二是旅游者超越观光层面，进行有价值的创意互动，共同开发分享创造潜能，提高相关的技能和增强创造力，并提升幸福感；三是指旅游者参与诸如建筑、电影、时尚、设计等创意产业观光或体验旅游。以上三个层面，旅游者参与创意生产的程度由高到低。创意旅游产业在国外已经引起了学界和业界的关注。新西兰于2003年发起了全国性组织"创意旅游新西兰"；联合国教科文组织于2004年建立了创意城市网络，并于2008年9月举办了关于创意旅游的主题会议。在实践中也有许多企业选择并发展了创意旅游业务，比如，迪士尼公司依靠米老鼠、唐老鸭、白雪公主、灰姑娘、美人鱼等美丽的故事创建了迪士尼主题乐园。

表1-3 创意旅游内涵与特征分析

	活动参与	自我/技能发展	学习经验（体验）	生产方	旅游者	文化资源	创意/创造性
瑞查德、罗曼德（2000）	√	√	√				√
瑞查德（2005）		√		√			
瑞查德、威尔逊（2006）	√	√	√		√		
城市创意网络（CCN）	√		√		√	√	
新西兰旅游局（CYNZ）	√	√	√		√	√	√

注：标有符号"√"，表示这一概念中包含了相应的内容。

第二章 文化创意旅游业

　　文化创意旅游的诞生是因为旅游产品差异化发展中需要创新思维和创意因素的融入来塑造产品特色,也是为了满足现代人对精神文化生活的多元化和品质化需求。中国旅游业早期主要依赖以资源驱动为特征的景点观光旅游模式,但随着大众旅游和全域旅游新时代的到来,标准化的大众观光旅游供给与个性体验需求和高品质旅游之间的矛盾日益凸显,传统旅游产业的发展模式进入困境。文化创意旅游就是旅游产业转型升级的内在要求,它从根本上打破传统景点旅游思维的束缚,以文化创意改造和增值传统景点旅游为导向,不仅能为旅游业拓展出更广阔的发展空间,也能够促进其活动、产品动态性和体验性增长,是实现中国旅游业优质发展和可持续发展的重要途径。

第一节　文化创意旅游的界定

一、文化创意旅游的内涵

文化创意旅游源自于并归属于创意旅游产业，文化创意是创意的核心领域，因此一些学者并不刻意区别创意旅游与文化创意旅游，有时会将文化创意旅游等同于创意旅游。[①] 在实践中，文化、创意与旅游也很难区隔，往往交织在一起。英国创意产业工作小组认为文化遗产、旅游和博物馆行业与创意产业关系密切；中国香港把文化旅游纳入创意产业范围；而韩国把文化创意、观光事务等合并成立为"文化观光部"。但比较而言，文化创意旅游更加强调创意旅游中的文化因素。瑞查德认为，创意旅游包含旅游者的自我发展，是文化旅游的延伸和文化旅游对旅游者的反作用力。[②] 中国学者较早在创意产业研究的基础上对文化创意旅游加以专门探讨，认为文化创意旅游产业是将文化元素融入传统旅游业的开发当中，运用人的智慧和技能，通过科技与艺术这两大手段，对旅游和文化资源进行重构、融合、创造和提升再与其他产业整合，生产制作和营销具有文化艺术元素的高附加值旅游产品与服务的旅游企业群。[③] 还有学者把文化创意旅游产业定义为"蕴含人为创造因素的生活文化创意产业"，其中文化是一种生活形态，产业是一种生

[①] R.Tourists, the creative class and distinctive areas inmajor cities:The roles of visitors and residents in developing newtourism areas [A] //RICHARDS G,WILSON J.Tourism, Creativityand Development.London:Routledge, 2007：73–86.

[②] E.Creativityin tourism experiences:The case of Sitges [A] //RICHARDS G,WILSON J.Tourism, Creativity and Development.London:Routledge, 2007：125–144.

[③] 林小森.从香港旅游业的成功策划看文化创意产业的特点 [J].上海商业，2007（11）:27–29.

产销售平台,两者通过创意融汇并实现文化生活产业化和创意价值的传递(见表2-1)。

表2-1 国内外部分学者对文化创意旅游的界定

学者	年份	概念
瑞查德、罗曼德	2000	首次提出文化创意旅游的概念,认为创意旅游是"文化旅游的延伸或者反作用力",并提出互动性的重要性和不可替代性
瑞查德	2006	强调旅游者学习文化并激发创意潜能,体验目的地文化氛围
周钧、冯学钢	2008	创意旅游以文化为本位,以创意为基准,具有高品位、高流动性及双向性和高附加值,并强调旅游者与目的地的共同协作①
王慧敏	2010	文化创意旅游以文化为核心,以创意为手段,以技术为支撑,以市场为导向,促进城市和区域经济的文化创意化转型②
袁锦贵	2015	文化创意是创意、价值及产业集成的产业链,其价值链以创意为核心形成"树"型微笑曲线图③

文化创意旅游就是文化资源通过创意开发之后成为旅游产品所引致的旅游活动与现象。从产业融合的视角来看,文化创意旅游业是文化产业、创意产业和旅游产业的交集,它是旅游创意阶层、创意旅游体验、文化产业、创意产业和旅游产业等多主体、多业态融合发展的结果。三种产业业态及其生产要素的融合是通过各自产业价值细分,识别出价值并比较价值优势,借助文化创意者的智慧和新的技术力量,以产业之间价值链互补或延伸的方式,融入彼此的传统产业领域,并对三大产业价值活动进行优化重组、整合与创新,最终孵化出涵盖三大产业核心价值的新产业价值链。因此,文化创意与旅游业的互动本质是文化和创意对旅游业价值链进行的互补渗透、辐射延伸和融合孵化,形成新

---

① 周钧,冯学钢.创意旅游及其特征研究[J].桂林旅游高等专科学校学报,2008(3):394-397.

② 王慧敏.文化创意旅游:城市特色化的转型之路[J].学习与探索,2010(4):122-126.

③ 袁锦贵.基于全产业价值链的文化创意旅游发展研究[J].旅游论坛,2015(2):82-88.

的产业价值（见表 2-2）。① ②

表 2-2　文化创意旅游与传统旅游比较 ③

比较内容		传统旅游	文化创意旅游
产业角度	产业资源	以自然文化等有形资源为主	有形与无形文化资源为主
	产业竞争	价格竞争	创意竞争
	产业目标	经济效益为主	经济、社会、文化综合效益
	产业导向	资源和市场导向并存	市场导向
	旅游市场	大众化：团队为主	个性化：散客为主
旅游者角度	旅游动机	观光、休闲、娱乐	文化体验、自我提升
	旅游方式	比较被动，互动少	强调参与体验：互动多
	旅游体验	很少产生共鸣	深度体验，精神愉悦
	旅游行为	逗留时间短、重游率低	逗留时间长、重游率高

二、文化创意旅游的特征

（一）文化创意旅游生产特征

供给短缺时代市场的主要规律是需求决定供给，而在供给充裕甚至过剩时代，市场的规律也表现为供给激发或引导新的消费需求，这在文化与创意领域表现得更为明显。这主要是因为文化创意旅游生产具有以下特征。

（1）文化创意旅游生产的文化符号性。文化创意旅游的核心为文化创意，其本质是创造一种文化符号，然后传播并消费这种文化符号。这导致了文化与创意产业中的文化产品或服务的文化符号性较强，具有很强的无形性和非物质性。因此，文化及创意产业产品及服务的消费行为总体上是精神消费而非物质消费，交易和消费对物质载体依赖较弱，消费弹性高，这就需要把内在的文化形态符号化和物化来激发旅游者的消费欲望。

---

① RICHARDS G, RAYMOND C. Alaska Tourism Industry Gets Hotel Boost [J].Alaska Business Monthly, 2000（24）:100-105.

② RICHARDS G, WILSON J. Developing creativity in tourist experience A solution to the serial reproduction of culture [J].Tourism management.2006, 27（6）:1209-1223.

③ 李珂. 文化创意产业与旅游产业融合的路径研究 [D].成都：四川师范大学，2015.

（2）文化创意旅游交易以版权交易为核心。文化创意旅游产品外部形态虽然表现各异，但支撑产品的最终会是内在的文化知识产权（IP），其表现形式是内容载体与版权。因此，文化创意旅游产业的交易是基于以版权交易为核心，但消费者没有必要了解产品或服务中内在的版权，这就需要通过版权的产品化来激发旅游者的消费欲望。

（3）文化价值影响文化创意旅游产品价格。文化创意旅游产业中，其产品或服务除了使用价值之外，更具有文化价值和精神价值，文化价值是决定文化创意旅游产品市场价格的关键因素，并且以文化品牌的形式表现出来。文化创意旅游产品除了文化本身的价值之外，其价值的实现还取决于旅游者的文化解码能力。旅游者对于文化旅游创意产品的文化解码能力将决定旅游者个人素养。当然，好的文化创意旅游产品本身能够降低消费门槛，甚至具有学习、教育和教化的能力，从而引领和引导消费需求。

（4）文化创意旅游生产三要素。人、技术与知本是文化创意旅游生产的三要素。其中，人，特别是有知识、智慧和技术的人是文化创意旅游产品生产的直接主体，直接决定生产成败和生产质量。正因为人的创意内容与形式的超前性，普通的消费者很难产生对未知创意产品的需求，因此便使创意在很大程度上会引导需求与消费，而不是相反。技术决定了文化创意旅游生产的效率，以及技术本身能够提升人创意的能力和水平，甚至新的技术本身就会导致创意。知本也就是人类已经积累到的知识资本，对于企业来讲，这种知识也有可能是其内部积累并独享的。当然，在现代社会资本在一定程度上决定着人、技术与知本的聚集程度，进而影响文化创意旅游产业的发展速度、质量与规模。

（二）文化创意旅游产品特征

文化创意旅游生产的特殊性决定了其所生产出来的文化创意旅游产品具有有别于传统旅游产品的特征。

（1）主题创意性。文化创意旅游产品往往会围绕一定的主题来进行创意生产，因此首先需要对其产品进行主题定位，并通过创意旅游活动与创意服务凸显产品的文化主题，最终传递给旅游者的也是一种主题化的创意体验经历。

（2）文化艺术性。艺术是文化的精华，又被称为纯文化，被置于文化金字塔的顶端部分。通过艺术能够更深刻地反映文化创意旅游中文化的真谛与精华。一般来说，文化创意旅游需要通过艺术化的方式或手段来反映某种主题文化的精粹，而且能够让普通旅游者易于消费与传播。比如，河南省修武县在全域旅游发展中采用了"全域美学"的理念，让艺术美无处不在，伴随旅游全程，让旅游者全程审美。

（3）主动参与性。文化创意旅游体验分为静态与动态，无论是静态的还是动态的，都会引发人们主动体验的积极性；另一方面，这种体验必须是主动参与的旅游者才能完成。这种体验又可分为自我体验和共同体验，不同的旅游者有不同的偏好，有的旅游者偏好共同体验，而有的旅游者偏好纯粹的自我体验。共同体验往往也会引发各自不同的自我体验，即便共同参与同一个创意活动，但不同的个体也将拥有自己的独特体验。共同体验总体上是由众多旅游者参与，这种体验会具有基本的共性内容和感受。

（4）知识教育性。文化创意旅游是一种浓缩并集中展现知识、智慧和技术的旅游形式。文化创意旅游不仅仅是知识和文化的简单传播，更是旅游者主动而非强制性的教育学习活动，它寓教于乐，寓教于游，潜移默化地引导和启发旅游者的创意教育活动。[1]

三、文化创意旅游实现形式

文化创意与旅游在主题、内容、形式、载体、服务、运营平台、衍生品、显示硬件等层面都可以全产业链深入互动融合发展，但也并非所有的文化都可以作为旅游资源来开发，这取决于文化的具体形态。文化的内在构成可以分为三种形态，一是显性文化，包括建筑、交通工具、生产工具、服饰、饮食、歌舞等；二是隐性文化，比如制度文化、各伦理观念、价值观念、审美观念等；三是显性与隐性的混合型文化形态，比如宗教信仰、风俗习惯、家庭婚姻、人生礼仪、节庆节日、民间艺术等。从旅游开发的角度看，这其中能作为旅游资源具有开发价值的往往是那些显性文化和混合性文化，而隐性文化通常情况下难于被外来旅游者所感知、理解和接受，因而难以直接被作为旅游资源进行开发，往往通过文化创

---

[1] 薛兵旺.文化创意产业与旅游产业融通效应与发展模式研究[J].西南民族大学学报（人文社会科学版），2015，36（1）:168-171.

意等手段将隐性文化显性化。

（一）文化创意旅游互动生长模式

文化创意旅游融合生长有两个基本模式：一是旅游的文化创意化，其本质是为旅游塑造文化的内核，为旅游产品注入显性或隐性文化的内涵，是旅游产品升级换代的主要途径之一；二是文化创意的旅游化，其本质是把隐性文化显性化后，通过旅游来进行传播与消费，其外在表现均为生活方式和文化价值的传导。旅游的文化创意化包括对旅游产品附加文化创意价值和设计全新文化创意旅游产品两种类型。比如，故宫的文化创意商品是对既有的旅游商品进行文化创意加工，而故宫夜景秀则是一种全新的文化创意旅游产品。文化创意的旅游化是指文化创意产业或活动产生的产品、空间、社区等附加旅游功能而成为新的旅游吸引物，这既增加了旅游的对象和范围，又扩展了旅游体验的方式和内容，是典型的全域旅游产品或业态。其中，一种方式是简单地将创意产品作为旅游吸引物，比如北京的798、昆明的艺库等；第二种方式是创意活动所营造出的或者为旅游者提供的一个异质的体验空间，或者说是一种别样的生活方式。比如艺术家村落。此外，从旅游目的地的角度来讲，伦敦、新加坡等"创意城市"也是一种别样生活方式的构建和输出。总之，不管哪种模式，其本质特征是一种文化的旅游化和创意化生产与消费的过程。

（二）文化创意旅游融合发展方式

文化创意旅游融合发展主要有三种方式：第一，文化创意对旅游要素的全产业链渗透和增强，提高旅游业吃、住、行、游、购、娱各个接待服务环节中的文化含量和创意水平，增强要素的旅游吸引力，同时为旅游者带来创意感和惊喜体验，这是文化对旅游的微创意和精加工，其产出主要是文化创意旅游产品。第二，对旅游目的地公共空间的文化创意，营造旅游公共艺术空间，把文化创意表达在天地之间、山水之间和城乡之间，是文化创意在旅游业中的宏大叙事，是一种天地艺术、山水艺术和大尺度风貌艺术，其产出主要是文化创意旅游空间环境，对营造全域旅游文化环境来说具有重要的作用。第三，文化创意作为独立的吸引物，有着独立的文化创意旅游产品、企业、园区等，形成完整的旅游产业链条，与旅游业高度融合创新而形成一种新的文化创意旅游业，是文化创意旅游产业融合发展的最高形态。这三种方式从产品融合、环境融合到产业融合，展示了二者互动、渗透到融合逐步演化的完整过程，并在旅游文化创意产业基础上衍生出旅游演艺、主题公园、艺术街区、文化创意产业园等新兴旅游业态，也引领着未来的旅游新生态。

第二节 文化创意旅游发展阶段

文化创意产业与旅游业具有良好的兼容性，两者的融合发展可以促进一个国家或地区旅游业文化品位软实力的大幅提升。按照文化创意的手段与技术运用的复杂程度，中国的文化创意旅游可以划分为三个阶段。

一、伴生型萌芽发展阶段

文化创意旅游产业始于20世纪90年代，其标志性的事件是1985年华侨城的成立。早期文化创意旅游主要附着在创意产业、文化产业、旅游产业等关联产业之上，是这些产业组成的边缘业务部分，但并未形成独立的发展领域，此时的文化创意旅游产业尚处于萌芽阶段。这一阶段，文化创意旅游主要表现为艺术街区、主题公园等静态展阵地参与的旅游产品，最典型的代表是河北正定县的荣国府、无锡的西游记宫以及北京的大观园。此外，民族地区小型化的民俗活动、歌舞伴餐、节庆活动等成为观光时代旅游的一抹亮丽色彩。在这一发展阶段中，文化创意旅游的表现形式主要集中在文化资源的静态展示，缺少大型的、专业化的、与文化旅游相关的文艺表演活动，节庆活动内容单调。文化创意旅游没有明确的投入机制和渠道，既有的文化创意旅游业态主要是依靠政府投入、补贴来推动此产业的发展，这种发展方式使文化创意旅游产业缺乏发展动力。

二、文化创意旅游阶段

随着创意产业、文化创意产业的迅速崛起，文化、旅游、创意三个产业的开始融合成为独立的文化创意旅游产业，并获得了迅速发展，逐渐成为旅游产业发展的一支新秀。2001年，来自北京周边和北京以外的艺术家开始集聚798厂，有近200家涉及文化艺术的机构进入此区域，并由此吸引了大量的旅游者，形成了最为初始阶段的文化创意旅游业态，旅游者只是欣赏艺术家们的文化创意产品或创意过程，但其本身并不参与文化创意过程。这一阶段，中国创意园区快速发展，也成为文化创意旅游的重要内容和对象。2003年大型桂林山水实景演出《印象·刘三姐》试演，标志着文化创意旅游获取独立的发展地位。这是一种中国原创的表演形式和旅游项目类型，它丰富和改变了中国旅游的内容，开创了一种新的文化旅游体验模式，也可以说是一种全新的艺术形式。随后，浙江的《印象·西湖》、云南的《印象·丽江》、海南的《印象·海南岛》、福建的《印象·大红袍》等相继诞生。以"印象系列"为代表的旅游演艺项目，是文化创意与旅游相结合的一种典型模式。相比西方主题公园中常见的表演项目，中国的此类产品已有显著的创新和发展，并且开始向国外输出。[1] 这是中国旅游为世界旅游做出的一项卓越贡献，创造了中国旅游的一个品牌，也是中国旅游进入文化创意旅游时代的一个标志。[2] 在市场需求的拉动下，同时伴随着国家政策的支持和资本的驱动，中国的文化演艺行业已经成为文化产业的重要板块，发展势如破竹，中国文化旅游演艺的版图覆盖全国，山水实景演出已有60多台，且每年还在以10%的速度增长。旅游演艺项目平均投资额由2700万元增长到3亿元以上的，在2007年前仅占21.4%，2007年以后上升到70.2%。2007年举办以"北京旅游，创意无限"为主题的第二届中国北京国际文化创意产业博览会。2008年在北京召开中国旅游产业文化创意推介会，国家4万亿元投资计划中将有1000亿元分配给文化旅游创意产业。此后，北京、广州、深圳等先进城市在财税政策、投融资政策及土地政策等层面均对文化创意旅游产业有较大的倾斜和扶持力度。但总体上，文化创意产业与旅游产业融合的投融资渠道的疏通和搭建缺乏执行力度。[3] 在这个阶段中，文化创意旅游也出现了文化创意旅游产品、文化创意旅游接待设施、创意景观、文化创

---

[1] 王欣，杨文华. 文化创意旅游产业发展模式及北京市发展对策研究[J]. 北京第二外国语学院学报，2012，34（11）:30-35.

[2] 娄在凤. 嘉兴文化创意旅游发展模式及对策研究[J]. 嘉兴学院学报，2013，25（4）:67-71.

[3] 张玉蓉. 加强旅游业与文化创意产业深度融合的有效途径[N]. 光明日报，2015-05-17（007）.

意旅游活动、文化创意旅游社区等基本模式①，还出现了文化创意产业集聚区等集聚化文化创意旅游业态。

三、文化与科技创意旅游阶段

旅游产品具有异质性、无形性、易逝性和国际性等独特属性，而这些特性使旅游业比其他行业更加依赖于信息技术。文化创意旅游产业的发展不仅停留在文化创意领域，还需要科技创意等新型创意手段，可以说科技打开了文化创意的另一扇大门。"十三五"时期，为应对互联网技术应用下创意产业发展的新趋势，文化旅游创意产业已经成为当前乃至未来政策布局的重要领域。2014年国务院出台《参与推进文化创意和设计服务与相关产业融合发展的若干意见》，明确了文化创意和设计服务与信息业、旅游业融合发展的重点任务。② 2017年国务院印发《关于进一步扩大和升级信息消费持续释放内需潜力的指导意见》，文化创意旅游也成为数字创意产业重要关注的领域。在实践中，以计算机技术和现代通信技术为内容的信息技术与旅游业的流动性特征具有内在一致性，它极好地满足了旅游业大数据与高流动性行业的独特需求，加快了旅游业务流程的重组、再造与升级。互联技术、物联网技术、VR技术等现代数字技术的诞生，使得文化创意旅游进入了以数字化为特征的文化科技创意时代。文化创意旅游产业领域的数字化现象十分突出，数字化技术被广泛运用，数字旅游产品的创造以及数字化技术的品牌传播已经成为文化创意旅游产业的普遍手段。最典型的便是主题公园，它们充分运用现代声学技术、光学技术、人体工程技术等，通过"无中生有"的创意手法，成为当代最主流的旅游产品，其次还有新兴的夜游产品，也开始风靡。研究表明，信息技术的广泛应用成为创造旅游需求与创新旅游供给的持续动力。文化旅游浪潮与新技术浪潮的结合把文化创意旅游推入了文化与科技创意旅游阶段。文科创意旅游阶段主要是文化、科技、旅游、创意四个产业的融合，创意手段不仅仅依

---

① 徐秀平.新常态下文化创意旅游融合发展策略研究：以江苏省常熟市为例［J］.四川旅游学院学报，2017（3）:54-56.

② 参见国务院印发的《关于推进文化创意和设计服务与相关产业融合发展的若干意见》。

赖于文化创意，更多地表现为科技创意，以及四者的融合型创意。但这一阶段，文化创意旅游对高新技术利用率总体还偏低，在产业融合的顶层设计、公共服务平台构建、市场主体培育、保障体系建设等层面仍面临严峻挑战。[①] 主要体现在高新技术的应用效果上不是十分理想，一是前期开发生产过程中所运用的高新技术并没有在后期产品中得以充分的体现和展示，或者生产与使用成本很高，难以量产；二是高新技术过多的应用在最终产品的外观展示上，形式重于内容，观赏度高于实用度，需要进一步深化发展。因此，大量的文化与科技创意旅游消费由于高新技术利用率低，并没有完全满足消费者的知识见闻等精神文化需求，反而还削弱了文化创意旅游消费的可持续性，甚至使其丧失了基本的自我发展能力。

---

① 参见国家林业局印发的《中国生态文化发展纲要（2016—2020年）》。

第三节　文化创意旅游的效应

文化创意旅游产业中所涉及的文化、创意、旅游三大产业彼此之间既具有良好的内部互动融合效应，也具有巨大的外部综合带动效应。

一、内部互动融合效应

（一）文化创意对旅游的效应

（1）文化创意塑造旅游的差异性。旅游的本质是制造差异性，形成流动性消费。目的地文化体现着独具特色的内在精神，有力地塑造着目的地的文化个性和品格，形成文化无形资产和文化品牌，成为吸引旅游者前来旅游和反复消费的主要原因，没有文化内涵的地方难以成为热门而持久的旅游目的地。这也能够很好地解释大理、丽江、乌镇等之所以能够成为"长青"旅游目的地，重要原因是其文化内涵以及持续的文化创意与发展。同样，没有基于文化差异的文化创意旅游产品是难以有持久的吸引力和竞争力的，最终只能导致同质化与平庸。当前，随着旅游发展的成熟，旅游目的地和旅游产品的基本外部形态结构将日益趋同，唯有植根于每个地方的、具有差异性的地域文化和人文环境，才能深刻表达这种难以复制与改变的地域文化个性和特色，才能在市场中被旅游者识别，塑造独特卖点。而文化创意是挖掘独特地域文化个性与特色的最佳工具，并构建独特的地域文化符号体系与标识，形成全域旅游文化氛围。因此，文化创意不仅能够突破有形资源的硬约束，还能树立产品或目的地的特色文化品牌，提高旅游产业的软实力，为旅游发展注入持续的动力。

（2）文化创意提升旅游精神文化价值。在现代旅游产业中，文化创意可以带来价值的增值。根据马克思的价值理论，从旅游消费者的角度看，旅游产品使用价值可以进一步划分为物质使用价值和精神文化使用价值两部分。物质使用价值是消费者为满足其基本物质功能需要而愿意支付的价格部分，是商品的物质基础。精神文化价值是旅游产品中蕴含的、满足人民群众的精神文化需求的无形附加物，比如旅游品位、旅游意境、旅游风尚、旅游情怀等。旅游产品的精神文化价值是主观的、可以体会和感受的无形附加物，因文化创意渗透而生，是附加的文化观念。比如，逛完故宫，买一本《故宫台历》，也就带走了一段段历史故事、文物传奇。[①] 因此，通过文化创意挖掘文化内涵，彰显文化品位，弘扬文化个性，可以提高旅游产品的精神文化含量，满足人们精神文化的需求，提升旅游消费的文化内涵和文化品位，是可以无限增值的部分。

（3）文化创意驱动旅游可持续发展。从产业内部来看，文化创意可以提高旅游产品中文化的含量，推动旅游产品升级换代，而文化创意本质上也是一种文化消费，这有助于推动旅游消费方式的转变和消费内容的转变以及消费结构的优化。从产业外部来看，旅游比任何行业都更依赖自然和人文环境。文化创意有助于更好地调整人与自然的关系，促进自然和文化资源的永续利用。一方面，文化创意消费能够增加新的文化消费内容，直接减少人们对自然资源的过度使用与依赖，从而减少旅游对自然环境的利用与开发压力；另一方面，通过文化创意让旅游者更深刻、更主动地领会人类内在的可持续与和谐文化，传播并帮助人们树立正确的生态观念、历史观念、文化观念、价值观念等，从而推动旅游业乃至引领整个社会的可持续发展。

（二）旅游对文化创意产业的效应

（1）旅游推动文化创意体制改革。高度市场化、国际化的旅游业与相对公益内敛的文化创意产业融合发展，这有助于把旅游中市场化的机制和力量引入文化领域，从而突破中国传统的文化事业观念和文化体制机制中固有的瓶颈，推进文化体制与机制的改革与创新，释放文化体制与机制活力。

（2）旅游推动文化创意的产业化。文化产业化的本质就是文化和产业高度融合，推动文化走向市场的过程。在发达国家，文化产业已成为国民经济的支柱产业，文化领域的市场化程度较高，比如，美国文化产业的增加值已占 GDP 总量的

---

① 肖梓瀚. 对文化创意旅游的分析与研究[J]. 中国集体经济，2018（7）：122-123.

18%~25%，其每 100 家最富有的企业中就有 18 家是文化类企业。旅游能够推动文化创意产业化，它以旅游产品和旅游服务的形式来凝聚和承载文化创意价值，为旅游者提供丰富多彩的文化创意产品和文化创意服务，极大地拓展文化创意的应用领域。通过旅游可以发现和实现文化创意的价值，并以旅游消费的形式来传播精神文化价值。旅游是一种典型的流量经济，能够为文化创意产业带来巨大的客流量，从而扩大文化创意产品与文化创意的市场，提高文化创意产业市场化的生存与发展能力。

（3）旅游培育创新型社会新文化。文化创意旅游强调对文化资源这种无形资源的开发与利用。这种对文化资源的旅游开发和深层次的创意挖掘利用，将给文化的发展注入新的内涵和活力，增强文化的自我发展能力。这不仅有利于先进文化在旅游者中传播，也必将引领当代社会新文化的发展方向。此外，在将文化创意融入现代旅游产业的发展过程中，将形成新的社会理念、新的社会模式和新的社会制度，从而形成有利于文化创意产业发展的创新文化；也会形成新的社会行为习惯、新的社会习俗和新的社会价值观，将为社会贡献新的文化形态和内容，比如，过年旅游已经成为新民俗。这是大规模旅游出现之前不曾有过的现象，因此旅游对文化创意的发展乃至整个社会文化的发展发挥着前所未有的作用。

二、外部综合带动效应

文化创意旅游作为文化、创意与旅游业融合发展的新业态，它源于这三个产业，具备原有的产业属性，但同时也不同于原有的产业，它具有独立存在与发展的价值与地位，表现出新的发展规律，其中产业外部综合带动效应非常显著。

（一）提升传统产业附加值

文化创意旅游不仅渗透到城市建设的各项环节，包括城市文化生活，而且能够直接融入各大产业部门，生成新的文化创意旅游产品与业态。比如工业创意旅游、创意农业、节庆创意旅游、科技创意旅游等，都是文化创意旅游与相关产业融合的产物。这种产业融合创新与孵化，能够丰传统产品类型，提高传统产业中文化创意旅游的占比，优化传统产品和产业的结构，并拓展传统产业的发展空间，提高传统产业的附加值，相同类似功能的商品其价额相差百倍。[①] 比如以汽车为主题的文化创意旅游产品，包括汽车文化主题公园、汽车博物馆、轮胎餐厅、汽车影院、自驾车营地创意等，将促进汽车产业与文化创意旅游的专业服务市场对接与联动，加快传统汽车产业的转型升级。可见，文化创意旅游与其他产业的融合产业链一旦形成，就能打破相关产业在生产时间和消费空间上的分割，将不同时空上的产业链和产品链"焊接"起来，实现同步联动和价值叠加，为传统产业的发展提供新的方向和新的动力，从而提升传统产业的附加值，推动传统产业可持续发展。

（二）推动产业一体化发展

完整的产业体系既包括产业本身，也包括关联产业，是一个由产业及其关联产业所组成的产业生态系统。文化创意旅游产业链条包括上游的研究设计开发、中游的生产加工制造、下游的市场营销推广及衍生产品体系的开发。文化创意旅游产业一体化包括以下两种方式：一是与相关产业通过空间或平台的共享，实现文化创意旅游产业横向一体化，拓宽产业空间和产业链，实现产业的功能叠加和空间集聚，形成综合产业体系，发挥产业综合带动功能，产生外部效应。城市文旅商综合体是将文化、城市景观、城市风貌、旅游、居住、商业、娱乐等多功能融合，从而形成城市文创旅游消费新空间。比如，上海著名的外滩、东方明珠等其实都是在原有城市空间上叠加旅游功能，是一种空间资源的综合创意利用与再开发。二是通过产业链延伸、优化和深化，实现文化旅游创意产业纵向一体化，优化配置产业资源，优化产业结构，推动产业深度发展和高质量发展。文化创意旅游的一体化发展，会形成新的旅游吸引物、新的旅游文化和新的旅游服务，创造更多新的产业价值，推动产业体系不断完善和成长。比如，围绕演艺业形成文学、舞蹈、歌唱、舞台设计、灯光夜景设计、景观设计、多媒体视听技术、舞台装备技术等融合型产业链；围绕太空创意旅游形成的太空文化、太空旅游、太空娱乐、航空驾驶培训、航天材料、仪表仪器、纺织面料等融合型产业链，这些产业链在空间上的集聚将逐渐形成特色产业体系。这将是世界经济增长的新动力，

---

① 王莉莉.文化创意产品设计：旅游纪念品设计研究为例[J].大众文艺，2012（22）:59-60.

世界经济下一程发展的方向。由此可见，文化创意旅游通过完善、丰富、优化、深化和拓展产业链，不仅能够破解产业融合联动的难题，而且能够促进传统产业升级与集聚，形成特色的产业体系和产业集聚区。

（三）产业整合与协同效应

文化创意旅游产业融合发展的内在本质是提高产业的全要素生产率。它的融合发展会促进生产要素的自由流通和优化配置，也会提高生产要素质量，甚至产生新的知识、技术和培养新的劳动者，优化组织管理协同，对产业发展的作用显得更为重要。最终在产业内部会通过纵向一体化产生整合效应，在产业外部通过横向一体化产生协同效应（见图2-1）。因此，其融合发展不是简单的要素相加，而是要素之间会发生"化学反应"，发挥出产业体系的整合与协同效应，使"天上掉馅饼"。

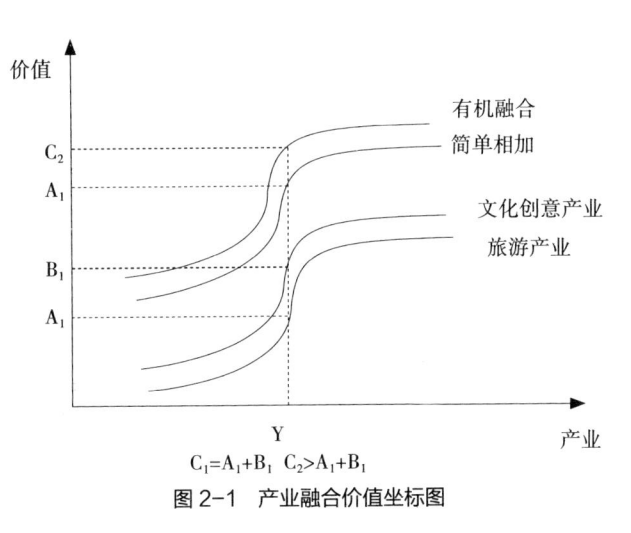

图2-1 产业融合价值坐标图

在产业发展到 Y 阶段的时候，旅游产业产生的价值为 A_1，文化创意产业产生的价值为 B_1，两者只是简单的叠加所产生的价值为 C_1，而如果两者能够进行融合发展产生的价值为 C_2，$C_3=C_2-C_1$ 就是全要素生产率提高之后产生的价值再造或新增价值。因此，产业融合发展能够产生更大的经济效益。[①]

[①] RICHARDS G, WILSON J. Developing creativity in tourist experiences：Asolution to the serial reproduction of culture？［J］Tourism management，2006，27（6）：1209-1223.

第三章 文化创意旅游融合方式与路径

文化创意旅游的实现形式从理论上包括了两种互动式生长模式和三种融合发展方式,这决定了文化创意旅游在产业实践中具体的融合方式,也支配着文化创意旅游的业态演进规律。

第一节　文化创意旅游产业融合方式

文化创意旅游多业态融合主要有两类融合方式，一类是渗透型融合，主要表现为内容型融合，它会产生新的消费内容；以及工具型融合，即其中某一产业仅仅是改善或优化其他产业的工具，本身没有生产消费内容且不具备直接消费价值；第二类是平台型融合，文化与旅游融合则是平台型融合，旅游作为一个平台产业发挥了整合和集聚功能，文化与互联网融合也是平台型融合，其中互联网作为网络平台。文化创意旅游多业态融合应该要充分考虑到这两种融合形态的比例，实现实体旅游与虚拟的旅游均衡发展。

一、渗透型融合

渗透型融合是通过产业整合、产业转移、产业创新和产业投资等手段，实现文化创意旅游产业之间互相渗透。如前所述，这种渗透不是简单的产业要素相加，而是两个产业价值链的渗透、优化和整合，渗透中会形成新的产业内涵，进而形成新的产业形态，这种新业态则更具文化内涵、创意价值和技术优势。在渗透融合中根据二者的主导地位的不同，可以分为旅游主导型融合和文化主导型融合两种类型。

（一）旅游主导型融合方式

旅游主导型融合方式其本质是旅游的文化创意化开发与发展，它是文化创意渗透到旅游业，旅游业依然处于主导地位，俗称"旅游搭台，文化唱戏，以旅彰文"。旅游主导型融合主要是指文化创意产业利用文化艺术与现代科技的深度融合，通过内容创新和运营方式创新，打破自身产业边界向旅游产业渗透融合，创造性或创意性地演绎历史或文化，赋予了旅游产业新的体验性、文化性、艺术性和参与性的文化创意内容，为旅游业形成新的吸引力和竞争力。这种融合方式的实质是文化创意通过旅游业实现其市场化与产业化的过程，或者说是依托旅游市场实现文化价值的过程，它是以旅游为主实现跨产业融合，换言之，文化创意需要依赖旅游作为应用场景。比如，大型实景歌舞剧《玉龙雪山》就以玉龙雪山为背景，以云南的少数民族文化创意为内容，以少数民族群众为主体，创新性的把山水作为舞台背景，设计开发出新型的旅游演出节目，并成为景区价值链中的一个亮点增值环节，旅游景点也更加具有文化艺术内容与特色，形成了新的消费内容和新的消费时空。因此，旅游演艺一直被认为是延长旅游目的地旅游时间的重要手段。此外，主题乐园也是旅游产业主导型融合的典型代表，它是文化创意产业渗透到旅游产业中的旅游娱乐环节。主题乐园内很多项目都主要是采用文化创意手段，实现了文化创意对旅游的渗透式融合。比如，中华恐龙园以"恐龙文化"为主题，衍生了大量的文化创意产品和活动，在园区内体验恐龙文化、恐龙动漫形象和娱乐项目，旅游者还可以购买大量的恐龙和相关动漫产品。在这种融合中，文化创意需要以游客需求为导向，并具有一定的游客规模阈值，也就是需要达到一定的客流量方能确保文化创意旅游产品盈利的可能性，当然公共产品除外。因此，文化创意旅游可以说是旅游发展的一种高级形态。

（二）文化创意主导型融合方式

文化创意主导型融合方式其本质是文化创意产业的旅游化利用与开发，它使旅游产业渗透到文化创意产业，是文化创意产业处于主导地位，俗称"以文塑旅，以文促旅，为旅铸魂"。旅游产业通过内容创新、产业链重组和运营方式创新，打破产业边界向文化创意产业渗透融合，赋予了文化创意产业的旅游功能或促使文化消费市场扩容和价值增值。文化创意主导型融合是以文化创意产业为主，依托现有文化创意产品、文化创意品牌、文化创意空间或文化创意活动来开展旅游活动。以文化创意为主导的融合方式的核心是以文化创意产业为主体，借助于文化创意的影响力、消费力和品牌力，主要是把旅游产业市场价值延伸到文化创意产业中去，通过创意激发潜在的旅游功能，经过融合之后的文化创意旅游产品兼具文化创意内涵和旅游功能双重属性。一般来说，各地的文化创意产业园区都具备开发旅游的条件，因为文化创意产品的生产、艺术形象的创作和园区文化创意氛围等都能够激起旅游者文化观光、文化学习和创意体验等旅游动机。比如，北京的798艺术产业园、上海的田子坊艺术基地、深圳的布吉版画村、大芬油画村等都是因文化创意氛围所聚集起来的旅游空间，是典型的文化创意主导型融合方式。此外，社会文化演出也是这种模式的代表。社会文化演出主要利用义艺演出、舞台表演等模式对文化资源进行创意设计与开发，展现文化魅力，进而吸引旅游者，从而拓展了旅游功能。但其本质还是以文化演艺为主，主要面向市民，旅游只是它的一种消费方式而已，为其提供附加值，并最终能够实现主客共享，是一种典型的全域旅游业态。在这种融合方式中一般要求旅游活动的安排以不影响文化创意生产为准，主业还是文化创意产业。比如博物馆旅游等。

（三）文旅互动型融合方式

文旅互动型融合方式主要是指文化创意旅游高度度渗透和融合，生产的目的既有文化的目的也有旅游的目的，而且二者的主导地位难分伯仲，不分彼此。因此，文旅互动型融合本质上已经孵化出了一种新的业态，它是由创意设计者找到两者融合的最佳切入点和兼容领域，创造出极富文化创意特色和旅游价值的文化创意旅游产品或业态。文旅互动型融合方式要切实关注三个层面的问题，一是要选准文化创意旅游互动、融合的切入点和兼容领域；二是要提炼文化创意旅游主题，提高旅游产品的品位，并引导未来文化品牌的塑造；三是要丰富文化创意的内涵与外延，丰富旅游产品组合，延长产品线，适应文化创意旅游的深度体验和需求多元化之趋势。运用文旅互动型融合方式设计旅游产品，其产品主题越鲜明，就越有利于分层次、多视角地展示丰富的文化旅游内涵，强化主题品牌。比如，文化节事旅游就是一种典型的互动型融合业态。

二、平台型融合

平台型融合是指依托现有的景区空间平台、活动空间平台或网络空间平台，把文化旅游创意产业整合在同一个空间平台，实现融合发展。平台型融合的本质是依赖市场或制造市场，即依托平台既有的流量或通过创意制造新的平台流量，并通过流量来整合文化创意旅游资源形成融合新业态，融合后的平台产业与原有的文化创意产业和旅游产业有着显著的区别。平台型融合会产生新的产业链，也包含了既有产业的核心价值创造活动，因而新的融合型产业兼具原来各产业的特征，而且又创造了全新的产业价值，开创了全新的商业模式，大大地推进了产业的升级换代。根据平台载体的不同可以划分为景区空间平台型、活动空间型和网络空间型融合三种形态，也可以划分为线上空间融合和线下空间融合两种类型，其中景区空间和活动空间均为线下空间。

（一）景区平台型融合

景区平台型融合发展模式就是以景区或吸引物为纽带与平台，运用文化创意的手法，将文化创意旅游整合在一定的空间内，实现资源共享、市场共享、产业要素聚合、优势互补和融合发展，从而提高产业要素的使用效率和全要素生产率，最终会形成文商旅产业集聚区，成为后工业社会经济发展的增长极和人们的旅居生活空间。这种模式的最大特征是空间相对固定，一般来说，空间内有一定的客流量或通过文化创意等手段未来能够创造客流量，并且经营活动和产业发展具有持续性。因此景区平台型融合注重地点集中，时间持续，生产和消费在同一时空中完成。它的发展基于既有的客流量，未来通过文化与旅游融合发展也会创造新的客流量。因为这种发展模式引入了丰富多彩、参与性强的各类文化旅游要素，能吸引到大量旅游者参与其中。文化旅游特色街区的建设基本上采用了景区平台型发展模式。比如，沈阳的盛京皇城旅游区就是以皇城文化整合沈阳故宫、张氏帅府和沈阳中街等城市景区资源，立足于特色化、多元化、集约化、品牌化方向发展，以科学规划、优化布局、丰富内涵、自主创新为重点，引领沈阳城市核心区的生活与创业、文化与经济、历史与现代、传统与时尚、商贸与旅游等项目统筹协调发展。再比如，台北依托"故宫博物院"这一平台，推出风靡一时的康熙手书复制品"朕知道了"纸胶带，是台北"故宫博物院"由"传统馆藏仿制品"制造走向"现代文化创意"开发之路的重要标志。2015年，台北"故宫博物院"再次推出"朕又来了"系列傲娇霸气的文化创意产品，包括夜光运动手环、圣旨文件夹、密奏文件夹等。

（二）活动平台型融合

活动平台型融合是指在相对集中的时间段内，基于一定的主题通过文化创意手段设计出活动类旅游产品（包括节庆、会议、研讨会、交易会、博览会等），它是对文化创意旅游产品或研究成果的集中展示、博览、交易和消费,与景区平台型融合相比,这种平台空间并不十分固定,也就是活动地点一般因举办方不同而发生变化。因此,平台型融合是注重时间集中,地点不固定,注重结果展示和集中消费,而非生产过程,俗称"旅游节事搭台,文化经贸唱戏",通过活动刺激旅游者消费动机、拉动文化旅游消费,以市场拉动为特征推动文化创意旅游产业的融合发展,从而推动地方社会经济的可持续发展。① 比如,香港属于历史文化根基比较薄弱,自然风光又相对短缺的地方,但是它最先发展起文化创意节庆活动,实行了一系列的节庆活动,每年的春节、万圣节、圣诞节等节庆的花车巡游、艺术展览等吸引了国内外各地的旅游者参观到访。这促使了香港成为全球仅次于纽约和伦敦的艺术品拍卖中心,吸引了众多文艺工作者的访问。

(三)网络平台型融合

网络平台型是指依托互联网平台,把文化创意旅游企业的经营、管理以及产品或活动的展示、销售等环节在线化,触发更大的线上流量,通过线上流量带动线下消费或直接通过线上支付实现在线消费,从而变革文化创意旅游业态,扩大文化创意旅游产品的销售与推动产业不断升级。网络平台型融合依赖的是一种网络技术空间,它最大的价值在于减少销售环节从而扩大销售规模,形成巨量消费。另一方面,它也很容易形成市场垄断,降低实体经济的话语权,提高虚拟经济的比例,从而导致产业链生态的恶化。但尽管如此,平台型融合仍是一种重要形态和发展趋势。

---

① 张玉蓉.加强旅游业与文化创意产业深度融合的有效途径[N].光明日报,2015-05-17(07).

第二节　文化创意旅游融合业态演进

文化创意旅游产业融合发展与演进可分为四个阶段，第一阶段是形成文化创意旅游产品，第二阶段是形成文化创意旅游业态，第三阶段是形成文化创意旅游产业，第四阶段是形成文化创意旅游产业体系和产业集聚区。

一、文化创意旅游产品

文化创意旅游产品的生产包括三种方式，一是直接生产文化创意旅游吸引物；二是基于旅游者视角对旅游体验方式或流程进行的文化创意；三是基于供给商视角对旅游服务方式或经营模式进行文化创意。其中，第一种方式是对旅游内容的文化创意，第二种和第三种方式则是对旅游形式的文化创意。在实践中，文化创意旅游产品的生产会综合运用到这三种方式。

（1）直接创造文化创意旅游吸引物。它是基于内容生产而形成旅游产品，即通过文化创意再造旅游吸引物，并依托吸引物形成旅游产品。文化创意吸引物是文化创意旅游业生命力之所在，一般指原创性的文化创意旅游吸引物，包括创意旅游商品、创意社区、旅游演艺、旅游影视、主题乐园以及大型节事活动，比如北京礼物、艺术家社区、印象·刘三姐、迪士尼等。也包括对传统旅游吸引物进行创意加工，让传统文化产品文化内涵得以充分展示的同时，又兼具时尚的创意内容，比如故宫的灯光秀等。

（2）旅游体验方式的文化创意。它是基于形式创新而形成旅游产品，即通过文化创意的手段，基于旅游者的视角通过旅游体验方式和体验流程的设计改变传统的项目体验方式与流程也是文化创意产品开发的主要途径。传统旅游以静态展示和观光功能等视觉体验为主，相对缺乏情景体验、文化熏陶和交流交往等五官综合体验和情感交流的内容。随着信息技术和展陈技术的发展，现代人开始追求多感官体验，对旅游体验方式有了新的要求。很多旅游产品或活动以高新科技或文化创意作为技术手段，创意出情境体验、动漫形象、游戏玩法、影视场景，颠覆了传统的旅游体验方式，为旅游者带来了畅爽的深度文化体验历程。

（3）旅游服务方式的文化创意。它也是基于形式创新而形成旅游产品，即通过文化创意的方式，基于供给商的视角对文化创意旅游的服务方式进行创意，是文化创意旅游产品开发的另一种方式，也是一个地方旅游业高质量发展的重要标志。服务方式的创意化包括科技创意、文化创意和服务流程创意。比如，智慧旅游服务、旅游服务机器人是属于旅游服务方式的科技化创意；旅游景区问候手势语等是文化的创意；用孔子礼仪创意旅游接待礼仪则是流程的创意。理论上，供给的产品就是被旅游者消费的产品，服务方式的创意也必定导致游客体验方式的改变，因此，第二种和第三种生产方式往往是交织在一起的。

案例链接：醴陵市陶瓷文化创意旅游生活

1. 地方文化特色突出，社区营造贴近生活

文化创意旅游产业建立在与生活环境的彼此依存关系上，强调保存传统和地方魅力，发掘地方创意与特色。醴陵市重视当地陶瓷文化的延续和创新发展，建设具有强烈历史感、文化认同感的特色文化空间。地方文化特色突出，是创意工业旅游值得借鉴的地方。醴陵市形成了社区生态博物馆开发模式，社区居民、店主、厂商作为旅游开发的主人和参与者，使创意旅游融入更多民众的陶瓷故事、地方特色等生活元素，提高了他们对文化的认同感及发展创意文化旅游的使命感，最大限度地发挥了他们的积极性和创造力。在文化与生活的传承中发展创意旅游，让整个醴陵市充满人文情怀，长久地保持了吸引力。

2. 集多种功能于一体，建设遗产旅游廊道

目的地资源独特性越突出、构成种类越多、综合性程度越高，开发后的旅游者项目越丰富多彩，对旅游者的吸引力就越大。醴陵市从仅有的陶瓷工厂和商店，到当前的综合性工业旅游目的地，取得了巨大成功。可见，工业遗产的创意旅游开发应向多元化、活态化方向发展，选择博物馆、创意产业园、观光工厂、主题公园、购物中心、开放空间中的一种或多种模式，集多种功能于一体，建设项目丰富、功能多样的工业旅游目的地。不断挖掘和丰富主题文化内涵，围绕工业遗产主题，以文化创意为基础，增加新的主题景点、节庆和体验活动、特色商品、文化衍生商品、旅游基础设施等创意旅游项目和看点，建设工业遗产旅游廊道，延长旅游者逗留时间。

3. 开发独特文化景观，营造创意体验环境

独特的文化景观和文化创意体验环境是文化创意型目的地满意度关键的内部驱动因素。各大艺术馆、博物馆，许多大型节庆、展览等是典型的创意景观，醴陵市除开发以上创意景观外，也建设了较多的精致创意人造景观和建筑景观，以创意景观吸引旅游者。醴陵市区内为旅游者提供了情景化的文化创意体验环境，旅游活动涵盖了陶瓷产业从制作、创作、展示到销售和增值整个过程，兼具陶瓷展销、陶艺教学、陶艺表演、节庆活动及陶艺交流于一体，使游客长期或短期持续不断地参与活动贯穿在整个旅游体验中，营造了旅游者学习和探索的开放式、情景化、互动式体验环境，激发旅游者参与的积极性，取得了良好的效果。

二、文化创意旅游业态

文化创意旅游业态是文化创意旅游产品与其经营方式的综合表现形式。文化创意旅游业态形成的影响因素包括其盈利模式、业态丰度和经营方式。

（1）盈利模式。一般来说，文化创意旅游产业的管理与运营具有一定的公益性，其产品化、消费化的过程也是文化创意资源或产品的旅游化利用的过程，因此盈利模式设计是文化创意旅游业态设计的重要环节。文化创意旅游盈利模式从盈利点的角度可以划分为经营项目盈利、旅游活动盈利、销售产品盈利、品牌增值盈利、旅游地产盈利等多种盈利模式；按盈利实现方式可以划分为直接盈利模式和间接盈利模式，其中，旅游地产或旅游广告等依附性的业态均属于间接盈利模式。这也是旅游与其他业态不同的地方，它的卖点与赢利点不一定是重合的，多半是分离的。盈利体系设计业态的核心内容，它可确保文化创意旅游项目资金的快速回流、降低投资风险，形成项目长期、持续的现金流以及促进无形资产和

有形资产的升值。

（2）业态丰度。文化创意旅游的业态兼具多态融合特征。文化创意旅游融合其他产业的数量就是其业态丰度，与其他产业的不同组合方式以及组合规模决定其业态的内容、结构及其空间形态。在实践中，文化创意旅游在内部融合的基础上，还会因地制宜地融合商业、体育、健康、教育、生态、商贸、研发等多种关联业态，从而形成一个兼顾生产业态、生活业态与生态平衡发展的综合体，比如城市文旅商综合体、文体旅小镇、汽车营地旅游综合体等业态。

（3）经营方式。文化创意旅游业态需要根据不同的盈利模式、业态丰度、产品内容及其时空特性，综合运用人才、技术、资金、品牌和营销等要素进行业态设计、生产、销售和消费，从而形成不同的经营方式。因此，文化创意旅游业态涉及研发、生产到销售全流程，需要有针对性地构建组织化、专业化、网络化的经营平台，并形成与之匹配的经营方式。比如，活动类的一般以舞台剧、实景演出、小型晚会、节庆等方式进行经营；而文化创意旅游商品除了传统的销售方式，则更多地采用前店后厂、精品体验店、旅游超市等体验式购物的方式。

三、文化创意旅游产业体系

以文化创意产业为主导的多种业态的集聚和规模化扩张，便形成文化创意旅游产业体系。它包括文化创意旅游中的吃、住、行、游、购、娱等内部要素产业体系；也包括体育、商业、健康等融合产业体系。其产业体系形成的基本规律是在文化创意引领下，以旅游业为主导融合其他相关产业，形成多种旅游新产品和旅游新业态。在此基础上，通过旅游主导和带动效应，形成文旅综合消费，提升文化产业的附加值、延伸产业链条、拓展产业空间，构建文化创意旅游产业生态群落。因此，文化创意旅游尤其要防止孤岛式的发展，需要持续开发文化创意旅游衍生的产品和服务，配套吃、住、行、游、购、娱等旅游要素产业。[①] 比如，宋城景区围绕《宋城千古情》完善旅游六要素，现在宋城景区超过一半以上的收入均是来源于这台节目。而华侨城则通过主题乐园带动生

---

① 薛兵旺.文化创意产业与旅游产业融通效应与发展模式研究［J］.西南民族大学学报（人文社会科学版），2015（1）.

态建设和城市发展，引领文旅生活方式，围绕主题乐园形成了一套较为完善的产业闭环体系。

案例链接：北京市文化创意旅游产业实现途径

1. 促进旅游纪念品的开发和经营，丰富创新旅游商品

在北京文化创意产业聚集区内设立旅游商品研发推广展示中心，发挥集聚效应，培育旅游商品创意市场，建设并完善旅游商品创意产业链，形成新的产业发展群落，发展成具备设计、研发、展示、投资、孵化、培训、交易等功能的旅游商品研发产业基地。研发推广展示中心将按照"企业运作、政府支持、行业集中、功能完善"的基本原则，充分利用北京文化创意产业聚集区的优势，以北京市文化创意产业发展优惠政策为依托，以产业孵化器的管理服务为手段，通过资源整合和优势集成，全面建设规模化、专业化、网络化、社会化的旅游商品设计、投资和孵化平台。

2. 积极开发时尚文化创意活动，增加动态参与性产品

鼓励国际、国内著名文化旅游创意、制作、经纪、营销机构，利用其人才、技术、资金、品牌和营销渠道，与本市的企事业单位合作开展文化旅游创意活动，提高文化旅游创意产业的竞争力，扩大优秀民族文化的国际影响力。策划精品旅游文艺活动，丰富旅游者晚间文娱生活，将现有大型节事活动与旅游活动相结合，吸引更多的旅游者，完善现有的旅游文化活动，使北京国际旅游文化节在市场中形成鲜明的主题和特色，对旅游市场和公众娱乐市场形成明显的吸引力。

3. 通过科技手段，提高传统文化产品的保护度与体验度

北京已有世界文化遗产6处，博物馆、展览馆188处。虽然还缺乏具有世界级影响力的博物馆，但有不少博物馆的收藏品价值高，知名度大，技术设备也比较先进，许多已经成为国内外著名的旅游观光景区。但北京大部分博物馆还只满足于收集、保护、研究这几项初级职能，而对展示、教育、欣赏和传播这几项当今国际博物馆界更为重视的功能却无动于衷。总体上看，多数博物馆质量不高，内容不丰富，规模不大，

可观赏性不强,旅游者较少。目前,它们只对部分国内旅游者有一定吸引力。因此,需要在保护的基础上,充分运用科技手段,进一步挖掘传统文化产品的旅游价值,增进旅游者的体验值。这需要当代人的创造与加工,既要体现中华民族传统特色,又要被国内外旅游者接受,同时为企业带来更多的综合效益。

4.增加文化创意产业基地的旅游功能,引导旅游者参与文化创意活动

在旅游商品研发推广展示中心设计有旅游者可以参观的旅游商品设计室,旅游者可现场购买旅游商品,并与设计者进行交流。培育北京数字娱乐产业示范基地的旅游功能,旅游者除可参观动漫等娱乐产品的设计制作过程,还可亲身参与部分活动,增加旅游者对数字娱乐产业的了解和体验。完善798艺术区的旅游功能。在旅游交通、服务设施、接待设施、信息标识、旅游商品等层面为旅游者提供完善的设施和服务,争取吸引更多的国内外旅游者到访。[①]

[①] 王欣,杨文华.文化创意旅游产业发展模式及北京市发展对策研究[J].北京第二外国语学院学报,2012,34(11):30-35.

第四章 文化创意与旅游要素融合

文化创意本身就是一种无形的资源。文化创意可以创意性地融入吃、住、行、游、购、娱等全要素环节之中，并用文化创意的思维方式对各要素功能、价值进行完善与提升，可以提高旅游要素的附加值，促进旅游要素的旅游化发展和品质升级，同时推动文化资源保护和创造，促进文化的传承与发展。

第一节 "文化创意+"餐饮

餐饮文化是贯穿于人类的整个发展历程，渗透餐饮企业经营和人类饮食活动的全过程，包含在饮食活动中创造的一切物质文化和非物质文化的总和。随着生活水平的提高，越来越多的旅游者更加关注餐饮的精神及文化消费需求，旅游者综合运用自身的人文素养和创新才能，为餐饮企业的发展提供源源不断的创造力，而不仅仅如传统餐饮一样只重食物与服务。因此，餐厅的服务、环境、氛围、特色等成为影响餐饮消费决策的重要因素，而创意餐饮恰好是营造餐饮体验环境，让餐饮变得有内涵、有特色和有故事的重要手段。"创意餐饮"体现了技术、经济和文化的交融运作，其核心价值就在于文化创意的生成，是一种具有强劲竞争力的创造性和文化特殊性。其最佳体现就是文化品牌，它可以全方位展示创意餐饮的产品和经营。

一、主题餐饮环境的创意设计

餐厅需要通过文化创意设计，营造文化氛围，提供特色的餐饮服务，为人们构建出一个主题情境或异质空间，使旅游者在这种主题环境中获取沉浸式体验，为旅游者赋予一种精神文化标签，满足其心理和生理上的双重需求。

（一）营造文化主题情境

人类在竞争激烈环境中一般需要寻找释放压力的渠道，而心理学和消费者行为学研究表明，外部环境的变化会促使消费者实现心理上的安慰。当处于一个别样的主题情境时，旅游者能感受到主题餐厅营造出的非惯常的独特空间，这让旅游者能够产生逃离感，并产生减压效应。因此，当餐厅主题情境符合旅游者心理需求时，就会产生强烈的心理认同和满意的消费体验。主题餐厅应明晰目标市场，明确自身的主题文化定位，并将文化主题渗透到餐厅的文创设计理念中，融入餐厅的环境、餐饮、器具、服务的每一个环节，整体营造出餐厅的独特主题风格和情境氛围。

　　文化主题情境的营造一方面需要一个物理的文化主题情境空间。其中，餐饮空间装修与装饰风格是彰显主题文化的重要载体，经营者和设计师根据餐厅的主题文化，通过建筑与装饰等视觉符号，营造一个主题情境空间，使室内陈设和装饰达到与菜品的形态、意境相协调，与餐饮服务特色协调，给消费者以本真的主题文化体验。文化主题情境的营造首先是餐厅建筑或外墙设计要使用主题文化建筑形式和凸显主题特色的建筑材料。在室内空间方面，不同规模、不同特色的餐厅在餐饮空间互动关系和面积比例方面要协调，一般应符合"功能互补、动静分区、安全高效"的原则。其次，室内陈设与装饰方面重点是主题文化视觉符号的体现与表达。在软装方面使用与主题文化相关的文化装饰品，也可以设计专门的文化展示空间，通过景观小品、表演区以及老照片等强化主题。最后，在灯光与色彩创意设计方面，要充分合理地使用自然光照明，设计构件的形态与自然光相结合，营造符合主题情境的光影环境。比如，北京"芭迪熊"儿童主题餐厅将文化、教育、餐饮相结合，所有菜品和服务都根据儿童的特征和需要量身定做；而北京8号学苑，主打怀旧牌，让80后的人们重返课堂，重拾最宝贵的青春记忆。文化主题情境还有助于形成品牌特色，避免创意复制，实现餐厅的可持续发展。比如，台湾诚品书店突破了传统书店的经营模式，形成了集书店、零售、艺廊与餐饮于一体的综合文化消费空间，书店不仅仅卖书，还包含人文、创意、艺术、精致生活等内涵，成为一个著名的文化休闲品牌。

　　另一方面，主题餐厅也需要营造一个人文活动的主题情境。利用一些娱乐性、表演性、体验性的互动活动，向消费者传达主题的理念和特色，具有强烈的主导性作用。其中，表演活动应具有观赏性和娱乐性。比如，"巴国布衣"的川剧变脸、四川清音、四川茶艺等节目表演等。体验性活动由餐厅提供相关道具、设施和场所等，由服务员主导与顾客进行劳动或娱乐等互动，使顾客在此过程中感受到互动体验和文化学习的乐趣。比如，成都"田园印象"的顾客可体验一些简单的农耕活动，如磨豆花、舂辣椒、推鸡公车等。

（二）深化主题内涵和丰富主题内容

　　餐厅的主题内涵与主题内容相辅相成，一味深化主题文化内涵，没有主题内容支撑会导致流于形式创意，相反，盲目地丰富主题内容，没有主题内涵引领，会导致主题内容表象化和主题分散。文化创意是主题内涵的灵魂，其外在表现为主题内容应多样化，以及相关衍生品应共同强化并聚焦主题，应依托餐厅主题衍生主题商品、主题游乐、主题音乐、主题影视等。比如，海贼王主题餐厅为旅游者提供一系列的手办、海报、玩偶等动漫衍生纪念品。这些衍生品既强化了餐厅的主题特色，又丰富了主题内容，增加了餐厅的赢利点。因此，注重衍生品的开发，完善产业链条，形成餐厅多元化盈利模式，可以强化餐厅的品牌效应和经济效益。但主题餐厅的创意和创新应与时代需求相适应，如果一味追求过度创新或停滞于低水平创意，缺乏文化的根基与市场需求支撑，那么当人们的猎奇心理获取满足之后，就很难形成持续的客流，餐厅的生命周期就会很短。因此，需要不断地深化主题内涵和丰富主题内容，方能满足旅游者需求，延长餐厅的生命周期。

二、主题菜品的文化创意

菜品是餐饮文化的核心载体，菜品文化是主题餐厅的核心竞争力。餐饮业的文化创意最先是从菜品开始的，围绕着菜品的"色、香、味、形、器"五大要素进行创新创意。有人把现代餐饮业态分为三个层次，突出菜品口味和精细度，能做到胜出；以"菜品＋管理"双轮驱动的餐厅，能做成优秀的现代企业；将"菜品＋管理＋文化"三者结合则可以做到可持续的百年老店，足见菜品文化的魅力所在。真正完美的餐饮享受最终都将归宿于文化和精神层面，菜品的文化创意为菜品注入文化与精神内涵，营造体验与学习场景，从而提高菜品的文化与精神附加值，形成核心吸引力和竞争力。

（一）菜品主题情境创意

菜品的文化创意重视菜品食材与烹饪技术的主题性。根据已有的条件和技术，在菜品烹饪工艺和烹饪技术等方面下足功夫，使菜品的"色、香、味、形、意"等都具有餐厅主题特色。菜品主题情境创意常见的有历史主题，比如仿唐宴、仿宋宴之类；环境主题，如仿膳，突出的是用餐的宫廷式环境；文学主题，如红楼宴、三国宴；文化主题，如盐商宴、孔府宴、谭家宴等。这类菜品对于用餐的仪式感、器具及场景的制作技艺要求比较高。再比如，"山东三珍"中的海参浇入阿胶汤，再配以海带面，将"三珍"完美地融为一体，并配以诗文：好客山东有三珍，阿胶海带胶东参，健康养生补气血，食此菜品焕青春。海益德的菜谱有两个特色，一是经典孔府主菜旁边都有相关典故。比如，"八仙过海闹罗汉"配文：孔府举行喜庆寿宴时常以"八仙过海闹罗汉"作为头菜登席。"八仙"是指八种原料，"罗汉"是指摆在菜面正中呈罗汉钱状的鸡肉虾饼。菜一上席即可开锣唱戏，故取名"闹罗汉"，宾主可边品尝佳肴边看戏。这些典故凸显了菜肴的亮点，承载了孔府文化，提升了宴席品位，增添了食客谈资。二是主打菜旁边都有四句诗，短短数十字却概括了这道菜的创意内涵、烹调技法与成菜特色，客人一看便知，生动有趣，就餐者的雅兴很容易被这寥寥数语激发。比如，"孔府粽香排骨"旁边配的是"碧翠粽叶味清香，清热解毒誉八方；家喻户晓五月粽，巧把小排袖中藏"。因此，在餐饮消费的同时也伴随着诗词文化的熏陶和营养知识的学习。

（二）菜品风味创新

随着经济的发展，中国人口流动性日渐增强，这就要求大中城市在饮食风味上通过创新创意满足流动人口的需要。传统的餐厅都会有一个主流的风味，但新式餐厅菜品的风味特色可能是相对模糊的。比较典型的例子是"剁椒鱼头"，这本是一个不太有名的湖南菜，被杭州厨师引入杭州的餐馆，只是在风味特点上稍稍改动了，一下子风靡全国。现在各地做这个菜，风味上都各有各的特色，但同时也保留着湖南的风味特色。这一类饮食产品谈不上根本性的创新，只是把各地风味融合就已经让消费者耳目一新。一些新兴的菜品风味也因市场需求而被研发出来。比如，素食的设计开发在很多地方受到欢迎。此外，配菜越来越丰富，配酒、配茶、点心等在一些大中城市开始出现并流行。同时也会注重科技对烹饪技术的革命性作用，比如分子烹饪法与低温烹饪法让一批新式菜肴被开发出来。

（三）菜品装盘形式的革新

菜品装盘是由分餐制带来的革命性的变化。分餐制在装盘时，餐具中菜品的分量发生了变化，只盛装一个人的量。这样，传统装盘手法、传统的大型菜品的制作方法都变得不合适，而现代西餐的摆盘手法广泛用于中餐。客人的点菜方式改变了，他们会只点一人份、二人份的量。菜点的搭配方式改变了，要选择不那么太琐碎的原料来搭配才比较容易有美感。再接下来，菜品的制作方法也改变了，过去一些大型的菜肴无法呈现，比如，扒烧整猪头、京葱扒鸭、烤全羊这类的菜受到限制，炒鱼米之类原料琐碎的菜肴也因量少而不方便制作。这使"中菜西做"和"西菜中烹"成为一种潮流，使处于困顿状态的中餐饮食产品的革新进入一个新天地，这也使中高端餐饮的传统中餐装盘的民俗美一部分正逐渐被艺术美所取代。

（四）菜品包装与品牌创意

菜品命名围绕主题文化特色，体现主题文化内涵，可以彰显主题文化。比如，"巴国布衣"餐厅以川东乡土特色菜肴和餐饮空间装饰突出"巴国文化"特色，其"三峡爆脆肠"的菜名颇具特色，既有食材名称又有工艺手法，特别加上了地域名称，让人从味觉体验联想到川东三峡风情，产生丰富的联想。"游子回家"餐厅则以"亲情文化"为特色，把每一道菜都加上一个"家人"的称呼，如"爷爷最爱的糯猪手""婆婆粉蒸三合一""妈妈炒的洋芋片""舅娘鲜椒炒腊肉"等菜品都围绕"家人"名字命名，体现浓浓亲情味儿。此外，菜品的品牌创意也开始流行，其中仿古菜肴已经成为我国的文化菜品品牌，比较著名的有西安仿唐宴、杭州仿宋宴、扬州红楼宴。

三、餐饮器具的文化创意设计

作为餐厅菜品价值提升的辅助性器皿工具，在餐饮文化创意中同样扮演着重要的角色。菜品与器具就如同"红花与绿叶"，甚至有时候器具经过文化创意后其重要性还要高于菜品，从而把餐饮消费变成一种纯粹的文化消费，比如景观菜品。餐饮器具的文化创意应当在器具特色、材质造型、纹饰图案上与菜品设计和餐厅主题文化相匹配。餐饮器具应采用系列创意设计研发、时尚审美工艺，魂体形兼备体现文化韵味，以提升菜品价值，丰富文化消费内容，提高旅游者体验质量。比如，南阳"草船借箭"这道菜的设计是乘着宝船，喷着烟幕，在一首《三国演义》主题曲的颂唱下，诸葛公站立船头，缓缓驶来。船上一桩桩"草人"就是这道菜的核心，它是由河虾一支支穿签，然后裹粉，过油炸后，插在草船上，形似草船借箭，把人们的视野推向了一千多年前的三国时代。在烟幕消除之前，旅游者不能动筷。饭店在时间上设计好了，自带音乐，歌唱三遍，正好船行一周，烟消雾散，方能品尝。餐饮器具的配套也要符合主题餐厅的特色，才能让顾客更好地感受到整个餐厅的主题特色，比如，一些田园主题餐厅为了追求原生态的乡村风情，大都喜欢使用土碗餐具，因为"土碗"具有粗犷、质朴和率真的审美特征，其形态与"乡土田园文化"主题融合。还有的餐具是瓷盆、缸、钵、筲箕，甚至连铁铲、荷叶、竹笋叶、树叶等都用上的，强烈的原生态风格引起消费者的兴趣，突出了田园主题文化效果。

此外，也要防止低俗的餐饮器具的文化创意。比如，把日本的色情餐饮"女体盛"学过来，一些城市都搞过"女体盛"，这些怪诞式做法很快就被地方政府叫停，因此从效果上来说，此类做法只是一种变相的营销方式。2006年后，马桶餐厅也进入中国，深圳、北京、西安等一线城市陆续出现了这类怪异的餐厅，座位是马桶，餐具是便盆，甚至食材也做成粪便的样子。这些已经谈不上文化创意，且格调低俗，要么不兼容于社会，要么只能在相对小众的人群中生存。

四、餐饮服务方式的文化创意

随着人民生活水平的提高和消费观念的变化，人们对于餐饮服务方式的期待将会越来越高，文化创意在餐饮服务方式设计中的作用将会越来越明显。

（一）餐饮安全展示

为了消除食客对旅游食品安全问题的担忧，让客人了解产地情况将会成为流行。现代餐店都会利用透明厨房把厨房、烹饪过程、原料产地直观地呈现给消费者，也可以用探头的方式把厨房监控画面呈现在食客的面前。一些相对高档的饭店甚至能够做到食材的溯源。

（二）餐饮仪式创意

用餐的仪式感会成为餐饮产品的重要组成部分。从早些年简单的跪式服务、旱冰鞋餐厅到近些年常见的现场烹调、抬轿上菜、唱劝酒歌等，这些服务创意让客人耳目一新。还有少数餐饮企业走了一条文化路线，如"说菜"，每上一道菜，服务人员会相应介绍这道菜的文化背景、食材出处，使饮食产品更易被消费者所接受。这样的服务创意已经成为产品的一部分。在仿古宴中，古法的就餐仪式为游客带来了一种充满仪式感的体验，一些餐厅在用餐时会让客人穿上古代的服装，套用古代的用餐礼仪。也可以根据主题情境设计互动服务，并贯穿餐饮服务的整个过程。服务员是互动服务中最重要、最活跃的因素，其形象不仅是活动的视觉符号，而且是情感交流的重要载体。比如，"田园印象老食堂"以民国川西田园文化为主题特色，把董事长叫"大东家"、店长叫"大掌柜"、厨师叫"伙夫"、男服务员叫"小二"、女服务员叫"幺妹"、传菜的叫"跑堂"。特别是"鸣堂"服务更具特色，堂倌迎客与后厨一唱一和，老成都老腔调，让人瞬间"穿越"到民国时代。服务员使用地方方言给人以亲切感，如重庆的"游子回家"是以"家文化"为主题的餐厅，迎宾热情招呼"欢迎到家"，并敲响大锣，女服务员招呼"家人请坐""给家人上茶"。

（三）增值服务创意

用餐时的视听享受会与饮食品相结合。在高端会所可能重现过去堂会式的餐饮形式，用餐的同时会有歌舞音乐表演，而表演内容是经过精心设计且与饮宴内容相关的。这与一些仿古宴会结合的可能性比较大。"歌舞伴餐"也是餐厅文化创意的重要方式，是建设特色文化标签、吸引旅游者进店消费的重要手段之一。歌舞伴餐最早源自于宫廷餐饮，其形式多种多样，而我国最常见的是少数民族的歌舞伴餐，到现代则是酒吧音乐表演和餐厅驻唱成为主流形式。比如，成都的"大妙火锅"引进川剧变脸、北京的"邓丽君音乐主题餐厅"培训全职"爱君乐队"、上海的"鱼乐水产"师傅们上演飞鱼秀等。彝族的歌舞伴餐表演"跳菜"，即舞蹈着上菜，这是云南无量山、哀牢山彝族民间一种独特的上菜形式和宴宾时的最高礼仪，是一种历史悠久的舞蹈、音乐、杂技与饮食完美结合的传统上菜文化。特色表演的形式多种多样，然而，歌舞伴餐并不适合所有餐厅，因此餐厅在引进或创新歌舞伴餐时应当注意以下几点，第一，应当充分结合餐厅的主题文化和品牌定位，针对目标受众，选择既能让消费者感兴趣，又能凸显主题文化的表演；第二，需要从餐厅的结构和视觉上合理设计表演空间，优化选址，控制空间规模，切忌主次不分，甚至喧宾夺主；第三，餐厅的歌舞伴餐要"物超所值"，需合理安排表演时间，适度短缺是塑造"歌舞伴餐"价值的关键，一般以周末和节假日等客流密集时段为佳；第四，歌舞伴餐要考虑成本核算，其推出时机要以一定的流量为支撑，否则不但没有观众，甚至会得不偿失。比如，"大龙凤鸡煲"

将传统的粤剧文化融入餐厅的经营中，除了餐厅装饰装潢呈现了浓浓的粤剧文化色彩外，餐厅的显示屏上还会播放无声的粤剧表演视频。到了人流密集的周末和节假日，与粤剧团合作上演粤剧，吸引了大量的旅游者，提升了餐厅的知名度和美誉度。

（四）送餐服务

适用于现代人工作环境的送餐服务成为未来创意的重点。目前我国的城市普遍向大都市方向发展，拥堵是城市痼疾，这使在写字楼工作的人们用餐不太方便。这部分人有较高的消费能力和文化消费的需要，目前市场上简陋的快餐不能满足这部分消费者的需要。以后，类似日本的中餐便当将会是写字楼里的主要餐饮产品。另外，外出用餐既浪费时间也要花更多的钱，这导致了外送的自助餐将成为公司工作餐的主流。而普通快餐带来的餐后垃圾也是这些公司的一个负担，所以，专门的自助餐公司将会应运而生，为这些公司解决用餐的一切问题，自助餐的设计与供应方式就是他们的创意产品。

案例链接：秦文化创意餐厅

西安有全球首家秦文化主题餐厅"大秦小宴"，在那里可以感受秦风秦韵，体验独具特色的"秦式文化"，将"大秦天下，小宴千年"的无尽传说与梦幻延续。据史书记载：公元前221年，秦灭六国，一统天下。中华文明正源伊始，也是饮食从茹毛饮血到色、香、味、形、器、礼的膳食文化形成时期，对后世产生了深远的影响。秦国名将王翦率军横扫天下，六国之中有五国为其所平定，秦王为表其功勋，经常在宫中设宴招待，王翦为感秦王厚恩，特将此宴定名为"大秦小宴"。

餐厅秦文化浓郁，装修以黑白为主基调，充分演绎了秦朝独有"崇黑"的时代气息，让人随处都能感受到大秦帝国的磅礴气势。每一个包间和大厅都有着自己的故事。比如有一个厅叫日月厅，其名就是引自《史记·秦始皇本纪》，大体意思是凡太阳和月亮所照到的地方，船和车所能达到的地方，百姓都安居乐业，彰显了大秦帝国的繁荣盛世。

餐厅里的所有菜品都有一段历史故事。比如，有一道菜名为廉颇肉圆，相传廉颇当年登门向蔺相如负荆请罪,蔺相如在家中设宴款待,因为知道廉颇是武将出身喜好肉食,便在宴席上又增加了几道荤菜,结果廉颇却对一道炸肉圆情有独钟,连吃了好几份。蔺相如看到后便笑着说:"老将军如此喜欢这道菜,那么它以后就改名为廉颇肉圆吧"。肉夹馍也有故事,据说大将白起骁勇善战,初参军入伍时是火头军,经他所卤制的肉食,味道极香,大家都争相品尝;后来为了方便行军打仗,便将卤肉切片夹于饼中,发给士兵食用,此法秦人世代相传;秦人把饼又称馍,即为"将肉夹于馍中"的意思,因近代人们语言简化,演变成如今的"肉夹馍"。

大秦小宴里有韵味、有故事的菜品共同演绎着属于大秦小宴的特色,品一场大秦小宴,其实是品四场不同的美食:"相""和""秦""御"。"相"寄托着吕不韦和《吕氏春秋》的大雅之心;"和"缠绕着亡城和宝玉的悲壮故事;"秦"表示长平之战的壮阔和争议;"御"代表"皇权神授、正统合法"之信物,帝王象征、国之重器也。

在用餐的时候,古乐器的声音缓缓溢出,一道小宴,一瞬千年,这是一场流传千年的秦文化体验。食毕,侍女会用"传国玉玺"为您的菜单盖章,灯亮、曲起中,品尝一顿佳肴,如同品评了一个故事,在潜移默化中,秦文化的印记早已深留你的心间。

大秦小宴会以探索秦文化为核心,不断地挖掘和完善秦文化,不断地将旅游者的体验感受进行升华,包括秦服体验、乐师扮演、大秦舞蹈等。大秦小宴本着对中华正统文明的尊重,是对膳食文化发源的一次探索回归,是对挖掘秦文化一个追本溯源的过程。

第二节 "文化创意+"住宿

伴随着旅游消费的升级换代，旅游者住宿体验已经不仅仅局限于传统的住宿这种单一功能，而开始注重有特色、个性化的住宿消费场景。中国以星级饭店为代表的标准住宿已经不能满足旅游者住宿的个性化和全域化的需求，以文化创意为提升手段的文化主题酒店、民宿、客栈、帐篷等非标住宿开始取代星级饭店成为新的主流住宿业态，甚至成为新的旅游吸引物。便捷、舒适、安全的居住环境是住宿的基础需求，但消费者对住宿中文化创意空间的展示和时尚生活空间的体验也成为旅游活动中的别样追求。因此，只有更多、更深地融入本土的生活方式、生活场景和文化特色，才能在体验层次上缔造旅游者的精神生活空间，满足人们在住宿中体验到别样生活的需求。

一、文化创意住宿的价值

"文化创意+"旅游住宿是指在保障消费者基本需要的基础之上，以住宿为载体选择一定的文化主题，增加文化创意内容，将主题文化融入住宿产品和服务中，形成一整套主题创意生活空间体系和服务体系。

（一）提供一种创意的生活方式

现代社会快节奏、高压力的工作与生活方式，旅游住宿消费者需要通过追求独特的方法来排除孤独和压抑，彰显个性、释放自我和回归自我。文化创意住宿按照异质空间、艺术设计和生活品质的标准来营造文化创意居住空间，应在服务提供、体验细节上与旅游住宿想表达的文化和思想融会贯通，建立一个能够共享的文化交流的平台，凝聚志同道合和有共同文化认同的伙伴，从而提供一种非惯常于同类人的创意生活方式,而这种生活方式因旅游者心所向往之,会引发重复消费行为,甚至其本身也可能成为旅游吸引物。

(二)提高住宿软实力

传统的旅游住宿主要依靠周边的旅游景区景点,或生产商务会议、会展等关联产品招徕旅游者,其经营过程与业绩对外部环境和资源的依赖性较强,易受外界环境变化的影响。文化创意住宿的产生将极大地改变这一格局,它依靠主题的地域文化或其他相关的文化开展文化创意生产,形成新的文化创意内容和新的吸引力。好的文化创意住宿,其新增文化创意产品的价值甚至超越既有的住宿价值。文化创意住宿甚至可以凭借自身独特的文化、氛围使其成为旅游吸引物,成为一种新型的旅游资源,从而吸引旅游者,带动当地旅游业的发展。比如山东蓬莱的骑士酒店、海南的海洋酒店。因此,文化创意住宿相比其他类型的住宿形态更具吸引力和生命力。

(三)提供住宿发展新思路

对于传统标准化住宿而言,提高竞争力的核心是管理和服务,是一种做存量资产的思维方式。依托住宿提供服务关联产业是住宿业拓展增量业务,比如景区酒店、会展酒店等,这是提高竞争力的增量思维方式。文化创意住宿也是一种住宿业发展的增量思维方式,而且这种增量方式是内生的,而不是寄生或伴生的。而且文化创意住宿的文化性与主题性受到经济因素的干扰较小,因此抗风险能力更强,为处于激烈竞争态势下的旅游业的发展提供了新的思路,拓宽了住宿业发展的新空间。

二、文化创意住宿类型

(一)文化主题酒店

文化主题酒店是指在酒店的建筑风格、景观设计、酒店装修和内饰,以及在酒店的管理、经营活动和服务提供中,通过文化创意的手法体现出某一特定的文化主题以及特定的文化氛围,把无形的精神文化物化和活化,让旅游者在居住的同时获取富有个性的文化体验,同时以创意化的个性服务为旅游者提供独特的体验。

1. 文化主题酒店内涵

文化主题酒店以文化差异性形成产品的独特性和文化竞争力，推动酒店业的可持续发展。文化主题酒店的核心是主题文化的创意生产与加工，需要深化和细分酒店文化主题的内涵和外延来满足旅游者的个性化需求。文化主题酒店既需要满足大众基本的居住功能，同时还要满足文化爱好者这一细分市场的个性化需求，因此难以形成标准化和规模化。反过来，文化爱好者的追逐或者良好的文化体验会进一步刺激大众市场对文化主题酒店的关注和需求。此外，一个成功的主题酒店不仅需要适应市场需求，根植于本土文化，也需要实现酒店与相关产业的整合与发展，创造更大的社会经济价值。

2. 文化主题酒店的特征

（1）文化性。任何一个文化主题酒店都是围绕文化挖掘主题素材、生产文化符号和元素的，并贯穿在酒店管理与经营理念、酒店文化、人文精神、特色经营等物质与精神维度，形成整体的文化创意场景和文化氛围。

（2）主题性。主题选择是营造独特卖点和品牌塑造的关键。这就要求文化主题酒店在主题选择和设计上做到"人无我有，人有我优，人优我特，人特我奇"，从而防止主题创意被复制和超越，才能在众多类型的酒店行业中保持动态的竞争优势。

（3）体验性。主题体验性是文化主题酒店成功的关键，也是主题是否被旅游者接受并被消费的唯一途径。因此，无论是什么样的文化主题酒店，主题定位是前提，但其核心任务是文化创意内容的生产，并形成多器官体验性的文化主题产品，能够被旅游者消费从而创造顾客价值。

文化主题酒店分为以下几种类型，如表 4-1 所示。

表 4-1 文化主题酒店的类型

主题分类	主题素材	相关案例
传统文化主题酒店	该类主题酒店以中国传统文化作为基本素材，并融入与主题相关的服务	新绛七修酒店（中国传统文化儒、释、道、医、武主题）、尼山书院（临家文化主题）

续表

主题分类	主题素材	相关案例
数码文化主题酒店	该类主题酒店以信息技术文化创意为手段，设施设备科技含量和文化含量较高，设计较为现代新颖	苏州 HOTEL ONE、机器人酒店
城市文化主题酒店	该类主题酒店以某一城市特色文化作为主题背景，使得酒店客人能了解并体验到该城市的特色风貌及人文气息	成都城市名人酒店（城市主题）、深圳威尼斯酒店（意大利威尼斯主题）
名人文化主题酒店	该类主题酒店以某个名人作为主题	北京极栈《好莱坞影星梦露主题》
生态文化主题酒店	该类主题酒店主要将某种自然风光以及展示人与自然相处文化为主题（如海洋、草原、沙漠、雪山等）作为主题	深圳华侨城瀑布酒店（海洋主题）、森林酒店
历史文化主题酒店	该类主题酒店以历史文化的展示和再现，让客人了解该类文化的历史沉淀	上海英迪格酒店（旧上海主题）

3. 文化主题酒店设计

文化主题酒店具有特定文化主题，它以特色文化为内涵，通过建筑风格、装修艺术和文化氛围、特色服务以及特色饮食给游客带来与一般酒店不同的文化体验和现代服务统一的享受和快乐。因此，它在设计上应当遵循一定的原则。

（1）主题优先原则。文化主题酒店在于突出对文化的体验，同时还要强调文化主题酒店与特色酒店的不同，特色酒店关注的是与众不同的"特色"，而主题酒店主要强调的是文化主题，它与一般酒店的不同主要体现在文化上；特色酒店可以是客房设施和服务风格上的特色，而文化主题酒店则强调文化的优先性，为人们的休闲和旅游提供一种文化氛围，并凸显出当地文化的某一方面特色；特色酒店有顺应市场需求的特点，因此很容易被效仿和复制，而主题文化酒店是一种文化与酒店的结合，它往往是唯一的，因而也是更有生命力的。主题定位决定了文化形态与素材的选择，以及酒店未来的经营、管理和服务等一系列工作，因此主题优先于其他工作，是文化主题酒店建设的前置工作。主题的选择一方面要扎根酒店所处的地域文化和社会人文环境，另一方面也要进行主题文化创意，并通过主题测试和主题推演，符合未来市场需求。如果植入外来文化或者一种想象文化，就需要不断地丰富文化内涵，动态调整文化创意产品，否则会昙花一现。

（2）主题强化原则。文化主题酒店在进行空间布局和环境氛围营造时，从有形到无形的各种要素或符号都必须突出并统一于某一特定的文化主题，并形成一个整体，彼此之间和谐一致。在酒店的风貌设计和建筑语言上都必须与主题文化相吻合，在大堂布置、文化标志、纪念物选择，以及室内装饰等层面都要体现出主题文化的要求，而不能形成有巨大反差的环境。酒店在企业文化、企业精神、服务行为、工作服饰、言谈举止、服务方式上都要与文化主题相一致，在各个层面不断聚焦主题和强化主题，最终形成主题品牌。

（3）文化意境原则。健康和先进的文化不仅能够满足人们的感官需求，同时还坚持一种积极向上的精神文化诉求，体现以真善美为内核的高雅文化，给人们提供一种内在的文化体验、心理治疗和精神洗礼，形成超越现实的文化意境体验和心灵净化。这就要求酒店的文化主题通过与主题相关文化创意、科技创意和雕塑、绘画、音乐等艺术加工形成酒店的特有风格，给人带来文化上的提升和精神文化上的升华。主题文化绝不是一种低俗或媚俗的文化，低俗或媚俗的文化固然能对人们形成视觉上冲击，但不能给人们带来心灵的净化和道德的改善，相反，会让旅游者变得更加低级趣味，因此对旅游文化和社会道德产生负面影响，不被法律和社会所接受，难以在消费者心中产生共鸣和持久。

（4）扎根地方原则。我国地域广阔，各地在山水风情、生活习惯和文化风格方面也各有自己的特色，文化主题酒店的设计和服务也应当与地方特色统一起来，把当地的自然山水和历史文化凝练到其中。这就可以给人们提供一个想象的空间，以使人们在与其他地方的比较中，对地方特色的文化有更深刻的理解。文化主题酒店的设计、管理和经营和服务应该植根于地方文化，包括地域生态文化、历史文化和人文社会风情，挖掘提炼地方的自然山水和历史文化的内涵，并通过创意的方式凝练到酒店各个方面。这就需要把下层面的文化与精神通过创意形成上层面的感官表达或情景体验，既要把它用哲理化的文字语言抽象地表达出来，又要把这些抽象的文化内涵表象化和具象化，使之可感知、可表达、可传播、可体验和可消费。因此，主题文化植根地方，体现地方神韵，这既有利于培养酒店所在社区的文化自信，也有利于形成酒店独特的品牌个性。

案例链接：瑞典地下银矿酒店

瑞典萨拉银矿位于瑞典瓦德斯特曼兰德郡撒拉镇，距今已有 500 年的历史，曾是瑞典最大、最重要的金属银来源地，如今矿山停产后，这里已开发得更具冒险性和娱乐性。世界上最深的一座地下萨拉银矿酒店（Sala Silvergruva），位于地下 155 米的深度，想要去这个地下宾馆必须要乘坐银矿升降机，而且因为银矿的深度太深，信号不好，完全不能使用通信设备，只能用呼叫机进行呼叫。

萨拉银矿酒店的银矿套间被蜿蜒的画廊、惊险的矿洞和地下湖泊所包围，客人需要乘坐银矿升降机抵达房间。房间的费用每天约 3800 元人民币，房内配有豪华双人床、银质家具、香槟和唱片等，当然还可免费享有在导游带领下参观银矿、一篮子茶点（奶酪、饼干、水果、汽酒和巧克力）和早餐的服务。唯一不便的是，房间内没有浴室和卫生间，想上厕所的话得向上爬约 50 米，想沐浴，就必须回到地面上来。萨拉银矿酒店除了有位于地下的银矿套间外，还有其他风格的房间，如具有 20 世纪 50 年代风格的房间、为情侣准备的浪漫套间以及为单身旅游者准备的超大单人间等，当然，这些房间都在地面上。在距离客房不远的地底深处，还有两间餐厅，客人可以在那里体验一种真正独特的就餐环境。

在地面部分，矿井南部还有几个高空冒险项目，包括缆车、吊桥等挑战。如果客人愿意深入地下探险，就有机会去溶洞潜水。不过对于要去洞穴探险的潜水员，限制是非常严格的，因为洞穴里的水温常年保持在 2℃ 左右，相当寒冷。但凡是甘愿冒着严寒潜水下去的人，就能欣赏到无比壮观的地下湖泊和溶洞美景。

（二）文化创意民宿

民宿不应该只是提供住宿的地方，而应该是一种结合文化创意并且是以知识经济为基础、以永续发展为目标的创意生活产业。民宿重在提供一种具有文创气质的非城市化居住与生活空间，既是一种经营，也是一种生活，更是一种艺术。它通过环境、活动以及"衍生产品/服务"的巧妙设计，不仅给旅游者带来大自然的绿色生活体验，更提供一种充满情趣的文化或文艺生活感觉与氛围，极大化地让旅游者达到放松身心、返璞归真的非传统的住宿体验。

1. 文化创意民宿特征

（1）民宿是一个文艺生活空间。文化创意民宿其实是推广创意生活的最佳场所，它所处位置大多是创意园区、艺术村、工艺村等文化氛围相对浓厚的区域，并且融入了区域的特色文化内涵。民宿重在提供一种非城市化的居住空间，它让民宿变成一间具有生命力，而且会呼吸与成长的空间。因此，民宿的核心竞争力不在于物质层面，而在于"文化美感""生活哲学""生命意境"这样的精神层次。

（2）民宿是一个创意空间。文化创意民宿重在以细节打动人心，文化创意渗透在民宿装饰设计、经营理念、体验互动、商品开发等各层面和各环节，处处体现设计者的一种巧思与创意。民宿的外观设计、空间分布、室内装饰、氛围营造等都要体现文化性、创意性、独特性和艺术性，是美感、创意、文化的一种完美表达。

（3）民宿是一个创客空间。民宿经营需要民宿主人和经营者具有一定的文化追求和文化抱负，在文化艺术、设计层面有一定的文化素养和专业知识，才能为艺术家们提供优良的创作空间，才有可能生产和提供文化创意民宿产品。事实上，每个优质的民宿主人都是生活的艺术家，而民宿的经营者团队就是一个艺术团队，他们真正的目的是文化传播和生活方式的推广，而不是简单的住宿经营、管理与服务。

2. 文化创意民宿设计

（1）继承与创新。民宿应遵循"在继承中创新，在创新中继承"的辩证设计理念。首先要了解当地乡镇居民原始建筑的特色和城市民泊的文化特质，在保留原有建筑特色和空间肌理的基础上加以文化创意，既要保留其原始文化底蕴，又要融入新的文化创意内容，满足当代旅游者对民宿的文化需求。其次是民宿的设计要真正地融入当地的自然、社会和人文环境中，并且能够真正地体现当代健康、先进和时尚的生活文化、社会习俗、道德伦理与价值取向等，推动民宿社区环境的有机更新。

（2）创意主题文化空间。文化民宿设计的目标是营造主题文化氛围，形成具有地域特色的整体文化风格。它需要总结提炼出具有代表性的主题文化元素，并从社会风俗、生活习惯、服饰特色、语言文字以及遗址遗迹等层面来创意设计民宿室内主题文化空间，如民宿室内灯具及装饰品设计要能代表村落文化等。在此基础上，将这些元素同时运用到民宿的建筑风貌以及室外空间表达中，使旅游者从室内和室外一体化地感受到强烈的民宿主题文化氛围。

（3）营造自然的室内空间。民宿首先要在室内空间上满足内部的使用功能，同时还要考虑其自然环境格局和社会文化格局，以及民宿整体空间给旅游者带来的视觉感应和身心体验。因此在室内空间设计时首先要考虑民宿坐落的地理位置，选择正确的房间朝向，同时加大室内透光面积，增加采光量。室内人工的光源是不能代替自然光源的，因此应减少一些不必要的隔断，让光源能够更大面积的进入室内。其次，要考虑室内空气的流通，设计时要尽量保证路径畅通，适当减少不必要的隔断。需要有隔断的地方，尽量采用镂空或者能移动的隔断。再次，在对室内装饰装修材料的选择上，要体现乡村自然原生态的气息，需要考虑用没有经过多余加工的自然原生材料。最后，在配色层面，要尽量避免选用过于鲜艳的颜色，应选用比较柔和的色彩搭配，但是也要结合当地的文化特色。

（4）讲好房东故事。民宿主人和经营团队是构建个性化民宿的重要创意来源。随着民宿发展日渐壮大，竞争压力增大，传统的、没有人文气息的标准化的民宿设计已经不能达到旅游者的要求，而把能显示出主人的个人特征和审美融入民宿设计中，不仅能够实现民宿的个性化设计，给旅游者留下深刻的印象并带来独特的体验，还能吸引真正志同道合的旅游者，发展民宿粉丝圈。因此，在民宿个性化设计时，需要将民宿业主的审美、性格特征、爱好等有机结合，把民宿业主和团队的创业故事和人生经历融入设计，形成更具个性化的民宿。

（5）构建民宿生活生产圈。在对民宿进行设计时，不能只局限于对民宿的建筑外观以及民宿内部空间的设计上，还应该有民宿游憩产品与产业链的设计。应充分利用传统村落特色的民俗文化、风俗习惯等，创新体验方式。比如，设计村落传统手工艺流程体验，让旅游者在居住期间体验制作传统手工艺品的乐趣，学习传统技艺，感受或培养工匠精神。民宿购物是民宿产业的惯常延伸方式，比如，有一家民宿的主人对枕头非常有创意，专注于把枕头做得舒服又漂亮，使得所有住宿的客人都要求购买带走。最终使得枕头生意甚至超过了住宿和餐饮收入，成为民宿的主要盈利业务。[①] 客观上，基于民宿可以发展民宿餐饮、民宿演艺、民

[①] 郑玉. 创意民宿设计 助力乡村振兴［J］. 中国住宅设施，2018（9）:60-61.

宿养生、民俗研学等，并带动当地社区生产和生活的发展，形成民宿游憩圈和民宿产业集聚区。

案例链接：那些走心的文化创意民宿

"采菊东篱下，悠然见南山。"1000多年前，魏晋诗人陶渊明写下诗作《饮酒》，道出了千百年来人们对田园生活的向往。文化创意、小资情怀、乡土体验……民宿是个性化的旅居之"家"，它不同于传统酒店、旅馆仅满足住宿功能，而是靠"走心"的文化创意去赢得消费者的喜爱。温州在乐清雁荡山、瓯海大罗山、永嘉茗岙、洞头渔村等乡野村庄，一批怀着文艺情怀的设计师、摄影师、媒体、旅游从业者等人士，率先将民房改造成文艺、小资、个性化的民宿。这些民宿从设计风格到经管理念、营销方式等，均突出了文化创意。他们不仅"卖"房间，也"卖"情怀，更是在"卖"一种与众不同的慢生活方式。

1. 风景民宿开辟民宿旅游新境界

乐清是温州民宿的最早发酵地，几位从事艺术创作与装潢设计的人士，在雁荡山大龙湫景区内开出第一家叫"客堂间"的民宿。不同于其他传统旅馆，"客堂间"虽然客房不多，但强调设计艺术，主打怀旧风格。这家小清新的民宿一经出现，就引来媒体争相报道，不少年轻人就是冲着这家民宿去的雁荡山。此后，瓯海大罗山、永嘉茗岙、洞头渔村等乡野村庄，吸引了一批设计师、摄影师、收藏家、媒体从业者等人士，利用闲置民房改造出个性化的民宿，如洞头的"花石间"、永嘉茗岙的"墟里"、瓯海大罗山的"青灯山舍"、永嘉泰石的"悦庭楠舍"、文成南田的"迷途武阳"等文化创意民宿。这些融入文化创意设计的精品民宿，虽然不少位于偏远的乡野，也不在大景区的周边，但却带动所在村庄瞬间就成了"网红"地。

"墟里贰号"在温州民宿界新晋为浙江省6家白金级民宿之一，可以说是温州民宿界的传奇现象。"墟里壹号"以梯田风光为特色，"墟里贰号"以水景观为主。民宿从陶渊明"暧暧远人村，依依墟里烟"的诗中取意命名，还没开业，就因在网络上高薪找管家的招聘信息而在全国名声大振。很多客人甚至从外地坐飞机再转一个多小时车进山，只为来体验这家民宿。"墟里三号"改造了一个老厂房，改造后会设有传统手工工坊、有机餐厅和亲子区，是乡村生活实验室。曾是墟里设计师的姚量正在洞头花岗渔村做一个文化休闲旅居项目，这是"2017温州市文化产业项目投融资活动"推出的一个项目。这个项目的原型是那不勒斯普罗西达海岛，它是意大利电影《邮差》的拍摄地。

海天左舍是温州本土设计师严乐峰经营的民宿，凭海临风，因其以纯白色为主色调的北欧风格而成为旅游者心中的"温州圣托里尼"，也是婚纱摄影、个人写真等摄影爱好者的取景地。花岗渔村内有设计土陶房，可以跟着当地陶艺大师学捏泥巴，亲手做一个陶器；有花房，可以认识花卉植物。花岗渔村是一个集当地体验、亲子互动、文化创意集市、轻户外体验于一体的海岛生活社区。

在洞头经营"花石间"民宿的东北人小飞曾是电视媒体从业者，也是原创歌手，住他的民宿，可以听到他弹唱表演。库村人家的女主人蔡春衣是一位手艺精湛的老裁缝，这家民宿因传递给客人一种温馨的"女主人文化"而独树一帜。她不仅经营自家民宿，还手工制作"库村人家"牌子的文旅产品，包括薰衣草香囊、小茶枕、手工包、靠枕等。

乐清雁南左舍在乐清的能仁村，这里民宿分布较多，民宿主人们还牵头组织当地的农特产集市活动。

2. 文化创意民宿引领乡村经济新业态

民宿在历经情怀支撑的初期发展后，后期更应加强对"人"与"文化"两大核心的挖掘，同时还要向产业延伸的农耕文明、采摘体验、农产品开发等农旅融合产品方向扩展。民宿加入文化创意元素，不仅盘活了沉睡在大山和海岛深处的闲置民房，也带动了乡村经济，同时能够有力带动本地村民就业，吸引青年回乡创业，更深层次地激发乡村活力，实现乡村的自我增值和发展，推动乡村面貌发生变化。温州市开展了"共享农房"的试点活动，全市计划盘活1000多幢农房，用于民宿、文化创意等产业发展。

岩海山居在洞头原本是名不见经传的凸垄底自然村，如今因有了温籍在杭的建筑设计师发起了"岩海山居"民宿项目，由岩海民宿发展有限公司采取众筹的模式开发，现已盘活闲置的渔村特色"虎皮房"十多幢，并已成为洞头新的乡村休闲旅游村。不仅民房改造成了民宿，而且还配套了接待中心、露天泳池、茶座、停车场、游步道等，严然是一个民宿旅游景区。

去年洞头已有三证获批超210家民宿，旅游旺季精品民宿一房难求，民宿经营户年均收入10万元以上。洞头区已有2800多张民宿床位，缓解了旅游旺季旅游者的住宿难问题，而且还打开了富民的通道，村民通过出租农房入股等方式，享受到乡村经济的新红利。正是旅游带动效果明显，金香村还吸引了台湾101民宿投资550万元进行整村开发。

永嘉县民宿经济总体上实现了从"点上萌芽向遍地开花、从单一吃住向多元经营的两个转变，民宿经济蓬勃发展，已成为该县乡村经济转型升级、提升整体实力的又一引擎。目前在永嘉全县已发展特色民宿73家、床位1750个，形成了独具特色的"民宿经济"，民宿业促进当地群众人均年增收近5000元。

（三）文化科技创意酒店

人工智能让服务于生活的高科技产品正在不断走进人们的生活，既节约了人力成本，又为人们的生活带来了便利，也深刻地改变了人们的生活方式和提高了人们的生活质量。酒店是文化科技创意的领跑者，文化创意与高科技产品应用到酒店之中，改变了酒店与旅游者进行互动的方式，也会让旅游者的出行变得更加便捷，旅居生活变得更加丰富。2015年移动互联网改善酒店的经营与管理；2018年云技术广泛地影响酒店的盈利方式和运营模式；到2020年，物联网会渗透到酒店的各个领域；2022年的时候虚拟现实将大量使用；2025年机器人在酒店行业将普遍得到应用。未来只有建设具有文化科技创意的酒店产品，才能形成酒店的竞争优势。

1. 文化科技助推酒店中高端化

文化科技创意融合是酒店业发展新趋势，未来酒店客人更乐意消费这种前沿而富有文化创意酒店产品。文化科技创意不但会影响酒店消费的内容，还会互联酒店经营管理与消费的各要素，贯穿酒店生产与消费的各环节，从而整体提高酒店的经营管理水平。酒店智能客房不仅能让酒店管理系统严谨科学、节能环保和盈利多元化，更是能联通智慧酒店的各个环节，从预订、支付、微信开门、取电、开关窗帘等消费流程体验，让客人的入住体验更加舒适便捷。客房娱乐、客房大堂表演联机设备等，让客人享受到更加具有趣味性、更加多元化的入住体验。我国新的《旅游饭店星级的划分与评定》标准，更是针对客房的智能化、人性化、舒适度、绿色节能提出了更高的要求。

2. 文化科技创意提高酒店服务品质

酒店行业一直秉承"以人为本"的管理理念，以客户需求为核心，以优化服务体验流程为己任，而文化科技创意与酒店体验服务的结合，可以孵化"新服务"业态，让住客花更少的钱获取更好的硬件体验。文化创意、前沿技术和数据驱动型定制化服务能够为客户提供更加个性化的定制服务，深入挖掘消费者渴望释放情绪的内心需求，让酒店体验与服务更优质，进而促进消费者的重复消费。比如，在客房设置一键式操控系统、KTV嗨歌设备、优质智能音箱、大堂客房联机系统等充满科技元素的设施能极大地优化酒店夜生活，激发酒店夜经济。

3. 文化科技创意塑造酒店个性

文化、科技和创意是营造酒店个性的三种基本方式，文化代表过去，科技代表未来，因而文化、创意、科技三者融合可以多维度地实现酒店深度的和动态的差异化、个性化发展，为酒店营造持久的独特卖点，塑造独特品牌。这将提高酒店的吸引力和竞争力，为其管理运营带来更高的效率、更低的成本，进而降低消费者的消费门槛，获得更大的客源市场。比如，长崎的海茵娜酒店被称为"世界上第一个机器人酒店"，从接待员到侍者到礼宾，都是机器人。在接待台后面站着三个机器人，一个人形女孩，一个看起来是很危险的机器人恐龙，戴着帽子，身子弓着，另外一台则是一个小机器人。多语种机器人向客人解释该如何办理入住和退房手续。机器人搬运工处理行李并将其直接带到房间，而在衣帽间，机器人手臂为客人存放行李。酒店房门没有钥匙，而是通过面部识别工具为客人开门。在房间内，一个小型的郁金香形机器人坐在床头柜上，负责在住宿期间陪伴客人可以打开或关闭灯光，查找天气预报，并设置早晨警报。

当然，酒店在大量使用人工智能的同时也应考虑新的酒店工作岗位与就业问题。波士顿大学的一项研究表明，每增加1名机器人，最多可以造成6名工人失去工作，工资下降3/4。该研究还发现，1990—2007年期间，多达67万美国人因为机器人失去了工作。另一项研究提出了一个更令人不寒而栗的结论，在未来15年内，超过1000万英国工人将被机器人取代。因此，科技是一柄双刃剑，人类需要总体上思考并规划人工智能所创造的价值如何分配并造福全体人类，而不是成为技术垄断者的盛宴；同样要考虑和规划因人工智能所创造的人类休闲时间价值如何分配和安排，而不是大量的失业，或者是80%的人成为未来掌握高科技群体的奴隶。

（四）文化创意弹性住宿

在长期旅游住宿发展过程中存在着时间矛盾和空间矛盾两大基本矛盾。所谓的"时间矛盾"是指旅游具有显著的淡旺季，住宿消费需求波动巨大，造成住宿设施旺季过度使用，而淡季闲置，形成了巨大的浪费。所谓的空间矛盾就是指风景好的地方往往远离城区且生态敏感而脆弱，从而导致游客不得不游、住分离，游客旅游成本增加。解决时间矛盾的主要方式是发展共享住宿；而解决空间矛盾的主要方式是发展弹性住宿。所谓的弹性住宿就是指在旺季的时候可以快速组装成型并交付使用，在淡季的时候可以快速拆除并方便存储的可移动性住宿业态。弹性住宿设施主要适用于生态相对敏感的区域或旺季，在淡季的时候会移除并恢复生态植被或转换使用功能。比如房车、帐篷、蒙古包、拼装房等。弹性住宿往往相对简易，因此更加依赖文化创意来丰富住宿体验的内容。特别是，随着全域旅游时代的到来，自助旅游者越来越倾向于居住在生态环境很好的郊野区域，同时由于淡旺季的因素，很多区域的旅游住宿设施不能长期占用土地或没有必要长期占用土地，因此，房车、帐篷酒店等可移动的非标准化的弹性业态迅速发展。由于弹性设施体量相对较小，同时旅游者相对前卫，往往是先锋旅游者，因此弹性住宿的文化创意感更强并更容易实现。

> **案例链接：千岛湖的这家星空帐篷酒店**
>
> 曾经有一家芬兰北极圈的星空酒店在网络爆红，玻璃圆顶冰屋，旅游者不出酒店，躺在床上便能看漫天繁星。千岛湖的星空帐篷酒店，号称千岛湖最值得体验的新酒店，躺在床上就能看璀璨星空。15顶特色各异的帐篷客房，散落在湖畔丘山之顶，每一间都各具特色，酒店由15顶帐篷组成，均以星座命名。除了北极星、启明星、北斗星，还有12个星座，入住的时候可以按照自己的星座选择。帐篷客房不大，每个占地面

积仅 28.26 平方米，其中却"五脏俱全"。帐篷内外皆白，内部以白墙隔成两部分——卧室和起居室以及隔墙后的卫生间和浴室。正对床头的帐篷顶是个透明天窗，可遥控开关，躺在床上就能仰望星空。房间都没有电视机，却有星空望远镜探索夜空。因为来千岛湖度假，星空才是最不能浪费的一道风景。

第三节 "文化创意+"交通

随着旅游的发展，人们越来越注重旅游交通新奇和附加在交通之上的特别旅游体验。作为旅游六要素之一的交通，通过融入文化创意元素，可以新增文化内涵和旅游化的功能，实现交通、文化和旅游的融合发展。而文化创意与交通的融合既涉及与交通道路层面的融合，又涉及与交通工具的融合。

一、旅游交通道路文化创意

（一）古道文化创意旅游

古道是中国历史上重要的商贸通道，是中国宝贵的线性文化遗产，也是中华优秀传统文化的重要脉络与载体。国务院《关于实施中华优秀传统文化传承发展工程的意见》中明确提出"保护传承文化遗产、滋养文艺创作、融入生产生活、加大宣传教育力度、推动中外文化交流互鉴"等七点意见。中国古道文化创意旅游可基于古道区域内的物质和非物质文化遗产，充分利用科技和互联网的技术手段，将国内外优秀的创意设计力量与古道文化资源进行无缝对接，创作出一系列兼具创意性与实用性的文化创意商品、项目和活动。我国是世界上古道资源最丰富的国家，包括陆上丝绸之路、海上丝绸之路、茶马古道、秦直道、蜀道、台湾的民族商道等，古道开发较好的是台湾地区，茶马古道也比较成功。古道文化创意旅游的最大特征在于它既具有交通历史遗产价值，又具有明确的空间载体，具备开发成景区，特别是线性景或线性旅游廊道旅游产品。因此，其核心价值在于特定的文化内涵和明确的空间表达。比如，马帮铃声曾就是茶马古道上的一道独特风景，现在也已发展成为丽江古城最具代表性的旅游景观之一。古道文化创意旅游业态有古道旅游景区，比如鄂尔多斯的秦直道景区；有古道旅游线路或古道徒步旅游线路，比如延庆的开往春天的列车；有古道文化节事，比如丝路论坛；有古道旅游商品，比如，丽江开发了由马帮铃声演变而来的铃铛类旅游纪念品，通过创意凸显出茶马古道历史文化的重要意义。交通史是历史的浓缩，对我国而言，发展古道旅游有利于梳理、保护和传承我国悠久的历史和灿烂的文明，通过宣传古道文化遗产，建设古道历史文化创意旅游品牌，将古道文化所承载的历史价值、文化遗产和民族精神价值传递下去，并发扬光大。

（二）现代交通文化创意旅游

交通是旅游产生的三大要素之一，也是旅游的三大支柱产业之一。人类在修路、建桥、建隧道之初首先考虑的是交通运输的安全、实用等基本功能，但是随着人们生活水平和人类改造世界能力的提高，人们对道路、桥梁、隧道等现代交通有了审美、教育和体验的需求。特别是随着时代的变化和科学技术的进步，现代交通道路也越来越具有文化感、创意感、现代感和科技感，交通工程本身就成为一道靓丽的交通景观，并能够为人们带来不一样的旅游体验。比如，我国现代桥梁设计具有强烈的时代特征，它既能够包容传统文化的内涵，又能够反映现代技术的美学，还力求做到将生态环境、人文景观与构造物本身的设计紧密结合起来，使其成为社会、经济、科技、文化需求和水平的集合体现[①]，创造出了有中国特色的桥梁景观系统。因此，我国道路、桥梁、隧道等现代交通景观已经成为我国重要的新生旅游资源。现代交通旅游景观相对比较容易转化为旅游产品，主要基于以下几个原因，一是现代交通本身具有旅游吸引力；二是现代交通，特别是快速交通（比如高铁和动车线路）本身就自带客流量，只需要通过营销提高乘客的旅游转化率；三是交通线路具有串联功能，能够成为沿线旅游资源开发的天然整合平台。现代交通文化创意旅游的业态层出不穷，包括交通景观景区，比如粤港澳大桥、云南的世界第一高桥、重庆的洪崖洞、秦岭隧道等均成为游客心目中的向往；旅游风景道，比如赤水到茅台的旅游风景道、318国道等；最美高铁线，比如东北最美高铁；以及纯粹的交通旅游产品，比如玻璃栈道、摇晃桥等。

---

① 左鲜菊.谈创意在桥梁设计中的作用[J].企业科技与发展，2010（14）:185-186.

案例链接：中国极具创意的 13 座桥

中国建造的桥在数量和种类上均居全球第一，建桥史可追溯至上千年，现代桥梁更是处于"世界桥梁排行榜"榜单之上。

天津之眼——永乐桥。天津之眼，全称天津永乐桥摩天轮，坐落在天津市红桥区海河畔，是一座跨河建设、桥轮合一的摩天轮，兼具观光和交通功用，是世界上唯一建在桥上的摩天轮，是天津的地标之一。

漳州吉他桥。当夜幕低垂，在古城之南、南山之北、九龙江上，徐徐升起的不仅有那皎洁的明月，还有那古色古香的"大吉他"，这把网红"大吉他"，由东西两侧的"飘带"天桥和廊桥组合而成，如今已成为漳州市区的地标式建筑物。

长沙中国结步行桥。长沙梅溪湖"中国结"步行桥于 2014 年 6 月开工，2016 年 9 月建成，该步行桥共设有 3 条步行道、5 个节点，全长 183.95 米，由直线形"散步道"和拱形"登山道"交叉组成，该桥曾被美国 CNN 评选为十大"世界最性感建筑"之一。

深圳南山区"春花"天桥。深圳南山区交通繁忙的深南大道与南山大道交会处，有座被称为"春花"的人行天桥，当地有人亦称之为"小鸟窝"。深圳"春花"天桥是 2011 年深圳举办大运会前夕投资建设的形象提升工程之一，在建设初期就被定位为地标性建筑物之一。该天桥设计方案吸收和借鉴了深圳湾体育中心"春茧"的设计理念，天桥的立面为整体钢结构，天桥通道外缘是搭建 1.5 米左右的镂空层，内缘则是透明板搭建，避免行人坠落。

北京昌平鲁疃桥——天使之翼。昌平区鲁疃西路桥梁工程位于北京市昌平区北七家镇，属于未来规划科技城范围，南起定泗路，北至顺于路西延，道路全长 2.26 千米，钢箱拱采用提篮拱形式，拱轴线采用圆曲线和抛物线的组合线形，简约又不失特色。

青岛贝壳桥。青岛灵山湾珊瑚贝连岛一号桥位于青岛西海岸新区灵山湾影视文化产业区，是出入东方影都星光岛的重要通道。采用六跨两联连续钢结构箱梁结构，桥面采用三维曲面珊瑚拱形钢结构，其造型设计展现了青岛的海洋文化特色，将寓意吉祥、智慧、平安、美丽的珊瑚精神植入了景观桥梁的形象特质中。装饰拱如贝壳弧形成含珠之势，桥身的镂空纹理是对珊瑚外形进行了简约、抽象的艺术化勾勒，整体造型简约流畅、寓意深刻，形成西海岸一朵绽放的"珊瑚贝"。

大连挑月桥。大连挑月桥位于星海湾广场东南角，横跨马栏河，是一座单柱斜拉步行桥。承重的立柱是蓝色的，拉索是红色的，桥面是灰色的，栏杆是白色的，主柱倾斜，桥面平缓，造型新颖，色彩丰富，是星海湾广场的一个标志性建筑。

郑州戒指桥。郑州滨河国际新城蝶湖环线上，一座造型酷似"戒指"的斜拉大桥尤为显眼。这座"戒指桥"的真实名字为潮晟路跨潮河桥，因中间为一个大大的圆环，而被周围的人们习惯地称为"戒指桥"。该桥是国内首座跨径最大的、圆环形独塔双索面斜拉桥，桥的设计灵感来源于古代玉璧，斜拉塔采用弧线优美的圆环形式，造型似如意玉环一般圆润柔美，曲线顺畅，如平塘晓月。

南京眼——长江夹江步行桥。"南京眼"步行桥，是南京首座跨长江夹江的景观步行桥，是南京滨江新城的新地标，从远处看，步行桥像一条轻盈的腰带，从近处看，羽翼般的钢索振翅向上，像竖琴的琴弦，行人就像琴弦上跳动的音符，两塔相对，犹如两位好友互相举起大拇指点赞，河西夜景亮化更是借鉴了青少年传统游戏"翻花绳"，七彩光束在桥面交叉翻飞，令人目眩神迷。

桂林玻璃桥。玻璃桥为榕湖景区的观光桥，是中国第一座采用特种水晶玻璃构架的实用性桥梁，它无论是外部立面、雨廊屋顶，还是桥面承重部分，均采用工艺精致、造型考究的水晶玻璃制品为建筑构件，柱头、栏杆等桥梁构件和饰件也是用水晶玻璃专门熔铸的，是两江四湖景区的一道亮丽景观。

上海青浦步行桥。上海青浦步行桥从苏州园林中获取启示。设计师在上海青浦设计了一个曲折的步行廊桥，在50米宽的河面上，步行桥根据周边的建筑和环境转折，形成丰富有趣的立面效果，在桥上行走，也能通过转折看到周边不同的景观，实现了苏州园林中步移景异的效果。

上海青浦西大盈港双桥。上海青浦西大盈港双桥作为青浦向世博会献礼的重大工程,是青浦城区扩展后的重要地标。作为全世界唯一的单拱桥,西大盈港双桥是首座采用交叉拱桥技术的桥梁,在设计理念上兼具经济实效与前卫时尚,几组交叉拱梁的结构营造出"横看成岭侧成峰"的视觉景象。

浙江龙泉宝溪乡竹桥。在浙江龙泉宝溪乡溪头村,有一个国际竹建筑文化创意村落,这里占地2万平方米共有15个建筑,由来自美国、中国、哥伦比亚、德国、意大利、日本、韩国和越南8个国家的11位建筑大师共同完成,其中有一座双螺旋竹桥,一头连接古老的村落,一头牵起代表未来的国际竹建筑文化创意生活园区。

二、旅游交通工具的文化创意旅游

(一)城市轨道交通文化创意

城市轨道交通在城市,尤其是一线城市中的发展迅速,城市轨道交通网已成为城区人群流通的主要空间。城市轨道交通已不再是单纯意义上的交通工具,而是城市文化意识形态和精神文化的一种彰显,逐渐发展成为城市文化创意空间和旅游空间的重要载体。文化创意旅游越来越成为城市轨道交通发展的重点内容,它一方面能够满足乘客的精神需求,建立城市轨道交通与乘客之间的情感联系纽带,使城市轨道交通更具亲和力,更好地宣传城市轨道交通,减少城市轨道突发事件,培养秩序文化,构建和谐轨道交通。另一方面能产生一定规模的旅游经济效益,反哺城市轨道交通的建设和运营工作,降低运营成本。

城市轨道文化创意源于广大市民对轨道交通的建筑设计、环境营造、客运服务、运行车辆、标志标识等各类轨道交通文化元素的心理感知和价值认同。因此,要使城市轨道交通文化创意满足受众心理诉求,就必须提供蕴含轨道交通文化的精神文化产品和情感服务。旅游是这种精神文化产品和情感服务的消费方式和实现途径。城市轨道交通文化创意旅游就是以一定的规范、标准为指导,对轨道交通进行创意设计生产、创意服务、创意地铁站文化环境,它融合艺术、文化、数字、科技等多种价值元素,并能够为旅游者直接消费和深度体验。一般需要城市轨道交通企业以某种特有权利或技术知识等非实物经济资源的支持或授权下完成的,保证了城市轨道交通文化创意产品的权威性和规范性。从国内外城市轨道交通文化创意产品的发行情况来看,从城市轨道文化创意的内容和表现载体形式的角度,可将城市轨道交通文化创意产品分为三类。

第一类是文化创意商品类,分为票卡类、纪念品类、出版类、影视动漫类4种。其中,票卡类包括开通纪念票卡、生肖类纪念票卡、其他主题类纪念票卡和各类轨道交通票据等;纪念品类由轨道交通车模、轨道交通纪念饰品以及其他植入轨道交通元素的多种形式纪念品组成;出版类以邮票、邮册、纪念册、图书杂志出版物为主要产品;影视动漫类是指植入轨道交通元素的影视、动漫节目以及电子游戏产品。[①]

第二类是地铁站公共艺术空间,也是游客集散的公共空间。它具有城市地面流通空间不能替代的特性,第一,地铁自带客流量,而且这种客流量具有典型的潮汐特征,深入分析客群需求及其行为特征,可以满足、诱发并嵌入有效的旅游消费空间。第二,流动人群视野相对集中,即不同于地面受外界景物的多重干扰,很容易形成视觉消费和深度体验。第三,空间形态基本一致,属于封闭型的空间,主要以满足上下车人群流通的功能为主。城市轨道交通地铁站的环境主体功能,可以通过文化创意旅游展示城市文化,宣传城市精神,彰显城市魅力;也可以展示轨道交通文化和轨道交通企业文化。从而凸显其独特的环境设计理念和鲜明的地域个性,并将产生良好的社会声誉和国际影响。[②] 城市地铁公共艺术空间的设计离不开环境,融于城市环境才能创造出具有地方特色的建筑。其文化创意一方面要依托实体环境,从实体环境出发;另一方面又要将实体环境艺术化,以创造出某种艺术氛围或艺术境界,从而实现地铁建筑的实用功能与审美功能统一。地铁文化是城市文化的反映,在世界各地140多个地铁系统中,多数地铁都被视为所在城市的象征。地铁车站建筑的地域文化特点不仅体现在因地制宜,使建筑符合当地的自然地理条件,而且还要符合城市的社会、经济、文化状况。这种地域特色不仅表现在建筑形式上,还表现在其空间布局、建筑构建、装饰材料、色彩、技艺、工艺、雕塑、绘画等方面,蕴含城市哲学思想、民族、习俗、信仰、建筑

---

① 李永亮,梁衡义.城市轨道交通文化创意产品开发模式探讨[J].都市快轨交通,2012,25(1):64-67.

② 周静书.对轨道交通地铁站文化创意的思考与建议[N].宁波日报,2012-06-12(A08).

科学等文化内涵。比如，莫斯科地铁于1935年5月15日开放运行，是莫斯科最大的交通运输系统，按运营路线长度排名为全球第五大地铁系统，按年客流量排名为全球第四繁忙的地铁系统。俄罗斯每一座地铁站都有着独特的造型和风格，典雅华丽，值得探寻，由单独的建筑师设计，其中不乏享负盛誉的大师，享有"地下的艺术殿堂"之美称，被公认为世界上最漂亮的地铁，是建筑和装饰的奇迹，也是游客们最爱的游览地。巴黎地铁也是当地市民的骄傲，几乎每座地铁站都有"艺术范儿"，流连其间，令人感叹。

第三类就是利用地铁空间开展博物展览、购物与娱乐休闲活动。比如，可以建设轨道交通博物馆、陈列城市特色旅游商品购物柜等。

案例链接：文化创意地铁

一座漂亮并富有文化创意气息的地铁站在一座城市里面，绝对不亚于一个名胜景点。

英国地铁。在英国，悠久的地铁历史使得地铁站在当地人们的生活中扮演者极为重要的角色。每个站台几乎都有不一样的风格，体现着英伦文化原色，从站台上巨幅的招贴画中，会冷不丁邂逅很多英国文化元素的内容。

日本地铁。为了宣传即将开张的立川店，日本IKEA建设了一个"IKEA牌"的狂欢地铁（Party Train），窗帘、扶手的照明、椅子及地毯全部都是IKEA的产品。IKEA这么做，是希望大家能够搭乘大众交通工具，开开心心地去宜家购物。

广州地铁。北京路地处繁华的商业街，其实也是古城的商业中心，6号线站厅的主色调是墨绿色，在这里可以看到展现北京路特色的文化墙。车站文化墙以"千年商道、繁华依然"为主题，利用砂岩为背景，表面线雕融入了古官道、天字码头、千年商道、高第街等图案，勾勒出千年商都的发展轨迹。

武汉地铁。樱花主题地铁，车厢中全是樱花，地板是水，樱花落于水中。在这里，你的世界全是樱花，好一幅樱花烂漫图！

杭州地铁。杭州地铁1号线将桃花源、魔幻游乐场、热气球之旅、欧洲城堡和澳洲茶树园5个主题分别设于6节车厢，营造出了一幅逼真的动画场景，让人感受到春日的温暖和生机勃勃。

宁波地铁。以"宁波旅游文化"为主题的旅游文化3D专列设计分为"米香""渔香""书香""心香"4个主题，分别来阐释旅游文化的意思。

香港地铁。迪士尼专线从2005年8月1日就开始投入运行了，列车以米奇老鼠头形状的窗户作装饰，车身由金色彩带及奇妙星粉图案点缀，车窗和扶手都设计为米奇鼠的造型，加上不规则的座椅，使人十分向往迪士尼乐园。

广州地铁。把传统文化传承和现代创意融入地铁站，4号线的南沙客运港站极具视觉冲击力，作为海上丝绸之路的起点，全站以"一带一路"为主线，全面融入海洋、宝船、海鸥等文化元素，重现了广州海上丝绸之路的历史盛景，全面实现了整个车站的文化升级。9号线广州北站将醒狮作为设计主体，展示了广东人民筚路蓝缕、奋发进取的精神，其文化主题是"狮舞南粤"，再现了广东著名的民间体育艺术。5号线动物园站，因为旁边就是广州动物园，所以被装饰成了"动物世界"，随处可见各种动物贴纸，让这个站童心十足，萌萌哒。6号线团一大广场站，地处共青团第一次全国代表大会的旧址，而且周边还有东园牌坊、团一大纪念广场，所以有十分浓厚的红色文化特色。

（二）特色交通文化创意旅游

特色化的交通体验历来就是旅游目地最具特色的旅游产品之一，随着科技水平的提高，特色化的交通体验甚至成为主流产品和新的旅游经济增长点。特色交通文化创意旅游的业态主要分为两类，第一类是兼具交通与旅游双重功能；第二类则是已经摆脱了交通功能，变成了纯粹的旅游产品。从交通方式来看，可以分为以下几种业态。

1. 观光体验业态

传统的牛车、马车、黄包车等特色交通方式，既具有交通功能，也具有观光交通体验功能。而玻璃桥、玻璃栈道、玻璃观景平台等已经完全或部分摆脱了交通功能，成为新兴的旅游景点项目，提升了观光型旅游景区的娱乐功能，深化了旅游者的观光体验内容，形成了新的旅游吸引力。比如在东太行景区，有一座玻璃栈道，旅游者在玻璃栈道上行走时可以体验到运用先进科技而产生的"碎裂"效果。本来玻璃栈道只是作为景区的吸引物而存在，但"碎裂"效果却突破了交通的功能，使之具有创意。张家界大峡谷玻璃桥，又名"云天渡"，是国内著名的景观桥梁，兼具景区行人通行、游览、蹦极、溜索、T台等功能。

2. 交通科技娱乐业态

交通科技娱乐业态已经完全摆脱了交通功能，它以交通为原型和载体，以文化创意和交通科技为手段，人为地创造了交通娱乐旅游新业态。比如，上海迪士尼的"创极速光轮"具有充满科技感的外观，以未来文化为内涵，将速度与惊险完美结合，是全球迪士尼乐园里最紧张刺激的过山车项目之一。旅游者乘坐两轮光轮摩托飞驰在轨道上，高速进入由多彩灯光、投影和音效营造出的"明日世界"，炫酷的蓝绿光条不断闪亮，科技新奇并精彩刺激。

3. 低空旅游业态

低空旅游具有交通、体育竞技和空中观光等多重功能，由于提供了一个从空中观赏的宏大而独特的视角而深受旅游者的喜爱。低空旅游的主要业态有直升机、汽艇、热气球、滑翔伞等。低空旅游的文化创意可以体现在机体彩绘中，也可以反映在体控游览的内容里。近年来，低空旅游成为国内旅游投资的新热点，各地依托景区、城镇开发连接旅游景区、运动基地、特色小镇的低空旅游线路，开展航空体验、航空运动等多种形式的低空旅游。目前，全国通用航空旅游示范基地共有16个。我国低空旅游需求量大，但发展较为缓慢，主要是因为低空旅游安全、低空旅游政策和低空旅游制造等方面的问题。在国外，低空旅游发展较为成熟，特别是低空旅游制造业比较发达。比如，土耳其的卡帕多西亚的格雷梅号称是世界上乘热气球最美的地方之一。满天漂浮的五彩斑斓的热气球，掠过彷佛是外星球的大地。当地热气球公司以 Butterfly Ballons、Royal Ballons 和 Voyager Ballons 为代表，可做到使热气球飞行一个小时。

4. 水上交通休闲业态

水上交通休闲业态是以亲水娱乐休闲和水上运动为主题，以船、艇、竹筏等为载体的特色交通旅游产品，具有观赏性、刺激性和娱乐性，深受广大旅游者喜爱。主要包括水上交通观光、水上交通运动或竞技、水上休闲与度假等业态。水上交通休闲或娱乐业态的文化创意既可以体现在交通工具的外形上，也可以体现在水上交通旅游的内容里。水上交通业态休闲业态也部分或者完全丧失了交通功能。比如，桂林漓江的游船的外观被赋予了当地建筑与文化的特色，既具有交通功能，又具有游览功能。还有的水上交通则蜕变成了纯粹的旅游项目。比如，在极限运动天堂皇后镇，Shotover Jet 公司因提供世界最刺激的喷射快艇而蜚声全球。快艇高速穿过 Shotover 河的各个急流转弯，紧贴着岩石壁做各种特技表演，在时速 85 千米的高速状态下做出 360° 转圈。而邮轮则主要是实现水上休闲与度假活动。天津、上海、广州、深圳、厦门、青岛等地开展邮轮旅游开始起步。长江流域等江河、湖泊等内河游轮旅游也开始开启。

5. 城市旅游巴士

流动的城市公交不仅便利了人们的出行，同时也是天然的传播平台。它将形形色色的人群短暂地会聚在一起，形成了一个文化交流和信息共享的公共空间。尽管不是所有人都看电视、读报纸或者上网，但是任何人只要离开家就会看到公交车、公交场站、公交站台、公交站牌、公交广告等，公交是城市流动的风景线，如果把文化创意和城市公交结合起来，充分利用城市公交这块传播阵地，紧跟潮流，创新设计，那么文化创意便有了实践载体，城市公交便有了文化品位，我们必然能够更好地改善城市环境，建设美丽中国。将文化创意引入城市公交，既是市民审美需要、精神需要升级的发展趋势，也是充分发挥文化力量改善城市人居环境的有力法宝。作为社会公益事业的城市公交，在努力保证交通出行功能的基础上，有效利用自身独特的传播平台，对公交场站、公交站台、公交车厢进行文化创意，不断扩展娱乐功能、休闲功能、道德教育功能，就能够更好地提供公共服务，吸引人们选择绿色出行。比如在北京、苏州、济南等古城，仿古式公交站台蔚然成风。另外，公交站台上的地方味儿也越来越浓，即使远在新疆的库车县，各主要路段的公交站台也都相继"大变脸"。一些企业广告纷纷下撤，换之以时尚、活泼的漫画。这些站台漫画以展现龟兹文化为主题，分龟兹文化常识、龟兹乐器、龟兹歌舞、龟兹历史人物、龟兹诗词、龟兹历史传说六大部分百余幅漫画。

案例链接：全球十大特色交通

（1）DUKW（伦敦）。DUKW 或 Duck tours 实际上是两栖旅游巴士，在伦敦市中心的湖泊城市、港口和河边都有专门的这种交通工具。这些主要是在第二次世界大战期间由美国军队设计的，目的是运送货物和设备，穿越陆地和水域。现在，这些交通工具是游览伦敦市中心地标性建筑的最佳方式。

（2）托托拉船（秘鲁）。3000年以来，秘鲁渔民一直在使用芦苇水制品，而托托拉船也是其中一种，目的是将渔网从一个地方带到另一个地方，并将鱼储存在太空中。穿越喀喀湖周围的最佳方法是利用巴科德托托拉船，通过这种独特的交通方式，可以自由地穿越湖水。

（3）中国快讯（厄瓜多尔）。中国快讯是一辆在铁路线上运行的公共汽车，允许旅游者在安第斯山脉沿途游览一些最迷人的风景。虽然该地有许多不同的交通方式来探索这个地区，但中国快讯是其中一个很受欢迎的交通工具，它提供了与普通列车类似的所有设施，包括舒适的座位、酒吧和厕所设施，最有趣的是，旅游者可以爬上车顶，一睹美景。

（4）长尾船（泰国）。长尾船来自泰国，这是一种由汽车发动机的水上飞机，它的主要作用是在曼谷的运河上运送旅游者。虽然从那时起，现代道路已经取代了这些运河，然而，这艘长尾船仍然是当地人的一种流行的公共交通方式，他们希望通过这种方式来探索这个国家。这些船很长很薄，顾名思义，很适合在运河上巡游。

（5）吉普车（菲律宾）。吉普车是菲律宾最受欢迎的公共交通工具之一，而现代版看起来更加拥挤和具有装饰性。这些吉普车实际上是由第二次世界大战时期的美军吉普车改造的，大部分的吉普车都是用来运送人的，有些人喜欢，将它作为个人车辆。

（6）竹子火车（柬埔寨）。竹火车或诺里是柬埔寨最吸引人的交通工具之一，它实际上是铁路车辆的改良版。它在首都马德邦和波伊特的1米轨距上运行，以50千米/小时的速度前行，这里有一个供乘客坐享户外风景的竹制平台，但由于铁路轨道的缺乏，该车坐起来可能会很颠簸。但这是该地最受欢迎的公共交通工具，因为票价很便宜。

（7）唐卡（印度）。在世界上的一些国家，唐卡（马车）是一种比人力车或出租车更受欢迎的交通方式。在引入汽车之前，这些交通工具在一些亚洲国家通常被通勤者用在不同的地方。这种唐卡或轻型马车由两匹马拉着，车身前面有一对大轮子，后面是供乘客乘坐的座椅。在城市地区，唐卡的使用率正在缓慢下降，但在印度、孟加拉国和巴基斯坦的大多数农村城镇使用仍然很普遍。

（8）野鸡车（中美洲）。野鸡车是中美洲地区从一个地方到另一个地方的公共交通工具，是最经济的公共交通工具，特别是居住在巴拿马或危地马拉地区的人们，他们从一个村庄到另一个村庄的成本很低。

（9）小环（越南）。小环实际上是一种三轮车，在旅游者中很受欢迎，他们喜欢用这种奇特的交通工具来探索这个城市。小环也是最好的通勤方式，在城市交通拥堵和交通拥堵层面，与汽车相比，它们也显得更环保。这些年来，在城市周边地区，使用小环的人数有所下降，但在河内老城区和霍安海姆湖周围仍然很受欢迎。

（10）地下电缆（土耳其）。地下电缆是一种缆线铁路，是世界上以某种形式存在的最古老的客运交通系统之一。这个悬崖或电缆铁路是靠电缆的帮助来连接的一对车辆，类似于横跨轨道的有轨电车，允许向上和向下倾斜。然而，在伊斯坦布尔，这个系统的地下版本覆盖了一条超过半公里的路线。

第四节 "文化创意+"景区

在全域旅游时代，景区门票价格低或免费将成为未来景区的发展趋势，二次乃至多次消费的发展模式将成为必然，景区盈利点必将转向旅游产品品质化、旅游文化内涵化和景区文化创意产品多元化等环节。因此，景区发展将注重与文化创意产业的互动，塑造特色和差异，提高竞争力和影响力，用文化创意激活景区旅游资源潜在价值，创造需求，延长生命周期。

一、景区文化创意

景区文化的内在是一种文化的意蕴和文化的主题，具有独特的文化品牌价值；而外在的主题形象与主题产品，具有独特的景观和独特产品体验功能。景区的文化内涵在旅游景区中的地位和作用越来越突出，因为成熟的旅游者喜欢接近有故事、有文化、有情怀的人，并乐于做一些有趣味、有感受、有价值的事情。景区一旦拥有了富有市场影响力的文化主题，其空间布局、景观塑造、产品设计以及产业布局就有了文化灵魂和发展的战略方向。经过日积月累的文化创意与沉淀，就会产生文化底蕴，凝铸为景区的文化灵魂，并彰显出景区的文化个性和气质，形成文化品牌，成为景区可持续发展的原动力。

（一）景区文化创意价值分析

当文化创意与景区相结合，景区文化不再是导游口中枯燥的导游讲解，文化赋予了景区以新的活力。文化创意能够为景区创造内在的并且可以实现的价值，从而成为景区的核心卖点，吸引旅游者，并且这种文化旅游行为往往具有较高的重复率，创意旅游逐渐成为各地景区吸引游客的新形式。

1. 敬仰朝觐价值

景区，特别是自然型景区通过文化创意之后，会赋予人类所崇拜和敬仰的元素，从而让游客产生崇高的敬意和强烈的精神震撼，并诱发朝觐旅游行为。因此，文化创意景观的价值在于经过创意手段打造后所要表达出的文化与精神内涵。所谓的"山不在高，有名则灵；水不在深，有龙则灵"就很好地表达了文化赋予景区的敬仰朝觐价值。比如，我国的南岳（衡山）因赋予"寿文化"就吸引了大量的游客。再比如，美国纽约爆发"9·11"事件后，设计师在双子塔遗址四周布置了一圈引水渠，在原址上设计了两个极具创意的纪念池，做了一个深达10米左右的大瀑布，水幕的跌落象征生命的逝去，轰隆隆的水声则使人联想到大楼轰塌的场面，从而产生缅怀之情。

2. 体验娱乐价值

自然景区更多地体现了观光旅游的功能，而文化创意活动则更多地为旅游提供了丰富的体验娱乐功能，代表了景区文化提升与转型发展的方向。文化创意的体验娱乐价值特指游客通过旅游活动在理智与情感、主观与客观上认识、理解、感知和评判世界上的存在，让游客通过全感官体验来获取与众不同的旅游体验。景区主要是通过文化创意旅游活动或者主题乐园的形式来实现体验娱乐价值。古希腊哲人曾以"宙斯送来生命之火，余焰还在久久燃烧"描述震撼人心的狂欢节场面，而今已经逐步演变为丰富多彩的现代艺术节或旅游演艺。比如我国的印象系列、宋城千古情等。

3. 愉悦审美价值

景区文化创意的愉悦价值指通过具有心灵共鸣的愉悦体验和文化审美活动，营造符合人内在渴望的梦幻场景、未来憧憬或者理想的生活意境。理论上，人类从童年到老年，内心想象有多丰富，文化创意开发的梦幻场景就有多丰富。其本质是人类想象的再现与分享，因此其创意空间是无限的。比如，迪士尼乐园是基于一种想象创意把米老鼠、唐老鸭、白雪公主等经典的动画角色转化为可感知、可交流、可共享的现实场景；而新天地、798园区、外滩18号等文化遗存则是把老艺术人记忆中的老厂房、老外滩和艺术情怀转化为角度立体、传承文脉、品牌独特的文化审美空间。[1]

---

[1] 刘丽莎.文化创意视角下旅游景区形象传播研究[D].保定：河北大学，2012.

（二）景区文化创意原则

1. 差异化原则

文化创意产业的重要特点就是原创性所形成的差异性。当景区资源本身不具备高度差异化优势的时候，必须通过文化创意策划来制造景区的差异化和景区个性，只有高度差异化、与众不同才有机会生存。文化底蕴和生活方式的差异性是旅游景区的独特灵魂，旅游者之所以会背起行囊、远离熟悉的故土前往异乡进行旅游活动，就是因为人类对新知的不断追求、对独特的旅游符号的渴望。没有创意就没有生意，没有震撼就只有遗憾。差异化的实现方式产品差异化、服务差异化、品牌差异化等，做到"人无我有，人有我优，人优我特，人特我奇"，但现实中，很多景区开发不是"三板斧"（考察、学习、模仿）就是"三步走"（规划、设计、建设），景区开发过程总体缺乏文化创意，发展方式较为粗放。前者由于是以简单模仿为主，导致景区千景一格，失去了景区吸引力和市场的竞争力。后者则因为规划之前没有策划和市场测试，没有提供多方案决策，不清楚目标市场、核心吸引力和核心吸引物，导致景区产品与市场需求错位。因此，景区需要对最有价值的文化资源进行创造性策划，形成具有差异化的产品定位、核心吸引物和品牌形象。

2. 供需互动原则

一般来说，传统的经济学理论是需求决定供给，但对于文化创意景区则更多地表现为创意供给引导或诱发需求。自然景区是资源驱动型的，产品供给相对固定，很难创造新的需求；但景区文化创意产品的供给是不固定，是典型的多决策生产与供给，只要创意成功是可以创造新的需求的，从而驱动景区进入发展的新阶段。从市场的层面来看，旅游是一种注意力经济，这就需要能够制造媒体热点事件或者流行产品吸引大众眼球。依托热点事件和主流产品形成市场关注度，创造市场需求，聚集景区人气。这就需要大策划和大创意，在文化的策划、设计、开发阶段极限思考、穷尽所能并做到极致。只有通过奇创，才能创造奇迹。比如，景区文化创意产品的开发可以先围绕景区的文化创意品牌推出一系核心产品，然后再根据市场反馈扩大产品生产线。这样就可以形成以文化创意品牌为核心，创意产品引爆市场，横向延伸产品线的景区文化创意市场化路径。

3. 文化转化原则

文化的无形性决定了文化转化是文化旅游化利用的必由之路。但并不是所有的文化都能够用来旅游化利用，因此景区文化资源不等于旅游资源，景区文化创意必须对遗迹、传说、风情等文化资源进行挖掘，深入了解和研究景区文化，找到最具开发价值的文化资源。通过文化创意、科技创意等手段将景区文化物化、活化或神化，才能把无形的、深奥的文化资源转化为旅游者可以消费的旅游产品或旅游活动。景区文化的物化可以通过景区环境营造、景区文化景观小品、景区文化创意旅游商品等方式来表现；景区文化的活化可以通过影视、动漫或景区活动来实现；景区文化的神化多涉及地方信仰、宗教文化或名人文化等，神化过程中要防止采用低俗、媚俗的方式。

（三）景区文化创意方法

旅游景区文化主题提升策略包括以下五种方式。

1. 文化探源，发掘核心价值

景区文化资源构成要素往往是综合的而不是单一的，包括历史遗迹、宗教文化遗址、民俗文化、经济文化遗址等，因此，在景区文化创意时需要对文化的起源进行追溯和梳理，选择核心文化形态或能够统领景区发展的文化形态，将景区拥有的文史、名人、传说、民俗等层面的核心价值充分发掘出来，并进行创意加工。景区文化的核心价值往往源自地方的原生态文化。因此，在景区文化创意时的重要任务就是挖掘和整理本区域、本地方的特色文化和历史底蕴，打造独特的旅游品牌和产品。

2. 文化萃取，提炼内在价值

景区文化特色是吸引旅游者的关键性因素，是景区发展的生命力和竞争力所在。景区文化的萃取其实就是立足于景区文化，去表存里，去外存内，萃取文化精华，而非以牺牲民族化、本土化、个性化为代价，只体现表面文化或停留在表面文章。应该在文化审美、文化悠久、文物规模、文化特色等层面对各个景区文化进行内涵分析，突出景区独有的区域优势和地方性，汲取最具垄断性的文化要素来展示和提升景区核心文化，塑造文化景观"之最"，有效提炼文化特色，塑造文化品牌。

3. 文化演绎，拓展使用价值

景区文化演绎就是通过文化活化、物化和神化等创意手段，把现文化资源转化为旅游产品、旅游商品和旅游活动，满足游客旅游需求。景区文化的演艺需要植根文化内涵，拓展其原生价值，从多维的角度提炼景区文化内容、意象和象征意义，演绎文化意象，完成从静到动、从生硬到鲜活、从观光到参与体验的系列转变，形成可消费的旅游产品，从而丰富景区游览内容，提高景区文化含量，提升景区品位与档次，有效提升景区产品价值和旅游者体验价值。

4. 文化沉浸，创造体验价值

文化沉浸就是指景区文化与景区空间有机融合，景区生态环境和原生文化氛围协调一致，充分满足旅游者的文化和精神需求，符合甚至超过旅游者的心理预期，让旅游者达到忘我境界的一种旅游状态。文化沉浸带给旅游者的是一种对景区文化环境和文化氛围的整体感受，这种体验综合了美学价值、科学价值、文化价值、环境教育价值等多种价值。要想达到文化沉浸的旅游境界，景区应营造一种主题文化氛围，制造一流的景区环境，设计一种独特的服务体验场景，形成以参与、体验、游乐为内容的沉浸式情境化旅游意境，使旅游者在参与中达到身临其境、感同身受的效果，获得独特的值得回忆的经历。

案例链接：呀诺达景区本土文化创意

海南呀诺达雨林文化旅游区位于三亚市北偏东方向的保亭黎族自治县三道农场，距离三亚市中心35千米。呀诺达雨林文化旅游区以热带雨林资源为本，以雨林文化为魂，秉承"大生态、大文化、大教育、大旅游"的发展理念，深度挖掘雨林文化、本土文化、民俗文化，创意创新富有国际理念的观光、互动、体验、休闲、度假、养生等系列文化旅游产品。

"呀诺达！""呀诺达！"走进呀诺达景区，相遇的人都会打出"丫"形手势，含笑问候，这是呀诺达特有的景区文化。它卖的不仅仅是海南的热带雨林，还有海南的本土文化。本土的就是世界的，"呀诺达"是海南话"1、2、3"的发音。包括了"您好！""再见""欢迎光临"三个常见的礼貌用语，而挥动的"丫"形手势，恰如雨林里迎风招展的树枝，

> 又包含着国际通用的"V"字手势,各国旅游者都能看懂。通过"呀诺达"的问候,热带雨林的自然韵律便亲切地带给了旅游者。
>
> 在这个基础上,景区还赋予了"呀诺达"新的文化内涵:"呀"表示创新,"诺"表示承诺,"达"表示践行。旅游者们非常乐意接受这种文化传递的方式,漫步在曲径通幽的栈道上,不期而遇的旅游者相互间会很友好地挥动"丫"手势,笑意盈盈地说:"呀诺达!"

二、景区形象口号创意

旅游口号是传达旅游形象的有效工具,也是旅游营销策划的重要内容。景区形象宣传口号是景区形象品牌最为直接的表达,景区旅游口号的作用不仅限于创造景区旅游经济收入,更在于塑造景区特色、凝聚景区共识、形成景区精神、凸显景区魅力。景区旅游口号具有社会价值、经济价值和品牌资产价值,富有文化创意的口号将为景区带来巨大的无形资产。比如,好客山东、七彩云南等均具有百亿级的无形资产价值。良好的景区旅游口号在塑造景区整体形象、扩大景区的知名度和影响力、吸引游客等方面发挥着重要作用。[1]

(一)形象口号设计原则

1. 文创特性

景区形象创意的对象是景区文化,塑造旅游形象的核心也是对景区文化内涵的表达与传播。创新、创意、特色才能吸引旅游者注意,景区通过文化创意把文化内涵包装成一个集地方性、文化特色和服务个性于一体的景区独特卖点,才会具有强烈的不可复制性,让旅游者从众多相似的信息中注意和感知到该景区。好的口号形象的冲击力能够激发旅游者的无限向往,形成市场感召力,塑造的景区形象也才会持久。景区形象口号的设计定位要与景区形象保持高度匹配,充分体现景区的形象特色,才能够更高水平的发挥形象口号的显著效应。形象口号比较忌讳的就是简单、附和套用,这对景区的宣传贡献很小,反而为

---

[1] KELLER K L. Strategic Brand Management:Building, Measuring, and Managing Brand Equity [M]. Upper Saddle River, NJ:Prentice-Hall, 2003:204.

他人作嫁衣裳。

2. 市场导向

市场是旅游口号资产的试金石，是资产评估货币化的必然选择。景区的主题形象设计是为了吸引旅游者，这就需要考虑消费群体的构成及其出游动机。景区的主题形象设计及其宣传展示应对目标市场的潜在旅游者"投其所好"，并且确保游客期望与实际一致设置超过预期。在景区形象口号设计中应保持景区文化内涵的一致性和延续性，在此基础上根据市场需求可适当动态调整形象口号。比如，中国香港在改革开放之初主打"购物天堂"，符合内地游客的购物需求；而后来改为"动感之都"，也是适应内地大陆居民富起来之后对旅游消费升级的要求。

3. 易于传播与记忆

形象口号的受众对象是旅游者，其教育层次参差不齐，因此景区形象口号设计要好懂、好记，易于传播和记忆，不能故弄玄虚、故作深奥和自以为是。比如，西双版纳的旅游形象口号就是"幸福在哪里，西双版纳告诉您"。好的景区形象口号需要经过严格的市场测试方能决策，应力求避免"长官意志"。形象口号用词要准确且积极向上，要宣传美、升华美、创造美，不能去迎合部分旅游者的低俗心理而过于庸俗。

（二）形象口号设计方法

宣传口号的创意需要按照市场导向原则来进行设计，但也必须考虑资源禀赋，形象口号的设计需要基于资源禀赋按照市场导向的原则进行，这样宣传口号才会具有较好的稳定性和持续性。如果离开资源禀赋来进行形象口号设计，将会出现"无本之源"或者"文不对题"的结果。实践中，"基于资源"与"市场导向"并不矛盾，一方面，稀缺性资源型景区会自然引发市场需求，另一方面，资源禀赋构成了形象口号中稳定的部分，而市场导向则构成了形象口号中动态变化的部分，因此能够随着旅游者需求的变化而变化。这种类型的形象宣传口号短期相对稳定，长期具有可变性。

现象口号的创意方式主要有自我阐释、比较阐释、感情渲染、悬念吸引、类比、心理偏好、承诺等。一是自我阐释有白描、比喻、夸张等技巧与方法。比如，"天坛公园——天地日月"是一种白描的手法；"大同云冈石窟——塞外名城璀璨的明珠"是一种比喻的手法;"黑河五大连池——让大地动起来"是一种夸张的手法。二是比较阐释有领先、比附、衬托等技巧与方法。比如,"黄山——感受黄山,天下无山;桂林山水甲天下;庐山——品位名山,唯有庐山;武夷山——奇秀甲东南"是采用领先的创意方法;"安顺龙宫——地下漓江,天上石林;安阳殷墟景区——第二个古埃及"采用的是比附的创意方法;"西安大雁塔——不到大雁塔,不算到西安"采取的是衬托的创意方法。三是感情渲染创意方式。比如"桂林兴安县乐满地度假世界——中国欢乐之都;九寨沟——累了、给自己一个心灵的栖息地"。四是悬念吸引创意方式。比如,"天山天池——蟠桃熟了,我在天池等你;西溪湿地——留下西溪只为你;达拉特旗响沙湾——这里的沙子会唱歌,清明上河园——给我一天,还你千年"。五是类比创意方式。"天津盘山——早知有盘山,何必下江南;喀纳斯——天堂很远,喀纳斯很近;苏州乐园——迪士尼太远,去苏州乐园"。六是心理偏好创意方式。比如,"葡萄沟——火洲清凉世界;八达岭长城——不到长城非好汉,一生必到的20个景区"。

三、景区的文化创意知识产权

知识产权的保护对于文化创意产业的健康发展而言至关重要。随着文化产业的兴起,出现了很多富有创意的产品,但创意产品的知识产权也很难得到有力保护。在大量低成本山寨产品的竞争下,原创产品反而容易因为成本高昂、特点易被复制等原因失去市场。知识产权保护作为一种正当的竞争手段,应该普及于各领域的产品竞争中。文化创意产业中的知识产权保护必须深入社会生产的方方面面,使知识产权意识成为一种普遍共识[①]。旅游景区不能再单纯地依靠门票经济,要想走出门票经济陷阱,需要挖掘景区二次乃至多次消费。因此,文化创意知识产权(IP)成为各景区发展的必然选择。

(一)文创知识产权内涵

景区文化创意知识产权是景区提高竞争力和实现可持续性发展的关键。知识

---

① 白杨,陈藻,何虎.我国文化创意产业中的知识产权保护问题研究:案例分析:"山寨产品"烟花般繁华的背后[J].法制与经济(中旬刊),2011(9):139-140.

产权（Intellectual Property，IP）指的是受版权、商标、设计权和专利法律保护，具有商业价值的知识、创意和人类思想的表达，包括品牌名、注册外观设计、艺术作品等。景区文化创意知识产权就是景区的核心文化竞争力，代表了景区的个性和稀缺性，可以塑造独特的景区形象和景区品牌，赋予景区生命力和品质内涵。景区文化创意知识产权一定需要经过人为创意加工过所获得成果，而不是加工的对象。比如，盗墓不是文化创意知识产权，而通过作者文学创作所获得的《盗墓笔记》才是；熊猫不是文化创意知识产权，而通过作者文学创作所获得的《功夫熊猫》才是。在《盗墓笔记》的基础上，获取知识产权所有权人（作者）授权，进行影视、主题公园、游戏、商品等领域的开发，就是知识产权的运营。因此，景区文化创意知识产权的运营其实是知识产权符号产品化和产品的产业化过程，即从一个有文化符号的产品逐步培育出的一个产业矩阵形态。比如，韩剧刚开始都是有一个知识产权的形象，当形成了一个典型的符号产品之后，就开始迈入第二步产业，比如拍影视剧、进行影视旅游。韩国以"韩流"文化输出为手段，提升韩国国家形象，促进了入境旅游业的发展。独特的韩流文化吸引着大量的国际游客。依靠影视文化的力量，韩国积累了很多影视拍摄地，韩剧中的各个场景、拍摄地，以及剧中所呈现的韩国饮食、服饰、习俗等文化吸引了众多国际游客，还有许多追捧"韩流"娱乐文化的游客等。

（二）文创知识产权的市场转化

1. 寻找文化创意价值点

部分景区、景点的文化打造缺乏内涵和吸引力，只停留在概念上，而没有产生实际效益。而部分景区、景点通过深挖周边文化名人、热点文化事件、热播影视作品等文化"IP"，不仅丰富了旅游景区的文化内涵，还吸引了网络上大批"自来水"，掀起了景区旅游高峰。因此，深挖文化"IP"不仅是实现文化振兴、推动文化自信的需求，还是实现景区长远发展、效益提升的可行路径。一般来说，一个景区能够形成文化创意知识产权的素材或资源是丰富的，但并不是所有素材或资源都适合用来进行知识产权的开发，而需要因时、因地、因人选择最有价值的文化创意对象。一般通过旅游景区的独特文化识别物或标志物来寻找景区文化知识产权的文化创意价值点，最好寻找生命周期长、可以成功进行旅游转化的知识产权，又有契合现代精神和语境的合理想象与创新，才能起到事半功倍的效果。

比如，北京故宫非常重视知识产权产业的发展，通过皇家文化、传世珍宝和顶级宫殿等文化创意资源使旅游文化创意商品朝着"萌、呆、嗨"发展，让古代的文化资源契合现代消费者的心理诉求，激发了巨大的旅游消费市场。而迪士尼则将知识产权引入到商品、游乐设施和其他周边产品，最终实现丰厚的盈利。

2. 寻找市场的爆发点

好的文化创意价值点会激发一个庞大的潜在客源市场，但它不一定能够直接或者马上转化为市场关注的焦点，这就需要寻找市场的突破点和兴奋点来引爆这一潜在客源市场。这种突破点或兴奋点可以是一个热点事件、一个关键人物，一场活动，抑或是一个传说。比如，丽江市场的引爆与宣科有关，乌镇是因为茅盾，凤凰是因为沈从文，博鳌仅仅是因为博鳌论坛。而海南亚龙湾的热带天堂公园由于拍摄了《非诚勿扰2》，使很多旅游者都想要走一走电影场景里面的吊桥，看一看他们拍摄的鸟巢酒店的房间。影视剧《盗墓笔记》中提及2015年的8月17日是"张起灵回归的日子"，因此很多粉丝在网上邀约，共赴"长白山十年之约"，一度引发吉林长白山景区的拥堵。

3. 培养景区粉丝圈

培育景区粉丝圈是为了提高旅游景区的人气，而人气具有"滚雪球效应"，人气的高涨所引致的口碑效应必定会吸引更多旅游者前来，就如人们选择吃饭的餐馆时都不愿意选择没有人气的餐馆。粉丝圈的培养需要了解旅游者在想什么，再有针对性地提供产品、服务和活动，并通过线上线下的互联网活动，在社交圈上进行口碑传播，最终实现用户的粉丝角色转换——在旅行途中跟用户发生接触，从陌生人发展成关注者，从关注者变成旅游者，从旅游者变成重复旅游者，从重复旅游者变成景区粉丝，甚至可以从核心用户发展成分销商。而景区就可以和旅行社形成长期合作，培养忠实客户。比如，广东增城会给重复旅游者颁发休闲市民证。国产动画电影《大鱼海棠》中多次出现的以福建土楼为原型创作而成的具有浓浓中国风的村落，吸引了大量旅游者，形成了较高的人气。随后，经营方以福建土楼为核心的相关旅游产品在许多旅游网站迅速上线，"福建土楼一日游"产品预订环比增长200%～240%，从而快速实现了滚雪球效应，并把部分游客转化为粉丝。

4. 营造参与体验消费场景

文化"IP"要突出互动性。一个好的文化"IP"必定是一个有活力的"IP"，在打造文化"IP"时，要注重时代性和互动性，要让游客的体验融入文化"IP"的内涵中去，让文化"IP"越来越鲜活、越来越丰富，游客的美好体验和各类媒体平台的传播能够为文化"IP"增添新的魅力。景区通过文化创意知识产权引爆市场，并培育一定规模的粉丝之后，重点需要转移到为旅游者提供极致的体验，旅游者都能身临其境，获得畅爽体验。参与感和体验性的提升可以进一步巩固人气指数，同时提高景区粉丝的忠诚度，从而延续旅游景区知识产权的生命力。比如，埃尔顿塔彩色乐园经久不衰的知识产权有 Hello Kitty，包括马来西亚公主港的 Hello Kitty 小镇、英国德鲁西拉公园的 hello kitty 秘密花园，以及印度尼西亚安可梦境公园的 Hello Kitty 乐园，与这些卡通形象的零距离接触让旅游者有强烈的参与感和体验性。

> **案例链接：迪士尼的秘密——得 IP 者得天下**
>
> 迪士尼作为超级 IP 的代表，拥有海量的 IP，其价值是有目共睹的，这些 IP 时刻都在为迪士尼提供丰厚的利润。2017 年，迪士尼实现营业收入 551.37 亿美元，实现净利润 89.8 亿美元。在迪士尼整个商业结构中，零售并非最重要的板块，其营收结构包括电视和网络业务、迪士尼乐园度假村、电影娱乐、衍生品及游戏 4 个主要板块，营收占比分别为 44%、30.8%、14%、11.2%。从以上数据可以看出，迪士尼的利润来自整个文化产业链，IP 是绝对的推动作用。未来，迪士尼将以 IP 内容为基础在实景乐园、电子商务与零售业务、创意宣发、跨界合作等层面持续发力。
>
> 拥有 IP 只是价值的固化，运用好 IP 才是企业的商业生态的战略法则。迪士尼的商业模式是典型的轮次收入——迪士尼的动画制作，除去票房，通过发行、拷贝等赚取第一轮收入；第二轮是主题公园创收；接着是品牌授权和连锁经营赚取第三轮。线上线下的调整，迪士尼意在最末端的环节榨取更大的 IP 价值。
>
> 1. IP 制造工厂
>
> 2017 年，迪士尼全球总票房破 50 亿美元，位列好莱坞各大制片厂首位。迪士尼做的就是设计 IP、建设 IP，再到输出 IP 的过程。这是一家需要用梦想喂养的公司，一个个 IP 形象也是连接消费者梦想的支撑点，

支撑点越多，迪士尼的根基就会越牢靠。纵观迪士尼IP来源，大致可以分为三部分，一是自有IP。1923年，华特·迪士尼在自家车库创作出迪士尼家族第一个并且是影响最广大的IP——米老鼠，在此后的八九十年间，米老鼠、唐老鸭、高飞、小熊维尼等一系列迪士尼自有卡通人物形象不断出现。二是挖掘IP。迪士尼十分擅长学习和挖掘历史资源，从世界范围内的经典名著、童话故事乃至神话传说中寻找具备迪士尼属性的IP形象，最典型的代表就是《格林童话》中的白雪公主和来自中国的花木兰等。三是收购IP。相比较原创和开发，收购似乎可以更快速地扩充迪士尼的IP家族，迄今为止，迪士尼最引以为傲的三次收购案例就是收购皮克斯影业、漫威漫画、卢卡斯影业三家电影公司，而这些公司都是众所周知的IP大户。

2. IP价值秘密

迪士尼其他的IP中，不管是"逗比"还是"超级英雄"，都有着直观的形象特征，涵盖了人类的许多美德，如勇敢、诚实、善良等，你也许会发现，就算是里面的坏人，大多也坏得可爱，很难让人将其放在自己道德认知的对立面。迪士尼的企业文化倡导的就是娱乐和快乐，这一基因决定了它的商业模式可以零成本被接受。

迪士尼不仅善于创造IP，长于将IP植于有趣的故事背景，更擅长创造IP转化的场景，谁拉进了IP与消费者的距离，谁就能拥有消费者。没错，迪士尼建设的场景就是迪士尼乐园。迪士尼乐园带来的不仅是门票收入、衍生品销售收入，更是建立了消费者与迪士尼建立强关系的理想场景。

迪士尼乐园本身就是大IP，只要整个世界仍存幻想，迪士尼乐园将永远延续继续下去，迪士尼游乐园更像是迪士尼这个IP产业链的流通，放大了IP的价值和强化连接。值得注意的是，公主裙在迪士尼乐园中的销售是常态化的，基本可以卖到500元人民币，有旅游者算过一笔账，三口之家去迪士尼游玩一天，基本消费在2600元人民币左右。迪士尼还设计了一系列策略让旅游者逗留更长时间，比如打折售出两日票、将酒店与门票打包出售等。据了解，迪士尼乐园中的酒店在旺季时基本上入住率在98%以上，在这里住宿价格自然不菲，但真实的童话场景，依然会有很多父母为满足孩子们的梦想而掏腰包。

3. 迪士尼IP价值变现

迪士尼IP变现的能力是殿堂级的，2016年迪士尼的总营业额达到创纪录的553亿美元，超过了中国BAT收入之和。其中大部分来自IP价值收入，归纳起来有三种主要方式。

（1）迪士尼乐园收入。票房、迪士尼乐园以及衍生品成为表现主流，而其中迪士尼乐园受益的60%来自衍生品的消费，在迪士尼乐园，任何一个游戏项目的出口都设置了一家礼品商店。乐园门票及酒店住宿、乐园内的餐饮服务亦是迪士尼的重要收入来源。有数据表明，在迪士尼乐园主营收入部分中，门票收入约占比为30%，餐饮占比为15%，住宿占比为13%，购物占比为25%，其他占比为17%。

（2）品牌授权。迪士尼衍生品的产业链，其开拓了电影、乐园、邮轮、服饰、出版物、音乐剧、玩具、食品、教育、日用品、电子类产品等一系列消费品。迪士尼在全球有3000多家授权商，生产10万多种迪士尼卡通形象产品。每年9~10月，迪士尼都会召开授权大会，发布未来一年的电影上映计划，寻找合作商。迪士尼也占据了中国动漫形象授权的55%。曾有媒体透露，被授权商需要缴纳的授权费大约是承诺销售额的15%，这还不包括后期迪士尼从销售额中提取的分润，因此授权生意对其而言就是IP变现直接的方式。

（3）自营渠道。自营店是迪士尼衍生品的主要销售渠道，2015年，占地面积约5000平方米、全球最大的迪士尼旗舰店在上海浦东陆家嘴开业。2017年9月，中国第二家迪士尼点在上海兴业太古汇正式开业，这也是迪士尼推出的6个新型店铺样板间其中之一。

第五节 "文化创意+"购物

随着越来越多的人选择出门旅游作为休闲娱乐方式，我国旅游业进入了快速发展阶段。旅游购物是旅游者在旅游活动中的一个重要部分，是旅游的弹性消费环节，它集合了旅游、休闲和顾客购买行为等活动，在旅游购物中涉及商家、游客和地方政府三个实体。伴随着体验经济的发展，游客越来越注重在旅游过程中获得符合自己心理需要和情趣偏好的特定体验。在游客旅游购物活动中，体验作为一个关键的价值决定因素，影响着游客的最终购买决策。这就需要通过文化创意提升旅游者购物的体验度和满意度，并延长旅游购物的产业链，创造更多的衍生品的方式来增加附加值，将商品的文化资源转化为文化资产。

一、文化创意旅游商品

旅游商品就是商品供给者为满足旅游者特定的物质或精神需求，出售某些具有价值和使用价值的自然或社会的有形实体，或无形的社会人文旅游资源的观赏权、感受权、体验权和参与权，是旅游商品有形实体的使用权和各种无形服务的总和。[1] 旅游商品按照功能可以划分为旅游纪念品、旅游工艺品、旅游食品、旅游用品和其他相关商品等。

（一）文化创意旅游商品内涵

旅游商品文化创意就是创意价值通过旅游商品实现产品化的过程，它是利用原生艺术品的符号意义、文化元素、人文精神、美学特征，通过文化理解与消化

---

[1] 张逦英.文化创意产品价值的实现路径分析[J].社会科学，2012（11）:59-66.

对原生艺术品进行解读和重构，将原生的文化元素与旅游商品的创意相结合，从而形成了一种新的文化创意旅游商品。文化创意旅游商品既要弘扬和传承文化，又要具有商品的使用价值。长期以来，国内消费者和行业从业者在对旅游商品的认识方面存在一些局限，把旅游商品局限在旅游纪念品、土特产品和旅游工艺品这个狭小范畴，事实上，各种文化旅游纪念品、文化旅游日用品、旅游商品的科技日用造型设计等都可能成为文化创意旅游商品。因此，文化创意旅游商品除具备一般旅游商品的特征外，更多地表现为一种艺术衍生品。好的创意可以让一件普通的旅游商品附加上超出用户期待的文化艺术价值、智慧创意价值，并激发购买动机和产生购买行为。[1]

（二）文化创意旅游商品生成条件

文化是文化创意旅游商品生成的核心要素，是文化创意旅游商品设计的前提，而文化创意是旅游商品附加值生成的源泉。在文化资源选取的基础上，文化创意旅游商品主要是通过对文化资源的挖掘和利用，将特定的文化要素巧妙的转化为设计元素，注入产品或服务中去，为消费者提供与众不同的新产品或新服务。人们对文化资源的认同感越强，则开发的文化创意旅游商品市场就会越大。所以文化创意旅游商品的生成关键首先在于对文化资源的选取，其次在于文化创意。当然，好的文化创意也可以弥补文化资源的不足。

（三）文化创意旅游商品特征

与传统的旅游商品相比，文化创意旅游商品在商业属性之外，更多地表现出它的文化创意性、艺术审美性和地域个性，好的文化创意旅游商品旅游体验的延伸也是一种历史文化的传承，甚至可以成为目的地的形象代言。比如，香港就是以"购物天堂"作为目的地的形象来进行宣传。好的文化创意旅游商品兼备艺术性、故事性、趣味性、创新性和实用性，强调的是文化艺术的创新，突出体现创造力，并以"创新设计、文化传承"为核心形成独特的创新能力，再通过配套产品和服务策略，以现代科技及企业化经营模式促使文化创意作品得以商品化与产业化。

---

[1] 厉无畏.创意改变中国[M].北京：新华出版社，2009.

1. 文化创意性

在文化创意旅游商品的设计中应注重文化创意性，在设计上加强自身特色，一定要有独具新意的地方。通过文化创意将文化植入商品中，可以提升旅游商品的文化内涵和文化品位，满足旅游者对文化身份的认同感，旨在满足广大旅游者对目的地文化的体验需求，因此必须具有文化创意性，让旅游者能够把旅游目的地文化带回家，延长旅游体验感，增加旅游商品的文化附加值，形成新的旅游商品和品牌。因此，文化内涵是文化创意旅游商品的市场核心竞争力，文化创意旅游商品区别于普通商品的最明显特征是它能够反映出独特的文化内涵，具有鲜明文化特色和较高的文化价值，并形成巨大的文化吸引力。

2. 艺术审美性

美学经济是通过美感创造产品经济价值，而旅游的本质是一项审美活动。文化创意旅游商品的艺术性就是其内在的美学内涵和艺术鉴赏价值，满足旅游者求美、求奇、求新的心理。文化创意旅游商品需要通过文化艺术、创意设计、品牌塑造让消费者认同旅游商品中的美学价值以及感知旅游商品文化内涵而进行消费。只有对艺术价值认同和美学内涵认知的旅游商品，才能为旅游者带来美的享受，从而满足旅游者审美需求，激发旅游者购买欲望，并产生购买行为。因此，文化创意旅游商品认知中旅游商品的美感对购买意愿有正向影响，追求美感是旅游商品文化创意的基本要求。

3. 地域个性

从消费心理学的角度，旅游者希望购买到的往往是最具地域文化特色并且其他地方没有的旅游商品。文化创意旅游商品的地域个性是指能够反映当地地域特征和独特人文风情等层面的旅游商品，具有极其鲜明的地域烙印。本土特色的文化创意旅游商品有助于形成旅游商品知识产权，吸引旅游者，其地方特色越浓，越符合旅游者求异、求奇心理，商品的纪念价值越大，对旅游者的吸引力则越强。因此，文化创意旅游商品需要把当地独有的地域个性融入旅游商品中，才会形成旅游商品与旅游目的地的良好印证关系。比如新疆的哈密瓜、四川的蜀绣、湖南醴陵的瓷器等，这些旅游商品以其鲜明的地域特征成为当地的代表。①

---

① 田志梅，陈嫱. 文化创意产业格局下的土家旅游商品创新设计：以西兰卡普为例[J]. 创意设计源，2018（5）:54-58.

二、旅游商品文化创意原则

（一）需求导向

文化创意旅游商品开发的目的在于销售与景区营销，因此必须研究旅游者，满足旅游者"求新、求异、求奇、求美"等内在的需求，从而决定文化创意旅游商品的开发方向。持唯物观的人认为社会发展的历史首先是人民群众的物质资料生产发展的历史，文化创意旅游商品是在物质财富的基础上发展创造出来的精神文化产品。因此，旅游文化创意产品的开发必须以旅游者的精神文化需求为导向，只有做到产品创意与需求吻合，注重用户对产品的体验，满足用户的个性化需求，且市场价格适中、具有美感又功能实用性强，才能延长旅游商品的生命周期。

（二）创意与科技融合

"内容为王"是不变的丛林法则，内容是文化创意旅游商品价值形成的源泉。文化创意旅游商品的"文化"内容涉及范围极广，从传统工艺到民间民俗，从现代制造到潮流风尚，从非遗传承到3D打印，文化创意旅游商品的"文化"内容涵盖了人们生活的方方面面。文化创意的主要任务是能够生产文化创意内容，它创造的是文化精神价值，并通过科技、艺术等适当的方式呈现出来，而不能仅仅停留在形式的创意层面。创意与科技对文化创意商品的购买意愿有正向影响，二者是不可分离的，将"科技引入文创"，无论是站在"拓宽文创产业发展道路"的角度，还是立足于"科技融入文化生活"的角度，都是双赢的局面。在一定程度上，高科技本身就会引发创意或者改善创意的手段，从而提高创意水平。因此，大多数文化创意旅游商品是文化创意与科技创新融合发展的产物。

（三）功能多样化

从功能的角度来看，文化创意旅游商品包括生活实用品类和工艺品类，前者侧重于商品的使用价值，而后者侧重商品的精神文化价值，但随着文化创意商品的发展，二者开始融合发展，实用类商品具有了艺术美，艺术类商品也附加了一些实用功能。文化创意旅游商品功能构成了商品的使用价值，对购买意愿有正向影响，特别是在旅游发展早期，旅游者更加重视旅游商品的使用价值。随着社会进步和旅游者素质的提高，旅游者才逐步从旅游商品的使用价值转向文化精神价值。因此，在设计商品时功能性商品进行文化创意，实现商品的功能多样化和创意化是文化创意旅游商品生产的规律所在。比如，博物馆在对旅游商品进行开发设计时会考虑到销售、礼品馈赠、公关及活动宣传等市场需求，以供消费者选择。[①]

三、旅游商品文化创意对象

文化创意是塑造旅游商品特色和保护旅游商品新颖时尚的内在要求，越是具有创意的旅游商品，越是具有市场吸引力。而特色与个性是旅游商品文化创意的灵魂，一般来说，国外入境旅游者看中的是"中国特色"，国内旅游者则更关注"地方特色"。旅游者的这类偏好对旅游商品的设计和所凸显的文化价值选择提出了基本要求。另一方面，与时代接轨，"新颖时尚"也是旅游购物的重要标签。因此，文化创意旅游商品应该兼具特色、创意和新颖性的特征。[②] 这些特征的塑造需要不同的文化创意方式。

（一）传统文化创意

社会在变迁，时代在发展，传统的思想文化不一定适合现代价值观念，每个时代都在衍生新的文化思潮和文化内容。在大众对文化消费与体验不断发生变化的今天，文化与科技，文化创意、设计服务与日常生活的融合为我们带来了更多创新体验产品。而文化与旅游的融合，则从需求端与供给端为传统文化艺术的传播带来了更加广泛、多元的机遇。传统文化的创新性发展，只有外部形式的创新是不够的，尤其在强调文旅融合的今天，文化的内涵、深度成为愈来愈显性的需求。传统文化创意需要调适传统文化与现代社会之间的关系，让文化推陈出新，与时俱进。传统文化艺术内部与外部社会多种要素的合作探索，立足传统，与时代接轨，与大众的需求接轨，这是新时代中国传统文化创新性发展、创造性转化的重要一环。因此，应该吸取传统文化的合理成分，融入现代社会文化情感与文

---

① 覃莎莎，姚小云. 文化创意视角下民族地区旅游商品品牌创新研究：以张家界为例[J]. 旅游纵览（下半月），2017（9）:140-141.

② 陈斌. 文化创意旅游商品不能重文化轻创意[N]. 中国青年报，2015-07-09（011）.

化认同，推动文化的继承与创新，形成生生不息的文化繁衍力。文化创意旅游商品的设计可以基于优秀传统文化，与当代人的人文情怀相融合，实现古今对接，生产的传统文化元素与当代的人文精神比例合理的有机融合体。也就是对于传统文化的认识与再设计，不应只是简单的复制，而要融合当代的思想方式和人文情怀。让传统文化在构筑国人文化记忆的同时，成为"活"在当下的文化，这是传统文化面向当下、面向青年人展现、传播甚至传承其价值的过程，更是我们文化自觉与文化自信形成的过程。比如，清明文化节可爱的"清清"和"明明"，可以通过文化的创新创意的方式延伸至服装、家具用品、玩具、文具、礼品等各类日常消费产品上，从而渗透于人们的日常生活，让文化伴随生活。

（二）文学影视创意

随着资本时代的过往和创意时代的来临，文化创意产业越来越凸显出"创意"或"创造力"的价值，文学产业已然成为其中"具有巨大发展潜力的朝阳分支，既蕴含着传播积极思想的社会价值，又显露出文化消费的广阔前景"。[①] 创意的灵魂来自文学的创作内容及文学活动训练出的创作能力和创作意识，是文化创意产业这种以文化因素及主题文化依靠个人或通过技术创新和产业化的方式开发、营销知识产权这一行业所必备的基本范式和技能，因此，文学被公认为是培养和培训"文化创意"能力的主要途径。文学创作来源生活，高于生活，因此文学影视作品中的语言、文字、绘画、诗歌、传说、故事等文化符号，都反映了一定的时间段和一定的地域内人们内心情感以及审美价值标准。而人们在这样的情感下体现出的对物品或对精神上的美好向往，以及所反映出的特定审美意识形态，都可以作为旅游商品创意的文化来源，并通过创意手段形成文学作品的语意造型。文学创意的根本宗旨在于全面提升文学所蕴含的文化价值和经济价值，其首要任务是大力强化文学作品的时空穿透力和表现力，其重要使命在于深入探究人类内在的情感世界和审美理想，而文学与其他艺术在形与质上的交融也已经成为文学创意的重要构成。文学与影视结合，两者的互动改编，在当今文化创意的新时代，既是进行文学创造的重要活动，同时更是实现文学创意的重要内容。比如"红楼

---

① 尚光一.文化创意产业视域中的文学产业发展：以严歌苓作品产业开发为例[J].福建行政学院学报：社会科学版，2013（1）：15–18.

梦十二金钗"系列首饰的设计，作品融合古典文学元素与现代金属编织技法进行创作，通过明喻、暗喻、转喻、抽象、联想等手法影射到方案设计中，并以一定的产品语意表现出来，赋予作品新的生命力，巧妙地表现出十二金钗的殊异的人物个性，坚信每位女子都值得疼爱，每个女人都应有一套专属于自己的首饰。再比如电影《魔兽》，从游戏到电影，再到周边衍生品，这些所有直接使用《魔兽》中的元素的创作和商品都将孵化 IP。《魔兽》电影上映前，衍生品在中国的销售就已经超过了 1 个亿，加上游戏粉丝的后续贡献，未来《魔兽》的相关衍生品创造的价值更加难以估量。

（三）社会意识形态创意

社会的意识形态的价值元素包括创意、知识、美感、情感、价值、商品理念等。通过文化创意商品表达社会意识形态等价值元素，使商品文化创意理念符合广大消费者所认同的心理价值诉求，这也是旅游商品文化创意的重要来源。在创意产品设计的过程中，设计者应更加注重提升产品的人文价值和情感关怀，将精神情感和人文关怀上升到主要创意内容，贴近人们的生活方式和生活环境，让旅游商品的形式、功能、语意等与社会文化情感、生活方式、生活环境完美融合，从而唤起消费者的美好情感、心理归属和身份认同。比如西藏的饰品，古朴原始、具有浓郁的地方特色，是有地方文化特色的旅游纪念品。购买此类文化创意商品，带来的是一种藏式的生活气息。

（四）品牌创意

文化创意产业创造价值的一种重要模式是在文化资源中提炼文化符号，塑造出品牌。一个好的创意可以吸引消费者，也可以刺激市场上的其他竞争者，还是产品成功的一半。品牌创意是一种综合创意方式，它融合了传统文化、文学影视和社会意识形态等多种创意渠道与方式。在快速发展的时代，产品生存周期越来越短，创新成为企业必备的能力。品牌创意对一个品牌的重要程度不言而喻，在品牌运营的过程中不断地推出品牌创意是品牌延展的关键。品牌是先于产品而被旅游者所认知的，因此消费者的决策先是选择品牌，然后才是考虑品牌所辖产品及其价格。旅游者购物消费也越来越注重商品品牌，未来品牌力才是文化创意旅游商品的核心竞争力。将文化创意元素融入旅游商品品牌中，既可以满足了旅游者高层次的精神文化需求，又能增加旅游商品的附加价值，还能有利于旅游商品品牌的可持续发展。品牌创意中品牌名称与标志是品牌的重要组成部分，并且在注册商标后成为旅游企业无形资产的重要组成部分。一个富含人性化品牌的 LOGO 能够更好地被消费者接受，加速文化创意旅游商品品牌在旅游者心中形成辨识度。

案例链接：博物馆文化创意商品

故宫是一个有着 600 年历史的超级文化大 IP。2014 年，故宫联手阿里巴巴，开了一间淘宝店，清代的历朝皇帝都成了卖萌的主角，吸粉 62.5 万人。2016 年 5 月，故宫又与阿里巴巴升级合作，开设了天猫店，一卖门票，二卖文化创意产品，三卖出版产品。故宫博物院的朝珠耳机、"顶戴花翎"遮阳伞、"朕就是这样汉子"折扇等，还有借用"腰牌"的概念和造型，设计出的一系列时尚创意产品，其中"如朕亲临""奉旨旅行"腰牌创意产品造型霸气，能当行李牌、公交卡套，成为风靡一时的"网红"，深受旅游者喜爱。"这几年大家可能感受到故宫博物院在进行着一些转型。"故宫博物院院长单霁翔表示。故宫博物院研发的文化创意产品已经接近 7000 种，产品涵盖丝绸、陶器、瓷器、家具、铜器、贵金属、书画、首饰、箱包、T 恤衫、文房、玩偶、伞、领带等十几个类别。自从 2013 年故宫将文化创意产品的主导权收回之后，制定了故宫 IP 开发产品的"三要素"原则，即元素性、故事性、传承性。所有文化创意产品必须突出故宫的元素，每件产品要能讲出背后的故事与寓意，且易于公众接受，每件产品以传播文化为出发点，让几百年的故宫文化与现代人的生活对接，通过"用"让普通人真实感受到故宫文化的气息。

其实在故宫开天猫店之前，国务院就印发了《关于推动文化文物单位文化创意产品开发的若干意见》，包括博物馆负责人在内的业内人士也把 2016 年称为"文化创意元年"。在当年的文博会上，根据博物馆馆藏宝贝设计的文化创意衍生品呈井喷状态。中国博物馆协会还推出了全国文博单位文化创意产品获奖产品联展，42 件获奖产品展现出博物馆巨大的文化创意开发潜力。两三年之间，这股"文化创意"之风从首都北京吹到了大江南北，无论是公立博物馆还是私人艺术馆、独立书店，如果没有几款拿得出手的文化创意产品，你都不好意思跟人说是搞文化的。

台北"故宫博物院"的一款"朕知道了"纸胶带，以其霸气、幽默、集文物知识与时尚趣味于一身的独特气质风靡海峡两岸。"大白菜"折扇的原形是台北"故宫博物院"的镇馆之宝——"翠玉白菜"，它一体成型，在翠绿的菜叶上有两只昆虫，体型较大的、伸长着后脚的是螽斯，位在上方、小只的则是蝗虫。台北"故宫博物院"根据"翠玉白菜"的形态设计的"大白菜"折扇与"翠玉白菜"形态相差无几，借用"翠玉白菜"的名气，"大白菜"折扇也取得了很好的销售业绩，深得大家的喜欢。台北"故宫"颈枕的原形是《唐人宫乐图》中的美女头饰。颈枕根据美女头饰的形状而设计，形态与其相似，实有几分搞笑。还有根据汝窑莲花碗上的冰裂纹设计的丝袜。使用皇帝形象设计酒瓶塞。值得一提的是，对于文物进行创意再造，台北故宫给设计者的限制很少，"花哨、新潮和卡通都可以接受，但有损博物馆形象和文物价值的'亵玩'则坚决不行。"文物就是文物，有一定的社会价值和教育性，要给它尊敬，才会有永续性。"萌萌哒"文化创意产品可以成为当地的文化符号，让人一看就想到目的地的文化。

大英博物馆的大黄鸭的创意灵感来自于那个成为地标拍照景点的巨大呆萌物，而现在小黄鸭已经成为英国人日常可见的洗澡专用玩具，承载了很多英国人童年的记忆符号，再配上古埃及等其他时代士兵的装备，使这些小黄鸭成为大英博物馆文化创意中的"明星"产品，也成为一种流行文化元素。金字塔、法老王、木乃伊……神秘的古埃及天生有一种魔力，教人心驰神往。藏有7万多件古埃及文物的埃及馆也成为大英博物馆最受欢迎的场馆之一。有如此丰厚的文化基础，自然也衍生出了各种有趣的文化创意产品。如木乃伊铅笔盒，以木乃伊棺材的形状做成铅笔盒，创意性和实用性俱佳；神秘祭司书签，1835年，在出土约10年后，霍尼吉提夫的木乃伊来到了大英博物馆。当时人们刚刚破译了埃及象形文字，因此第一步便是阅读他棺木上的铭文，了解他的身份、职位与宗教信仰。在内棺上看到了他的名字，也了解到他是托勒密二世时期（公元前246—公元前222）卡纳克阿蒙神庙的祭司，现在，大英博物馆文化创意设计师们以他的木乃伊为灵感,通过变形加工成呆萌的风格加在书签上,颜色安静而神秘;神秘祭司玻璃杯,水杯图案同样来自大祭司霍尼杰提夫木乃伊,金色的包边与剔透的杯身,显示出高调的奢华,执此杯,仿佛喝下的是亘古长流的尼罗河水。罗塞塔石碑(Rosetta Stone)是大英博物馆的镇馆之宝之一,1799年时由法军上尉布夏贺在埃及港湾城市罗塞塔发现,石碑上用埃及象形文字、通俗的古埃及文字、古希腊文刻了同一段诏书,使得近代的考古学家得以有机会对照各语言版本的内容后解读出已经失传千余年的埃及象形文,因此罗塞塔石碑被称为"通往古埃及文明的钥匙",放置在大英博物馆埃及馆的入口处。既然是镇馆之宝,那么必然是文化创意开发的重点对象。据说罗塞塔石碑的相关文化创意一共出了69件,如罗塞塔石碑马克杯、罗塞塔石碑护照夹、罗塞塔石碑鼠标垫。大英博物馆文化创意种类繁多,不仅有杯子、玩具、文具、书签,还有资料书、复制品摆件、各种服装、首饰,以及充电宝、U盘、镇纸、镜头布、巧克力、布偶玩具等,这些文化创意被应用到生活的各处,为大英博物馆的宣传也起到很大的作用。

长沙博物馆推出了不少文化创意产品,比如以湖南隆回的滩头年画为题材的"非遗版秘密花园"、长沙窑的"随身茶室"和"筷乐伴手礼""鸾凤双飞"等探亲访友的馈赠礼品和新婚礼品等。而每个临时展览,市博也会随机推出相关的文化创意产品。比如在"华夏瑰宝——保利海归精品文物特展"和"独立苍茫——湖南名人书法展"期间,配合临展,开发了圆明园兽首系列和"英雄独立图"纯天然桑蚕丝套装等文化创意精品。2018年年初,湖南图书馆举行了图书馆文化创意开发合作协议签字仪式。仪式上首次发布了湖南图书馆文化创意商标"难得湖图"及图书馆动漫形象"湘湘"和"图图"。这两个动漫人物以读者为原型,体现了湖南图书馆的馆训——厚学笃行,致知弘文。文化创意产品的热销,让展览与观众建立了一种新型关系。中央电视台《国家宝藏》播出后,包括湖南省博物馆在内的多家省级博物馆及其镇馆之宝都在网上风靡一时,也让文化创意产业和文化创意产品的开发更显迫切。

让文化有尊严的进入市场,不被蒙上过度商业化的阴影和尘埃,文化创意产品的开发是很好的渠道。其实,公众并不排斥文化创意产品的开发，一定程度上说，文化创意产品可以加深公众对地域文化的认同感。通过对以上博物馆的分析不难发现，要建设受旅游者欢迎的文化创意产品，首先需要借用一定的平台进行宣传，获取一定的关注。其次要紧跟时代步伐，设计一些新潮的产品，也可以联合知名品牌，设计一些特色产品。当然，文化创意产品的开发不能只注重艺术性和观赏性，更应该成为"日用品"，而不单单是观赏的"摆件"，将具有文化特色的造型、图案、结构、涉及的人物和事件等加以发挥和深化，便可巧妙地应用在各种各样的商品上，如实用性很强的领带、文化衫、鼠标垫、官扇、书签等。除此之外，要充分利用博物馆的一些特有元素，设计博物馆专属文化创意产品。

第六节 "文化创意+"娱乐

21世纪上半叶,信息传播的内容及表现形式都表现出强烈的娱乐化倾向,娱乐化成为一种潮流席卷全球,其影响波及文化传播过程的各个层面。娱乐不再是一个特定的行业,早已经渗透进人们生活与工作的方方面面,成为每个人生活中必不可少的组成部分。娱乐化作为文化经济时代的重要特征,已构成当前信息传播的重要模式,并影响着文化创意产业的发展,作为提供精神产品和服务的文化创意旅游产业,其内容也呈现出娱乐化的趋势。

一、娱乐旅游

旅游娱乐是指旅游者以追求心理愉悦为过程和目的,在旅游目的地营业的文化娱乐场所中购买和消费旅游娱乐产品或服务,在旅游活动中所观赏和参与文娱活动的经济文化行为,是现代旅游——综合型非观光旅游的重要内容,是丰富旅游者生活、满足旅游者精神需求的重要活动。[①] 它是构成旅游活动的六大基本要素之一。游与娱是旅游者的原生需求,而吃、住、行、购则是为达到游娱目的所必备的衍生需求。旅游者的需求是变化的,成熟的旅游者不再仅仅满足了观光旅游需求,娱乐正在成为主要的旅游动机。文化创意之后的旅游娱乐活动属精神产品,它横跨文学、艺术、娱乐、音乐、体育诸领域。[②]

[①] 符亚宾.张家界旅游娱乐业发展现状及对策研究[J].中南林业科技大学学报,2010,4(1):115-119.

[②] 吴国清.旅游线路设计[M].北京:旅游教育出版社,2006.

（一）文化类旅游娱乐

文化娱乐是现代旅游活动的类别之一，是文化与娱乐相结合的统一体。从文化的角度说，它带有娱乐的性质；从娱乐的角度说，它具有文化的内涵。融文化与娱乐于一体是谓之文化娱乐，而在旅游过程中有组织地开展此类活动，便是文化娱乐旅游。具体来说，文化娱乐旅游是依托音乐厅、剧院、博物馆、电影院等文化设施、场所和文化资源，面向游客开发的文化创意娱乐活动，主要是以歌舞文艺表演、宗教文化活动、节庆活动、游戏活动等视听欣赏为主的娱乐体验，以达到身心放松的目的。文化类旅游娱乐一般是针对具有一定文化品位的群体而设置，它要求相对安静、闲适、文化气息浓厚。[1] 文化娱乐旅游是有意识地组织旅游者进行的一种具有特定文化内涵的娱乐活动，其目的在于使旅游者通过参与此项活动而了解和体验其文化内涵，并在活动中"娱怀取乐"，达到休息和调节生活的目的。许多科技、文艺、教育、体育、雕刻、书画活动经过加工，均可转化成具有文化内涵的娱乐活动，形成别具特色的文化娱乐游项目。正由于它易于转化，故极便于吸收新的研究成果和根据不断变化的旅游者的爱好而变化娱乐的形式与内容，使之常"玩"常"新"，充分适应旅游市场的需要，故具有强大的生命力。[2]

（二）体育类旅游娱乐

随着社会经济水平的提高，人们有了可自由支配的收入和闲暇的时间，原有的旅游模式已无法满足人们的需求，体育类旅游娱乐作为一种新生事物应运而生。人们出游的需求、生活的方式及休闲的内容都发生了巨大的变化，为适应体育消费和旅游消费升级的需要，旅游和体育两大产业在创意化融合过程中形成了多层次、多结构的发展模式。体育类旅游娱乐主要是指依托体育旅游设施、场所与体育旅游资源，面向游客提供体育运动、竞技和表演等旅游娱乐活动。由旅游者主动参与，达到强身健体、增强体质、放松心情、陶冶情操等目的。其中，体育设施与场所包括体育馆、健身馆、游泳馆、滑雪场、高尔夫球场、保龄球馆、台球

---

[1] 陈兴中.旅游开发与规划[M].北京：科学出版社，2005.
[2] 张俊杰.开发文化娱乐游 振兴桂林旅游经济[J].桂林市教育学院学报（综合版），2000（1）:15-18.

馆等。此外，很多文体活动只要稍加改进，就能作为旅游产品而投入文化娱乐游的市场。比如，我国古代旅游者在旅游过程中自觉或不自觉地开展的诸如投壶、马球、斗蛐蛐、斗鸡、斗牛、放风筝、抢花炮、踢毽子、舞龙灯、舞狮、弈棋、行酒令等活动。与传统旅游相比，由于体育项目具有竞争性、规则性的特点，一方面要求参与体育旅游娱乐的旅游者具备参与体育活动的身体素质和技术能力，另一方面，这类旅游娱乐设施设备的水平直接影响旅游者的训练和比赛效果，因此对体育娱乐场地、设备水平要求较高，此外还需提供专业的裁判、教练、陪练服务，因此体育类旅游娱乐教育的发展对体育旅游发挥着重要作用。

（三）生活类旅游娱乐

生活类旅游娱乐主要是指把旅游目的地居民的日常休闲娱乐设施和休闲娱乐活动向游客开放，形成主客共享的一种生活型旅游娱乐方式。游客通过参与旅游娱乐活动体验旅游目的地生活方式与人文风情，从而达到愉悦自己、放松精神，调节身心的目的，达到自我实现。这些生活类旅游娱乐场所和形式包括城市商旅游综合体、城市夜生活、KTV、茶楼、俱乐部、游艺厅、城市广场舞等。比如，在中国冬季的东北地区，看二人转、瞧扭秧歌、放烟花爆竹、欢欢喜喜过一个具有浓郁关东风情的大年就是典型的生活类旅游娱乐。此外，随着经济的发展，科技的进步，人们的工作与休闲方式发生了根本性的变化，由于日间时间大多用来工作，休闲活动向晚间延伸，市民自发组织形成的夜生活成为人们生活中必不可少的内容，而夜生活空间大多是在日间活动区域的延展。夜游也成为游客参与当地生活、体验当地生活方式的重要旅游形式。

二、旅游娱乐文化创意设计

文化创意产业是一种在社会经济全球背景下产生的，以创造力为核心的新兴产业，是强调一种主体文化的产业，也是随着体验经济发展而发展起来的。当今，文化创意产业已成为第四大产业，它是技术、经济、文化的交融，也是文化经济、政治下的创造力的文化产业。党的十九大报告指出，要"在实践创造中进行文化创造，在历史进步中实现文化进步"。文化创意产业除了要"满足"和"提供"，还要"引领"和"提升"，这是文化创意产品最基本的应有的作用。文化创意把旅游娱乐产业从过去以单纯的娱乐活动、感官刺激、娱乐至上为特征的外在娱乐活动转型升级为文化旅游创意内容的生产，帮助旅游者在追求欢乐、快乐、愉悦的同时，进而获得人文关怀、文化内蕴、内心感受和主流价值观教育等内在体验。

（一）娱乐主题化

在新经济形势背景下，文化创意和旅游融合业态雨后春笋般迅速发展。迪士尼、环球影城进入中国标志着娱乐从器械娱乐时代向主题娱乐时代转变，游客从被动式的感官刺激转变为主动参与式的互动体验。为此，旅游娱乐活动都需要有自己的特色，基于特色的主题化是旅游娱乐创意的总体发展趋势。娱乐主题化需要挖掘文化特色，强调民族性和地方性，树立鲜明而独特的文化娱乐主题。娱乐主题化能够在一定的时期内让旅游者耳目一新，并形成新的旅游吸引力，当新的吸引力衰退之后，能够进一步围绕主题更新产品，形成"主题不变，内容不断更新"的发展能力。迪士尼乐园匠心独运地设置出"西部乐园""探险乐园""新生特区""未来世界""梦幻乐园"等体验旅游项目，不同的娱乐主题为不同年龄的人们塑造了属于自己的娱乐经历。由于旅游者可能来自不同地区和民族，有着不同的娱乐偏好，因此旅游娱乐活动还要具有多样化的表现方式，能够为不同旅游者安排不同娱乐活动及其供给方式，以此来适应不同消费者的消费需求，形成定制化的供给。

（二）注重体验性

娱乐是人们最早使用的愉悦身心的方法之一，娱乐中人们既是参与者，通过娱乐彼此互动交流、相互接触与相互感应，也是旁观者，他们彼此欣赏，让娱乐活动本身变成一场观赏体验活动。而对于非参与者来说，旅游娱乐活动正是一项纯粹的观赏经历。体验经济时代的到来，旅游市场需求的转变使"消费方式从大众的简单划一的标准化消费转向旨在让人性获得全面发展的个性化消费"，旅游者更加注重旅游娱乐活动的观赏性、参与性和体验性。旅游者通过参与旅游娱乐活动，不仅满足了个性化旅游服务的要求，也能更深层次的感受旅游娱乐活动的每一个环节和细节，体会只有通过参与才能获取的乐趣、知识学习和社会经历。加深游客对当地生活与文化的感知，使其在真实的体验中实现了认知学习，得到了更为全面的发展。另一方面，旅游者通过观看各类演出或参与各种娱乐活动使自己在工作中造成的紧张神经得以松弛，从而达到愉悦身心、放松自我的目的，获取更直观和直接的旅游体验。比如，沃尔特·迪士尼的理念是围绕"欢乐"主题营造"迪士尼乐园"的欢乐氛围，塑造米老鼠、唐老鸭这些品牌动画人物，以新的娱乐形式给旅游者创造新的快乐体验。

（三）雅俗共赏

旅游行为是"非惯常生活"性质的仪式主义行为和享乐主义行为的结合，旅游娱乐需要做到雅俗共赏，才会拥有广大的市场空间。对于大众市场来说，旅游娱乐的一项重要的职能是要能够把高深和高雅的内容通过娱乐的方式变得简单而通俗，从而降低消费门槛，让有着不同知识水平的旅游者都能够消费。大众旅游阶段，旅游得以与娱乐之间建立起了普遍的关联。但这也不意味着一味迎合低俗市场，降低旅游娱乐产品的品格，导致娱乐的文化创意走向庸俗、低俗或媚俗。应该遵循社会主义价值观，严禁无原则地追求娱乐性，恪守道德底线。对于小众市场来说，旅游娱乐产品的设计和创意则需要专业化和知识化，旅游者需要为之付出艰辛的思考或掌握专业的技能方能参与，并获得高深或高雅的体验产出。旅游娱乐的文化创意需要根据市场需求，科学合理地安排好雅俗两种旅游娱乐产品的供给比例。

（四）寓教于乐

阅读是精神的旅行，旅行是身体的阅读。旅游娱乐的文化创意需要强调寓教于乐，唯有具有教育和学习功能的娱乐活动，才符合旅游的基本目标和基本精神。正所谓"纸上得来终觉浅，绝知此事要躬行"。旅游娱乐是一种学习教育方式的创新，它把真实鲜活的社会场景和大自然当作大课堂，让旅游者自由学习、自主感知、自由体验，寓教于乐，且游且学。缺乏教育功能的娱乐是不能持久的，也不会长期得到社会的支持，甚至很有可能走进"娱乐至死"的消极娱乐陷阱。但作为旅游娱乐来说，教育功能是它的一种附加功能，过度突出娱乐的教育功能就会失去旅游的生命力，因此也要防止把旅游娱乐变成一种严肃的教育活动。应该使旅游者在体验旅游娱乐活动的同时也可以了解旅游目的地的历史文化、风土人情和科技知识，受到社会文明的熏陶等。比如，黄鹤楼景区在"六一儿童节"期间推出了背诗词免门票的活动，鼓励孩子们在童年时期多学习传统文化。这样的娱乐活动方式就是一种典型的寓教于乐的游学方式。

案例链接：乌镇赛妙万娱乐园

乌镇赛妙万娱乐园项目中占地总面积312亩的乌镇赛妙万娱乐园，距乌镇东栅景区仅100米。一期项目包括不夜星穹、赛妙缤雪乐园、赛妙星河驿站、听石轩四大主题。二期项目包括赛妙积乐王国、赛妙绿野仙踪童梦园、藏族文化主题的藏园、积赛妙乐王国以及全天候室内恒温的赛妙万娱水乐园等八大主题品牌，整体项目集合10余个旅游品牌，50多个旅游IP产品，涉及夜娱乐文化、宇宙科幻、怀旧复古、文化艺术、绿色农场、水上世界、梦幻冰雪、可爱童趣、甜美爱情等多个元素，成就满足一切游乐幻想的合家欢亲子乐园。

1. 亚洲最大电音节广场激发乌镇极致夜娱乐

乌镇赛妙万娱乐园将重磅推出亚洲首个夜娱乐文化娱乐综合体——不夜星穹，它以乌镇为落脚点，为世界展示中国电音品牌的灵魂力量。以宇宙虫洞为灵感，建设灯光交错的前卫质感，展现折射光线的交错魅力。流线型的结构，广度与高度两个维度，多元与极致两种体验，不仅将斥重金建设全亚洲首个电子音乐广场，结合大型综艺《中国好声音》衍生大型旅游演艺秀《星动好声音狂想秀》，以及主题餐酒吧、星光走廊、复古歌舞厅、小型电子音乐节，不定期主题论坛等一系列多元的主题模式与娱乐氛围，为旅游者带来夜娱乐文化的极致体验。

2. 亿万级综艺IP演艺秀引领演艺市场新潮流

作为中国现象级国民音乐综艺品牌《中国好声音》《中国新歌声》的制作公司上海灿星文化传播有限公司联合乌镇赛妙万娱乐园建设《星动好声音狂想秀》演艺品牌，它是基于音乐综艺演化而成的演艺秀，有着独立全新的演出形式，区别于传统舞台剧的单调，脱离综艺舞台的限制，将《中国好声音》《中国新歌声》的音乐主题元素分别融入演艺秀中，结合音乐歌唱演艺，通过高科技的声光电的技术，将音乐与影像、数字水幕的可视化效果相结合，3D全息影像建设一场美轮美奂的视觉盛宴，开创跨越综艺的"剧场2.0"时代，给旅游者带来主题体验式的全新感受及互动。

3. 乌镇国际互联网娱乐论坛大会

乌镇国际互联网娱乐论坛大会的成立及落户，标志着中国娱乐产业更具有互联网精神，是未来发展的必然选择，将引领中国影视、音乐、动漫、时尚等多方产业的共赢。激发娱乐创新思维，联结国内外娱乐产业链，分析娱乐产业环境，深入探讨娱乐产业的发展趋势，聚焦影视产业发展方向，扶持娱乐产业中有才华的新人，提升中国娱乐产业影视作品的品质。乌镇国际互联网娱乐颁奖盛典有中国最具国民互联网意识的奖项，涉及电影、电视、音乐、综艺、时尚等全娱乐领域，成就了国内外最高水平的顶级娱乐盛典。

第五章 "文化创意+"目的地

　　大众旅游和全域旅游时代的到来，使旅游目的地环境成为旅游者接触最广、感知最直接、体验最深刻的要素，也成为目的地最重要的吸引力之一。全域旅游发展观认为，"目的地环境就是旅游资源，目的地环境就是旅游产品，目的地环境将成为未来旅游核心吸引力和竞争力之一"。从宏观的视角来看，文化创意与旅游的融合就是与整个目的地的融合，这是文化创意在旅游目的地的宏大叙事，甚至可以说是文化旅游创意写在天地间，为旅游者营造一种优质的旅游公共文化艺术环境。

第一节　目的地品牌创意

旅游目的地品牌是旅游目的地进行对外宣传的形象代表，是影响旅游者消费决策的重要因素，一般来说，很多旅游者在进行旅游决策中会把旅游目的地决策放在首位，其次才是旅游产品。从供给的角度来看，旅游目的地品牌是目的地对自身各种要素资源的高度提炼后进行抽象，并整合理念要素进行有选择性地传播，是旅游目的地传递给旅游者的最精华的信息，从而使旅游者形成对目的地最直观的综合性感知。旅游目的地品牌也是公众识别目的地的主要方式，使旅游目的地在信息的汪洋大海中能够被旅游者识别和认同。从旅游者的角度来看，旅游目的地品牌是旅游者对一个旅游目的地的信任、感受与印象的总和，是旅游者对目的地的综合认知和总体评价。旅游目的地品牌可分为直接感知品牌和间接感知品牌两大类。直接感知品牌是旅游者进行实地旅游，获取的最直接的体验和感受，也称实地感知品牌。也就是旅游者在旅游目的地的所见、所闻、所知、所感，集中在一起就是旅游者对该旅游目的地的直接感知品牌。

一、品牌主题创意

旅游目的地主题创意需具有独特性、沟通性和功能性，从而延长品牌生命周期，让旅游目的地在较长时间内获取市场领先地位或垄断地位。

1. 文化独特性

旅游目的地品牌定位应紧扣目的地旅游资源中最具独特性的要素，通过文化创意提炼出独一无二、言简意赅的旅游目的地文化创意品牌，应具有鲜明、独特、积极的特性，能够给旅游者留下深刻的印象。比如"昆明天天是春天""风花雪月大理"等，均反映了昆明独特的春城文化和大理诗意栖居的唯美意境。

2. 情感沟通性

旅游目的地品牌的沟通性是指品牌与旅游者之间具有情感交流与对话的功能，很容易和较为自然地被受众的理解、认同与传播。品牌创意一定要依据目的地文化与自然资源的核心要素进行挖掘，以便能获取与广大受众的良好沟通性。比如"九寨沟——累了、给自己一个心灵的栖息地""天山天池——蟠桃熟了，我在天池等你""西溪湿地——留下西溪只为你""清明上河园——给我一天，还你千年"。因此，好的旅游目的地品牌是一种"有声品牌"，似乎能够与受众对话。

3. 旅游功能性

旅游目的地品牌创意不仅仅是一个抽象的概念，还应该向市场传播目的地的核心功能与价值，让旅游者十分清楚目的地能够为其实现何种功能，在出行之前便形成明确的心理预期。比如，旅游目的地是观光型、休闲度假型还是娱乐型。旅游目的地品牌的功能表达可以是直接表达出来，比如三亚的"度假天堂"，香港的"购物天堂"，都江堰的"拜水都江堰，问道青城山"；也可以是通过间接和内在的方式表达出来，比如"天津盘山——早知有盘山，何必下江南""喀纳斯——天堂很远，喀纳斯很近"中隐含的是一种观光功能。

二、品牌理念创意

目的地的品牌理念创意就是对目的地资源和环境的分析，运用文化创意的手段提炼出目的地的旅游价值观和旅游发展观，它将主导旅游目的地旅居文化发展的方向，培育旅游目的地的文化亲和力，提高旅游者的品牌忠诚度。旅游目的地品牌理念必须具备先进性、本土化、时代性的特征，能够涵盖和体现目的地旅居生活价值观和核心文化内涵。

1. 先进性

品牌理念是旅游目的地所主张的旅游发展理念和思想，对社会进步和文化发展具有先进性和引领性，能够代表旅居社会，甚至是整个社会先进的社会生活理念、生态环保理念和精神文化理念，并能够被旅游者理解、认同和追随，从而激发旅游者游览和旅居的欲望。比如交友之城丽江、凤凰古城等，其实主张的是一种友情的目的地品牌理念。这也意味着品牌理念不能是腐朽的和低俗的，不能与社会主义核心价值观和道德伦理相违背。

2. 本土化

旅游目的地品牌理念应与当地社会环境和自然环境相一致的文化和地域特征，即本土化特征。旅游目的地品牌理念的本土化指的是品牌理念的设计和塑造应基于地方文化基因，植根于本土文化和自然环境，把目的地文化中积极的先进的社会的、生态的和文化的理念转化品牌理念。因此，成功的旅游目的地理念将会与所在地区的社会环境充分融合，甚至成为所在地的精神文化标志。

3. 时代性

旅游目的地品牌理念的时代性是指它需要符合时代的特征和需求，不能满足现代人需求的品牌理念所引导生产的旅游产品将不会被消费者接受，而过于超前的理念所引导生产的旅游产品不会被大众旅游市场所接纳，也不会有生命力。因此，品牌理念首先是要满足现代人价值观、人生观和世界观，可以适当超前但不宜过度超前。

案例链接：品牌理念创意——首善之城北京

首善之城本身的意思是最好的地方，也指首都。而北京是中国的首都，因此将北京称为首善之城，明清时期，北京宣武门附近还有一家首善书院。首善者，第一善也，上上善也。这个美妙的词汇，出自《汉书·儒林传序》："故教化之行也，建首善自京师始。"这是说，要教化全国，必自京师开始，京师应当是第一好的地方，上上好的地方，应为天下各地之楷范。这是古人的一个重要的教化思想。《汉书》的这句话后来成了千古名言。

北京作为祖国的心脏，国家历史文化名城，拥有最多的世界文化遗产，占尽天时地利人和，紫禁城、长城、国家博物馆等数之不尽名胜古迹的天下闻名。中国城市之"最"中该有的都有，如"首善之城""魅力城市""文化休闲之都"。

北京是全球拥有世界遗产（7处）最多的城市，是全球首个拥有世界地质公园的首都城市。北京对外开放的旅游景点达200多处，有世界上最大的皇宫紫禁城、祭天神庙天坛、皇家园林北海公园、颐和园和圆明园，还有八达岭长城、慕田峪长城以及世界上最大的四合院恭王府等名胜古迹。北京市共有文物古迹7309项,99处全国重点文物保护单位(含长城和京杭大运河的北京段)、326处市级文物保护单位、5处国家地质公园、15处国家森林公园。

北京是唯一入选世界15大购物之都的内地城市,拥有百余家大中型购物商场。王府井大街、前门大栅栏、西单商业街是北京的传统商业区;国贸商城、东方新天地、中关村广场则是北京的新兴商业街。琉璃厂或潘家园的古玩城拥有各类古玩。秀水街和雅秀服装批发市场销售各类服装。景泰蓝、玉器、丝绸刺绣等历史悠久;民间手工艺品,如泥人、京剧脸谱、风筝、剪纸等物美价廉,都可以作为馈赠亲友的礼品。

截至2017年,北京市与72个国家的124个首都和大城市有友好往来关系,其中已与55个城市建立了友好关系。在读的外国留学生29452人。北京现有外国驻华大使馆137个,国际组织和地区代表机构17个,外国新闻机构190个。在北京设立的国外驻京代表机构已超过7000家,全球最大500家跨国公司已有185家来京投资。外国留学生17000多人。

三、品牌行为创意

行为创意是品牌建设的重要支柱,旅游目的地的行为创意是对旅游目的地的旅游组织接待、管理、营销、宣传等目的地旅游行为进行文化创意加工,建立目的地行为与目的地品牌之间的钩稽关系,从行为的角度强化目的地品牌。旅游组织接待行为的品牌创意包括对目的地旅游接待礼仪、目的地主题歌曲、迎宾曲、祝酒词、民族舞蹈、旅游节庆活动等各个环节进行文化创意。旅游目的地管理的文化创意包括员工服饰、企业文化等环节进行注入品牌创意元素。营销宣传则包括对旅游形象、旅游品牌店、旅游网点等进行文化创意。

> **案例链接:乡村创意节庆活动**
>
> 为了庆祝丰收,一些国外的乡村会举办有创意的节庆活动,如波兰丰收节、法国柠檬节、墨西哥红萝卜节等,通过这些节庆活动也为目的地引来了大量的旅游者,带动了当地的旅游发展。

（1）波兰丰收节。波兰的农民们在每年9月中旬的星期日举行一年一度的"丰收节"。丰收节又是丰收感恩节，原来是个宗教感恩性质的节日，是农民们在每年秋收结束后，为表达感恩之情而举行的庆祝活动，希望来年有更好的收成。丰收节当天除了"丰收节"的仪式，还会有波兰民间歌舞团的演出、农机设备的展示、各种农产品的推介，以及与农村传统有关的竞赛。在当天的仪式上，县长和乡长会与来宾们分享用新收获的麦子做成的面包。各乡的农民也都会穿上代表民族的服饰，展示用谷物、面包、水果、蔬菜、野花精心制作的花篮。随着时间的推移，"丰收节"已组建演变成一个展示丰收成果、分享喜悦的民间节日。

（2）法国柠檬节。每年2月，法国东南的芒顿小镇为庆祝柠檬的丰收会举办盛大的柠檬节。在柠檬节举办当天，整齐的街心公园里到处是种植户们自家参加柠檬节的柠檬，和拉来柑橘一起，用万千只新鲜柠檬和柑橘非常有技巧地扎成一座座巨大而绝妙的雕塑，有动物、有器皿、有城堡、有教堂……芒顿人的想象力和创造力在这一时刻得到了淋漓尽致的发挥，巨大的柠檬雕塑让人叹为观止。下午3点，法国人最喜爱的花车游行准时开始。在芒顿柠檬节上，花车上没有一朵花，有的是一车金灿灿的柠檬扎成的雕塑。花车队伍中还会有美女们伴舞，人们也会随着大跳桑巴舞。几乎每天下午都会有铜管乐队在大街小巷进行演奏。在狂欢间隙，小镇还为海外的旅游者准备了介绍特产柠檬的展览。芒顿的柠檬节吸引了众多观光旅游者，让一个原本并不起眼的小镇变成如今南法最值得一游的小镇，极大的带动了蒙顿地区的旅游发展。

（3）墨西哥红萝卜节。每年12月红萝卜收获的时候，墨西哥的手工艺人都会在瓦哈卡广场上展示他们的雕刻技艺，久而久之，就成为墨西哥著名的"红萝卜节"。每年12月23日举办红萝卜节，在节日前3天，手工艺人们就要开始准备。雕刻者们需要挑选一个合适的萝卜，独自构思，独自雕刻，最后成为动物、人像、建筑、神灵等形象，等到圣诞节当天会放在瓦哈卡广场上进行展览，由观众选出获胜作品。每年的"红萝卜节"都能吸引到几百位手工艺人来参加，作品不能使用其他装饰物，只能依靠一些木棍支撑，保持原汁原味。这些雕刻做工精细，栩栩如生，特别是一些基督教和鬼节神灵雕塑，庄严而又神圣，丝毫看不出是用一只萝卜雕出的。

（4）俄罗斯黄瓜节。自12世纪黄瓜从印度被引进俄罗斯，苏兹达尔就成为俄罗斯最大的黄瓜出产地。苏兹达尔人民世代以种植黄瓜为生，黄瓜是他们文化和生活的一部分，是他们的"守护精灵"，因此，每年黄瓜大收获的季节，都会举办美味的"黄瓜节"。俄罗斯苏兹达尔的黄瓜节国际闻名，在每年的7月20日举行，吸引了众多来自芬兰、波兰、日本、墨西哥、瑞典的旅游者，大家专门来到苏兹达尔，品尝这独一无二的黄瓜盛宴。这一天，旅游者们将能品尝到苏兹达尔当地各式各样做法的黄瓜，咸的、甜的、腌制的、填馅儿的、淋奶油的，甚至还有机会品尝到黄瓜做的饮料、馅饼、冰糕和果酱。

四、品牌视觉创意

旅游视觉创意是指旅游目的地从视觉的角度运用文化创意手段对旅游目的地内所有能为旅游者直接接触和直观感知的要素进行创意加工。比如品牌的名称、文字、符号、标识、代表性景观，以及旅游纪念品等多层面的物质及非物质要素。视觉创意可以形成目的地主题氛围，应从多层面、多角度进行创意拓展。旅游目的地名称是旅游者辨别旅游目的地的第一要素，而旅游目的地的标志则是图形化的旅游目的地名称，二者都浓缩了旅游目的地的精华，具有极其重要的视觉识别作用。

（一）旅游目的地视觉创意原则
1. 具体性与抽象性结合

旅游目的地的视觉创意主要是对目的地名称和目的地标志的文化创意加工与传播。在高度集中和发达的旅游信息环境中，我们的大脑会自动地接收和处理大量的信息。而人类大脑的认知规律是由浅至深，最易于被人们理解、记忆和传播的是具体、形象、直观的信息。因此，视觉创意的第一个要求是目的地地名、口号和标志等视觉元素应该具体、形象和直观。但是一个旅游目的地的视觉形象的所有内涵和特色的表达完全一览无余，也会导致旅游者失去亲身体验和感受的兴趣，从而丧失旅游的动机。因此，除反映旅游目的地的具体特点和内涵等基本要求外，还应该具有一定的抽象性，留给旅游者遐想的空间和旅游的冲动，形成"欲知后事如何，还得亲自前往"的消费心理效应。这一效应可以通过留白的手段来实现，留白是中国艺术作品创作中为使整个艺术作品画面、章法更为协调精美而有意留下相应的空白，留有想象的空间，极具中国美学特征。留白会给受众留下想象和延展的空间，吸引旅游者去亲身感受和验证。总之，旅游目的地视觉的文化创意应该在具体性与抽象性之间寻求一种艺术的平衡。

2. 文化性和艺术性

目的地视觉文化创意的主要创意对象是目的地的文化，这种文化应是目的地的典型代表，同时能够包容、兼容或统领目的地其他文化形态。目的地视觉文化创意呈现给旅游者的是旅游形象，因此它带有广告功能和价值，源于地方文化，又高于地方文化，是对地方文化的高度抽象与凝练，但其文化创意也要防止过度浮夸，言过其实。文化性的呈现需要艺术化的表达。人们的审美规律决定了当目的地视觉形象具有艺术加工、艺术氛围和艺术气息的时候，人们就能够感受其中的文化内涵，受到文化熏陶和文化知识的学习。因此，旅游目的地视觉创意应该具有一定的艺术性和文化性，营造旅游目的地整体文化艺术氛围，从而使受众产生对该目的地旅游内容的期望和兴趣。

3. 独特性与排他性

旅游目的地视觉创意的目的是能够在旅游市场上被旅游者识别，留下美好而深刻的印象，从而区隔于其他旅游目的地并被旅游者所选择。由于旅游目的地名称和标志的识别作用，因此，在要素提取和设计以及图形的表现上要与其他目的地不同。也就是说，要与其他旅游目的地的名称和标志在形式上有所区别，使旅游者一看到就能轻易建立名称和标志与旅游目的地之间的——对应关系，强化目的地品牌。

（二）旅游目的地名称

为了便于旅游目的地的听觉和视觉传播，很多旅游目的地都会根据自己的优势重新为其命名。比如黄山是由徽州改名而来，香格里拉是由迪庆改名而来，等等。但目的地改名需要慎重，需通过专家论证，否则会弄巧成拙，失去了原有的文化内涵和地方韵味。旅游目的地的命名主要有三种方式，一是优势资源命名法，比如黄山、黄果树瀑布；二是旅游者心理期望命名法，比如，香格里拉、世外桃源等均是根据旅游者对美好生活的向往来命名的；三是旅游市场主流需求命名法，比如通过公开向社会征集旅游目的地名称。

（三）旅游目的地标识设计

旅游目的地都非常注重品牌标识，但真正能够对游客产生冲击力的不多，大多随着激烈的市场竞争而昙花一现，泯然于众人。成功的主题性标识不仅能为旅游目的地的环境增添光彩，还能提升一个区域的整体环境质量。标识既是一种标牌、门牌和旅游标识系统的平面艺术，也在视觉信息与旅游者之间的关系、旅游者与环境的交流、目的地精神与空间融合中起着重要的沟通与媒介作用，使得目的地与旅游者之间具有了某种对话的功能。标识高度萃取并浓缩了旅游目的地环境、建筑风貌、民族服饰等的特征，以及能被旅游者接纳和认同的情感观、价值观和世界观，让旅游者与目的地之间产生精神和文化上的共鸣，满足旅游者审美、文化、精神和旅游等多重需求。

旅游目的地标识的文化创意设计要求具有个性化和排他性，即目的地标识在设计和设置上要扎根本土文化，形成与众不同的特征。标识从外部视觉来看，是将文字、色彩、图形、影像等信息视觉符号综合利用多种素材和创意手段抽象成一个具体的图形符号或创意物件上，蕴含了目的地的精神力量、文化文明、民族情感和旅游价值观，表达了目的地的主题、文化特色和地域个性。

（四）目的地视觉节点设计

目的地品牌的形成除了地名和标识这种整体性的视觉符号之外，还需要对旅游目的地主要入口、主要通道、旅游集散中心、旅游廊道和旅游住宿区等视觉节点进行一体化创意设计。这些视觉节点除了具备基本的旅游导览、服务等基础功能之外，还具备展示、审美、氛围营造和形象塑造的功能。因此，文化创意视角下，旅游目的地入口、通道、集散地、旅游点等的设计需要服从总体标识所蕴含的生活价值观和旅游价值观，并从不同视角展示目的地主题、目的地精神和目的地文化。

1. 旅游生产线

旅游目的地主要入口、主要通道、旅游集散中心、旅游廊道和旅游住宿区等是一个旅游目的地的"旅游生产线"，游客游历这些区域之后会形成不同节点的视觉印象，并最终形成对整个旅游目的地的视觉流，这是构成旅游者体验流的决定性因素。因此，视觉的文化创意需要全流程贯彻，才能全方位支撑旅游目的地的品牌形象。

2. 展呈属性

旅游目的地入口、通道、集散地、旅游点等是旅游目的地的印象区，具有展示旅游目的地文化的属性。旅游目的地入口、通道、集散地、旅游点等设计的本身就反映着旅游目的地的精神和价值主张，它是展示目的地意愿和理念的重要载体。因此，旅游目的地入口、通道、集散地、旅游点等的设计不应该只具有基本的导览、服务功能，还应该展示出目的地文化，显示目的地风情，塑造目的地的整体文化氛围和好客环境。

3. 环境审美属性

作为视觉识别系统的一部分，旅游目的地入口、通道、集散地、旅游点等的设计必须具备美感。而美感源自于视觉节点本身以及其所关联的景观和所关联文化所形成的内在的文化美感。视觉节点的美感设计应强化和突出旅游目的地的主题文化和地域特色。其次，视觉节点的美感设计还应该注重色彩协调和材质搭配，以与周围的不同景观相协调与呼应。第三，根据审美和功能需要改变视觉节点形状。比如设置观景台、建造桥梁、增设驿站等。在视觉节点中游览是一种动态审美的过程，通过视觉节点的空间变化、形态的变化、关联景观的变化以及配套设施的变化，使不动的景观变得具有动态美。

4. 迎宾好客功能

视觉节点其本质是游客视觉所及以及主要停留的区域，每一个节点从视觉上营造"顾客至上""宾至如归"的氛围，整体上形成一种全域好客的人文氛围。比如把目的地入口建设成为旅游迎宾区，把旅游道路建设成为旅游廊道，把住宿区建设成为游客的家园，并通过一些交互式的好客标语、标牌和标识，甚至人为创意设计的好客活动与旅游者进行互动。对目的地窗口服务人员进行好客形象设计和好客服务培训。

案例链接：陕西平利县打造旅游迎宾区

陕西平利县依托平利的四个主入口建设四个平利门户迎宾导游区，一是有利于政府接送客人；二是对于团队游客在门户迎宾区举行迎宾仪式；三是对于自驾车旅游者提供咨询服务。全县建设三个旅游迎宾区。在S308的东入口（平利县与竹溪县的交界）建设一个"朝秦暮楚"景观作为入口处标志性建筑，并开辟为自驾车旅游咨询点。在S207的西入口（平利县与岚皋县的交界）打造山水照壁，根据岩壁的形状雕刻一幅八仙过海的图案，对路边的房屋进行外立面改造，营造从岸边长出来的意境，开辟为自驾车旅游咨询点。在S207的东入口（平利县与镇坪县的交界）增加徽派建筑风格的标示牌。

第二节 旅游公共艺术空间

公共艺术（Public Art）是一个外来词，是公众共同介入的、在公开场合下展示的艺术。公共艺术的最大特点是公众的广泛参与，它以交流和共享为前提，直接面对公众，为大众服务，呈现出开放、民主、自由的特点。[①] 公共艺术的内容包括环境艺术、景观艺术、城市雕塑艺术、博物馆艺术等，也包括行为艺术、大地艺术和观念艺术等前卫的试验性艺术。其表现方式不仅仅是壁画、装置、雕塑、戏剧、电影、舞蹈、演艺等视听方式，它的表达还可以有形、有意、有空间、有载体等。公共艺术早期主要在美术和视觉造型艺术领域内使用，全称"公共造型艺术"。后来主要应用于城市空间，城市公共艺术已经成为公共艺术应用的热点领域。旅游公共艺术在全域旅游的发展中逐渐被人们重视，并成为传统景点之外的重要旅游吸引物。

一、旅游公共艺术空间的概念

公共艺术空间作为公共艺术的载体，具有明确的时代感，体现出一个时代的公众艺术审美价值，具有显著的时效性。城市公共艺术空间中，无论是城市广场、景观大道、城市雕塑、城市家居还是城市标志性建筑，都代表了城市的某种文化或历史符号，是城市历史文化积淀的结果。城市公共艺术空间集中反映了城市的个性风貌，塑造和强化了城市特色，是城市独特价值的商标和载体。比如，"自由女神"铜像是美国纽约的第一标志，不仅是举世闻名的艺术瑰宝，而且是纽约甚

---

① 马勇，舒伯阳. 区域旅游规划：理论方法案例 [M]. 天津：南开大学出版社，1999.

至是美国的象征，因为她体现了美国立国的自由精神。[①]

正是在大众时代性的影响下，城市、旅游、艺术、公众、艺术家等紧密地联系在一起，推动着旅游公共艺术的形成和发展。旅游公共艺术空间是指通过富有感染力、具有丰富内涵、大众喜闻乐见的表现形式，把公共艺术通过文化创意的方式运用到旅游过程中所涉及的公共空间。即在旅游人流集中的城市文旅空间、游客中心、旅游集散广场、旅游者广场、旅游厕所、旅游停车场、旅游景观廊道等公共空间进行文化旅游创意设计，使得旅游的公共空间艺术化，从而提高目的地的旅游吸引力，提升旅游者的旅居生活品质和品位。理论上，城市公共艺术都可以包含在旅游公共艺术空间之中，完美而富有创意的旅游公共艺术空间能令人赏心悦目，还能与周围的风景融为一体，给旅游风景起到锦上添花的效果与魅力，能提升旅游目的地的档次和品位，甚至让人联想到目的地所在国的国家形象。

针对旅游公共艺术空间环境的设计与营造，应该注意三点，一是旅游功能与艺术审美相结合、相协调；二是注重文化性和地域性，以人文景观和地域风貌为载体，深度挖掘地方文化，营造各种旅游公共艺术空间，展示出地方文化的魅力和地域个性；三是注重满足旅游者精神、文化、审美和自我发展与实现等旅游需求，通过旅游公共艺术空间降低艺术消费门槛，使普通旅游者有能力分享艺术、亲近艺术和感受艺术，并从中体验到艺术化的生活状态所带来的愉悦，增强旅游的吸引力和感染力，提升旅游公共艺术空间的魅力。

案例链接：修武县"全域美学"引领旅游公共艺术空间建设

修武县围绕"全域美学"的旅游公共艺术空间营造理念，提出和确立了通过"美学+"来实现由景点美到全域美的创新发展思路，围绕全产业覆盖、全链条延伸，积极引导相关产业借力美学向旅游融合，把全域美学融入全域旅游创建的各个方面，高标一流开展创建，推动县域经济高质量发展。在景区发展中提倡美学升级、体验升级，提高产品核心竞争力。在产业融合中推动符合美学的大项目、好项目建设，增加全域旅游新亮点。在城市建设中注重美学符号，让每一座建筑都能成为独有

---

① 马钦忠.公共艺术基本理论［M］.天津：天津大学出版社，2008.

> 的地域标志和文化符号，让城市宜居宜游。在乡村革新中注重美学体验，以"云宿"发展打造修武旅游民宿品牌，"最美修武民宿"成为修武旅游新名片。在服务管理中强调美学体验，打造最细腻的智慧旅游和公共服务平台，让服务成为修武旅游发展的"软实力"。

二、旅游公共艺术空间价值分析

（一）审美价值

公共艺术中的"艺术"属性使其具有了审美价值，由于旅游的本质是一种审美活动，因此旅游公共艺术空间会对其审美属性提出更高的要求。旅游公共艺术空间的营造会整体提高旅游目的地形象的"美誉度"。旅游目的地形象是旅游者对某一旅游目的地的总体认识和评价，是对区域内在和外在精神文化价值进行提升的结果。而旅游公共艺术的"美"一旦作用到旅游环境空间中，将赋予旅游公共空间重要的文化价值内涵，深化旅游空间的文化主题，提升旅游目的地的品牌形象。比如在徐州汉文化景区中，汉文化广场的入口广场、司南、两汉大事年表、历史文化展廊、辟雍广场等景点以及终点矗立汉高祖刘邦的铜铸雕像，构成完整的空间序列，营造了端庄大气的汉风古韵的氛围，尤其是9.9米高的刘邦铜铸雕像矗立在广场的中轴线上，成为整个广场的视觉焦点，掀起广场的景观序列高潮。此外，汉风园内的汉镜、汉印、汉画像等汉代元素的运用使得该园进一步深化了两汉文化主题，提升了整个旅游环境空间的品位。

（二）环境教育价值

公共艺术是公众的产物，公共艺术的实施是调动市民大众参与自身生活环境建设和社会公共生活的重要方式，并作为培养市民大众关注自身文化生活品质和人格素养的自我教育手段[1]。美学大师宗白华先生认为："美不但不以人的意志为转移，反过来，它还影响着、教育着、提高着生活的境界和情趣。"优秀的公共艺术能够带给人们视觉上的享受，带给人们赏心悦目、心旷神怡的精神快感和精神

---

[1] 胡璇.风景旅游区公共集散广场功能与空间形态设计研究[D].长沙：湖南大学，2012.

体验。优秀的公共艺术是艺术家们对于某一环境空间的直观的感性理解,并将这种理解映射到其作品中去,使得处于此环境的人通过公共艺术作品能在精神上与艺术家产生共鸣,从而在潜移默化中影响人们的审美,对人们的审美思维能起到引导和升华作用。旅游公共艺术空间是在特定的社会文化背景下产生的公共艺术,根植于地域文化,其形成必然受到当地的传统文化和风俗习惯的影响,凸显鲜明的地方文化特征,颂扬积极向上的价值观,对当地人们的道德观念具有导向意义。比如,汉文化景区中的汉风园是以史为鉴、以史为镜的历史廉政主题广场,分为铜镜广场、汉印广场和兴衰探源广场三个部分,分别以汉代的规矩镜、汉代五个高风亮节的历史典故和汉代历史由盛而衰的浮雕墙等为主体陈列,从浩如烟海的汉代历史资料中撷取了部分画面,从多个角度阐述了汉代历史中发人深省的故事,以此来达到与游人共勉和警示的效果。

(三) 公共服务价值

公共艺术能够提升旅游环境空间的品质,提高旅游体验质量和服务质量,在旅游空间中更好地体现以人为本的实用性价值。旅游公共艺术空间的"公共性"将其社会属性放在了首要位置,它超越了纯粹的理性或美学的涵义,突破了传统公共艺术的内容、空间和形式的框架,以多种艺术形式为载体介入到旅游公共空间中,来满足目的地游客和居民对旅游与生活的需求,体现了公共艺术在公共环境中的使用价值。在旅游环境空间中,公共艺术除了承载其装饰美化的审美价值外,还为身处其中的游人提供了更加舒适的旅游环境,为人们提供空间识别、导览和游憩等功能,均能提高游人对该空间的感知价值。比如,设置距离适当休息座椅,满足游人驻足休息恢复体力之需;相对围合的半开敞的聚合空间可以加强主客之间的沟通和交流;容易识别的交通指示给人们的户外活动带来便利;在人性化设计的理念下设计的满足各类人群需求的公共卫生空间等。

(四) 经济价值

旅游公共艺术在一定程度上促进了区域经济的发展。旅游公共艺术空间是人流集中的场所,也是旅游企业聚集、产业聚集和旅游消费聚集的空间。而旅游业有着显著的产业关联效应和乘数效应,在区域经济发展中发挥着重大的综合带动作用。[1]旅游公共艺术作为承载目的地文化、承载旅游环境空间文化的重要组成部分，能够提升目的地文化品位，营造优质的旅游空间环境，甚至直接成为旅游吸引物，从而延长旅游者的逗留时间，扩大旅游消费总量。伟大的旅游公共艺术作品将成为公共财富，并成为目的地经济发展的引擎。比如，在古根汉姆博物馆建成之前，西班牙小城毕尔巴鄂市几乎全世界没什么人知晓，如今，因古根汉姆博物馆的建成，一举成为20世纪世界最大的亮点工程之一。这个把生机性和现代工业材料有机结合起来的巨型建筑式雕塑让全世界的人们重新认识到人类对空间构成梦想的作用，仅开放一年，门票收入就占该地区GDP的0.5%。[2]

三、旅游公共艺术空间形态

旅游公共艺术空间的营造重点是对游客中心、游客集散广场、主题厕所、旅游停车场等旅游节点上的公共空间进行风貌化改造和文化创意。良好的旅游公共艺术空间设计与连接，能够让游客旅途一路都体验到"美感"和心理愉悦。

（一）游客中心

游客中心（Visitor Center）不仅是必不可少的旅游功能设施，也是旅游形象最为集中表达的场所。游客中心建设的目的是为了满足旅游服务需求，为旅客提供信息咨询、票务预订、餐饮住宿、投诉处理、旅游购物等综合性旅游服务。除具有基本的服务和管理功能外，游客中心还具有集散功能和展陈功能等公共空间职能，是一种典型的旅游公共空间形态。

游客中心公共艺术空间的设计需要对建筑风貌、空间形态和空间组合进行艺术化加工。通过合理的文化创意设计，把艺术的内容融入游客中心的建筑设计上，赋予其平面组合、空间布局以及室内空间等以文化特质，要求游客中心规划通过建筑造型、雕塑及环境的配置，体现出当地浓厚的文化内涵和文化氛围，建立起独特的文化识别特征，塑造出舒适宜人、底蕴丰富的室内外空间环境，使人们在

---

[1] 翁剑青.公共艺术的观念与取向［M］.北京：北京大学出版社，2002.
[2] 刘庆慧.公共艺术介入旅游环境空间的价值导向研究：以徐州汉文化旅游景区为例［J］.美与时代（城市版），2016（11）：85-86.

娱乐、休闲、购物中达到愉悦的目的，帮助景区与旅游者之间建立起和谐而紧密的沟通关系，传递有价值的资讯和理念。比如，汝阳游客中心的恐龙造型、尧山游客中心的莲花造型和呀诺达倒扣船的造型，不仅满足了游客中心的各种功能，同时也体现了当地特有的文化背景，具有旅游公共艺术空间的特质。

游客中心必须因地制宜，利用环境，创造环境，既为环境增色又符合自身的特点。游客中心的建筑不能只注重自身的完善，还需与所处环境有机结合，互为补充，保持和发展环境的完整特性。因此，游客中心的规划设计要以自然环境要素为源泉，进行模仿、提炼与重组。要求建筑是一种"环境建筑"，通过自觉的努力去适应客观环境的要求，把游客中心的空间与形态融入、渗透于自然环境之中，而不与之冲突对立。

构建景观元素间良好的互动关系，让它们在特定的环境中形成和谐的气氛，而不是其景观的规模与数量。游客中心的设计除了对各景观要素之间关系的处理以及其整体组合方式的有机构架，还有赖于设计者的场景意识、对人和环境因素的交互与动态协同。比如，游客中心活动空间的环境设计应处理好建筑、道路、广场、院落绿地和建筑小品之间及其与人的活动之间的交互关系。建筑空间结构的逻辑必须以人的活动为依据，形成其空间秩序和空间转换流程，通过合理的空间功能、景观逻辑结构、宜人的比例、恰当的布局、独具匠心的构思以及准确的用材和用色，做到积极造景，因势利导，尽量不动土方，不破石相，使景观与自然"有机匹配"，和谐互依。

案例链接：游客中心也可以是景区的第一个景点

游客中心是景区给旅游者提供信息、票务、咨询、讲解、休息等服务功能的专门场景。一个令人印象深刻的游客中心如一张景区的名片，深刻被旅游者铭记。

（1）日月潭游客中心。日月潭游客中心由两个"V"字形建筑轻盈的交叠在一起，个性十足的同时也充满趣味，和缓而柔美的建筑形式巧妙的融于地景之中。建筑随着山坡缓缓升起，渐渐形成一个庭院，而不是突兀产生割断环境地形联系的单一建筑。建筑之间的缝隙恰恰完美地扩大了游人观景点的选择，每一个角度都是一处风景。

(2)梅塞尔化石坑旅游者信息中心。梅塞尔化石坑旅游者信息中心的设计灵感来源于油页层岩的地质形态，建筑的整体结构随着土墙回转变幻进入坑内。高挑延展出的悬臂观景平台，让旅游者身处其中，仿佛穿梭于古老时空。步入每一个"岩层"的独特空间，将会带来传统建筑无法提供的体验。各个展示空间因主题不同而呈现不同的外观形态。除了吸引人的建筑外观，内部的设计也别具匠心，内部的装饰较为内敛温柔，给人一种舒适感。

(3)东京浅草文化旅游信息中心。在浅草的热闹街区，垂直堆叠排列的信息中心显得分外不同。有人说，这里看起来像是火柴棍搭建起来的高楼。垂直的序列结构颠覆了传统的层次关系，在高度有限的情况下实现了巨大的空气体量。屋顶偏斜，每个楼层的高度不一样，与外面的关联方式不一样，让人从视觉上觉得似乎每个楼层都是独立的，形成独特的空间感受。

(4)挪威 Troll Wall 游客中心。挪威 Troll Wall 游客中心位于挪威著名的 Troll Wall 脚下，造型简单活泼，分明的棱角融入了雄伟的山脉景观中。立面大部分被玻璃覆盖，增加了光线的进入，空间显得十分通透。同时"倒映"出壮美的山景。在雾气出现的时候，虚虚实实，真真假假，恍若仙境。

(5)丹麦 Rebild 公园游客中心。依托于北欧独特的气候环境，丹麦 Rebild 公园游客中心在满足基础功能之上，还为旅游者提供了一个便于聚会的小场地。整个结构设计都充分考虑了对森林、大自然的崇拜与赞美。游人一进入园区便会有置身森林的悠然自在之感。建筑以木材廊柱组成了格栅板，增加了室内通透度的同时也营造出朦胧的美感。随着太阳高度变幻产生的光影效果，穿插于虚实之间，更是乐趣无穷。

(6)加拿大范度森植物园游客中心。加拿大范度森植物园游客中心在设计之时就严格按照可持续发展的要求，形式和功能上都包含生态及社会意识设计。建筑本身就是一个起伏的景观，从地上升起到屋顶的室内室外空间，这些结构为种植多种植物提供了巨大场地，景观与建筑在此完美交融。俯视而看，有一种鼹鼠洞的既视感。建筑与景观之间的平衡，包含起伏的绿色屋顶，它们漂浮在堆砌的土堆和混凝土墙壁之上，这些创意来自于当地果园形象。屋顶和首层板面通过种植着植物的斜坡连接，这是一个自然生长的绿色屋顶。

（7）万科飞翔的V游客中心。在海风中，这个如同雕塑的建筑十分醒目，拥有海滨风景完美的视角，亦成为海岸线最亮丽的风景。建筑以三重"V"形长廊的三角形地面以及三个飞翔姿势的边缘来定义建筑的外形。

（8）Eggum游线旅游者服务点。Eggum游客中心位于罗弗敦群岛海边的陡峭的山巅之上，是观看"午夜太阳"的绝佳地点，每年夏天都有很多旅游者到访这个不再打鱼的渔村。

整个旅游者服务中线以当地山石堆建，巧妙地利用了现有地形上的山包。倘若没有木质的凸出的窗，你一定会以为这是玛雅人留下的遗迹。独具特色的游客中心不仅能够给旅游者提供良好的视觉享受，还能奠定景区的基调和风格，直观表达着景区的形象。景区的每一个部分都决定着整体的品质，一个好的景区如果拥有一个具有特色的服务中心，不可不谓是一件锦上添花的事情。

（二）游客集散广场

1. 游客集散广场

游客集散广场作为城市、景区或游客集散中心的门面，也是一种典型的旅游公共空间形态，这是人们进入目的地参观游览的第一站，影响了旅游者对景区或目的地的第一印象，甚至影响旅游者整个旅游活动过程中的心情和心态，也是展示所在景区或目的地旅游形象的窗口，承担着多项重要功能，其兴建和完善对景区甚至整个目的地品质和品位的提高都具有重要的影响。

2. 文化创意设计

游客集散广场的创意设计应该注重"生态化""艺术化"和"人性化"。

游客集散广场首要的是生态化，利用生态景观对集散广场进行围合，形成变化的空间，绿植要能够为游客提供绿荫，切实为游客提供生态服务，不宜为了景观而景观。避免建成"一望无际"的大操场，避免游客与景观隔离、游客与设施隔离等设计与建设倾向。

游客集散广场创意设计的最重要的一个因素是文化，游客集散广场的文化创意设计应具有区域特征、延续历史文脉、人性化、美观舒适、具有无法抗拒的独特魅力等，反映当地的传统文化特色和展现艺术美。

游客集散广场中的空间结构，广场的平面布局、轴线的组织、内部空间的形式及相互关系、与主要景区和周边环境的关系、广场空间与建筑空间的衔接和过渡等，应该符合游客行为习惯和人因工程特征，充分体现"以人为本"的设计理念，增加躲雨、避风、防晒等景观设施，把游客集散广场建设成为游客集散、休憩的场所。

游客集散广场避免追求"政绩工程"和"面子工程"，建设太多的"假、大、空"的无效游客集散广场，从而造成浪费土地、消耗资源、破坏生态的负面影响。

案例链接：全国首个机场大型"丝路主题"公共艺术空间

全国首个机场大型"丝路主题"公共艺术空间海天走廊，以海上丝绸之路为历史背景，寄望广州2000年丝绸之路文化走向世界，也让旅客360°体验广州2000多年"海上丝绸之路"的历史文化！成为国内外旅游者感知广州的第一站。海天走廊的设计是以时间为序，分为"古""今""未"三部分。

1. 海天走廊——古

乘客下飞机搭乘电梯来到负一层，就正式开启了一场"海上丝绸之路"的古代之旅。这次的展览以东西方文明的大航海为背景，依托最新的水下考古发现，还原了波澜壮阔、横跨万里的航海贸易画卷。整幅画卷围成一个亭状，需要在灯光映照下才可以显现出每一块屏风画卷上面的内容。

海上丝绸之路形成于秦汉、繁荣于唐宋、转变于明清，是2000多年来沟通中国与亚洲、非洲、欧洲国家的海上航路和经济大动脉，也是迄今所知最为古老的海上航线。广州作为世界一线城市及国际商贸中心，在"一带一路"战略下发挥着强烈的优势资源，续写着2000年丝绸之路的新篇章。

2. 海天走廊——今

今，主要是突出如今海上丝绸之路的发展，以哥德堡号船舱的设计为例。跨越着风浪的哥德堡号船舱，摇曳着呈现在眼前，它运用了海洋、天空蓝为主要设计元素，融入白云的形象，让过往的旅客通过哥德堡号看到古往今来的广州与世界之美丽。

天花板上是木纹质感的"帆"元素设计，再现万帆出海的盛况，从这里经过仿佛置身于哥德堡号上，运输之旅正在启航。两边放置着一些文物展，背景屏幕随时更换，给展品赋予一个不一样的展示情景。动态兼和的效果，大大提高了视觉观感。坐上扶手梯，也可以尽情享受两边不停变换的海天白云观展，随着电梯的一步步前进，真的很有体验感。这一部分还设计了一只哥德堡号造船，很壮观！数百年来它都是海上丝绸之路最忠实的见证。今天，站在海天长廊的哥德堡号上，看到的是古往今来的广州之美，中国之美，世界之美！这座哥德堡号造船形状，设计成可供店铺入住的样子，在未来，将在这艘船上开放便利店。甚至还原了文物在被打捞前沉在海底下的情景。

3. 海天走廊——未

未，是最具灯光色彩的一部分，由颇具现代气息和设计风格的玻璃与导光光纤构成点点繁星，在这里展望人类穿越时空、走向无限美好的未来。灯光变幻的闪烁效果，层层渐变，美轮美奂。同时走廊两侧的展示屏也有所更进，更加富有科技感的体验，更加贴近"未"的设计元素。

线上文物展示，运用科技手段增强了趣味性，它可不是简单的屏幕展示。用手触摸屏幕，可以左右慢慢转动，全方位观看文物的花纹和细节。甚至还可以放大缩小，旋转换面，层层细节都可以观看，再按重播按钮，文物又自动变回原来的样子，高科技又很有趣味，一玩就停不下来。

海天走廊的空中丝绸，呈现出海洋、天空与人类发展的壮美风景。利用不锈钢的质感呈现出丝绸的状态，时尚与传统完美碰撞，点点闪烁，呼应对面的时空隧道，寓意人类在走向更好的未来。

（三）主题旅游厕所

1. 旅游厕所

旅游厕所是衡量旅游文明的重要标志，是旅游过程中必不可少的基本要素和旅游者出行必备的生活设施，是旅游公共服务水平高低的直接体现，是衡量旅游基础设施和服务水平的重要标准，也是一个国家和地区旅游成熟程度和社会文明进步程度的重要体现。对厕所公共艺术空间进行文化创意设计，有利于树立旅游城市和地区良好的旅游文明形象。我国旅游厕所革命既是对厕所设施的革命，也是对厕所观念与文化的革命，更是对厕所艺术的革命。

2. 文化创意设计

旅游厕所作为一个地域文化展示的重要窗口，把多元文化要素融入旅游厕所建设将是旅游厕所可持续发展的重要方向，应该注重在人性化服务设施、文化创意设计、生态环保理念和新技术应用等层面的应用。

（1）文化创意。旅游厕所文化创意首先是室内装饰不仅体现在传统文化的传承和一般静态物品的展示上，而且体现在色彩、警示、怪异等后现代个性文化的设计或标志上，使其成为优秀文化的载体。台湾地区高雄十鼓桥糖文化创意园区的厕所结合旧时建筑形态和古今材料美感重新融合，配置旧墙红砖里的绿植和马桶前水池里悠游的小鱼，营造出充满闲适又颇具老台湾情怀的如厕文化，被誉为全台湾地区最美丽厕所。其次，厕所在内部标识或设施配置层面也可以与主题文化风格相一致。比如，扬州东莞老街风景区的公厕采用古色古香的装饰风格，体现了东莞历史文化旅游区的特色。希博伊根市的科勒艺术中心的厕所展现出了艺术之美。法国厕所则以埃菲尔铁塔和凯旋门的图像分别表示男性与女性。海南岛琼海市红色支队纪念公园的厕所，区别男女的标志是手持短枪的男战士与女战士图像。第三，通过细节设计和贴心提示，注重人文设计和人文情感关怀。比如，兼顾不同年龄群游客的洗手台设计，镜子、灯光、温馨提示等的基础配置。再如，日本旅游厕所有加热马桶坐垫，遮盖冲水声音效和自动冲马桶等功能，并且配备了完整的温控水龙头。第四，厕所通过文化创意设计之后，本身成为一项旅游产品，具有旅游体验功能。在体验经济时代，旅游者的消费需求日益多样化和个性化。旅游厕所应注重体验理念的融入，从感官、情感和关联等层面营造一种全面的体验文化氛围。未来，旅游厕所将发展成为集基础保障、文化娱乐、休闲、交流等服务元素于一体的综合体验平台，成为景区或目的地形象的展示窗口。比如，著名的《勇闯夺命岛》的拍摄地——旧金山恶魔岛,将原本的守卫塔改造成厕所,可以欣赏到恶魔岛的360°全方位海景。德国有一家瓦尔公司,把厕所生意研究得炉火纯青,在各个繁华地段都有他们的厕所。光是靠厕所广告的收入,每年就能获取超过几千万欧元。甚至还开发"厕所游",几乎所有来德国旅游的旅游者都会体验他们的厕所。位于新西兰首都威灵顿的"龙虾公厕",造价37.5万纽币,因为有趣的龙虾造型,带动了市区观光。第五,培育旅游厕所文化。以人为本的理念为核心,以生态理念为基础,以主题文化理念为特色,以创意理念为手段,以体验理念为导向,将旅游厕所文化全面融入旅游厕所革命建设之中。一方面可以提高旅游厕所的建设质量,另一方面可以满足旅游者多样化的文化体验。

(2)文化创意与生态科技创意相结合。旅游厕所革命不是简单地追求大投资、大规模和大建设的奢华铺张,而是在结合实际发展需要的基础上,旅游厕所的创意景观设计和精致的室内装饰是在合理利用资源、节能环保等方面,通过创意设计、文化包装等使其更注重环保、可循环和节省资源,建设节能环保的"生态厕所"。比如新西兰位于高速公路的百水公厕,外观略似原始人部落,采用回收材料如回收红砖,内部种植经济型植物等方式,成为该地区重要的旅游吸引物。澳大利亚许多公厕使用节水系统,加强资源的循环利用,也体现出先进的环保理念。日本马桶水盖设计成一个带水龙头的小水池,每次洗手后,废水直接存入水箱,以供冲水之用,充分体现了其节约用水的环保理念。其他层面的创意如欧洲弹出式公厕的设计解决了公共场景洗手间紧缺和用地紧张的问题。英国部分城市通过创意设计将废弃地铁隧道、地下通道改造成公厕,节省了城市空间,实现了废物利用。

> **案例链接:文化科技创意与旅游厕所**
>
> 苏州大阳山国家森林公园建成全球首座3D打印厕所,整个厕所通过3D打印技术将复杂的传统建筑工序变成运用数字模型文件为基础的现代科技技术,不仅有效地提升了建筑效率、缩短了建筑工期、节省了成本,且通过使用绿色环保材料展示出大阳山"一片森林、一种生活"的品牌理念。苏州还把负压技术运用于环古城河厕所改造中,设置类似于烟道的风管,将室内臭气循环至除臭设备中,经负离子净化后,将干净无异

味的新风由系统循环至室内。

"牛首捌厕"由东南大学建筑设计研究院设计，充分展示了牛首山的东方禅意元素和景观特色，将建筑技术和艺术风格融入厕所建设，分别以"地衣""竹吟""眺望"等名字对8个风格各异的旅游厕所进行命名。"牛首捌厕"既是厕所，也是一个综合服务体，游客除了可以舒适、干净的如厕之外，还能观景、休息和补给。自牛首山文化旅游区开放运营，别具一格的"牛首捌厕"很快受到了广大游客和专业人士的关注和好评。全球性建筑网站ArchDaily、香港Gooood设计网站、国内点击率最高的建筑微信号《建筑技艺》分别给予重点介绍。"牛首捌厕"入选国际建筑设计网站"DesignCurial"评出的全球颜值最高公厕。

（四）旅游停车场

自驾车旅游已经成为主流的旅游方式，占到了旅游方式总量的80%以上，这表明大多数游客都会使用到和停驻停车场，停车场成为自驾车旅游时代的重要旅游公共空间。与社会停车场相比，旅游停车场在满足旅游停车功能之外，更加需要通过文化创意的手段附加景观游憩的功能，为游客带来更舒适、更便捷的停车体验。旅游停车场包括自驾车停车场、景区停车场、城市旅游停车场、自行车停车场等。旅游停车场的文化创意对象包括停车位、停车地面、停车标识、停车配套设施、停车空间环境等。从创意的手段来看，旅游停车场的创意包括文化科技型创意、文化生态型创意和文化体验型创意等。比如，"未来停车场"的潜在可能性获取了延展。如墨尔本尤里卡大厦3D创意地下停车场，借助颜色和单词轻松辨别方向，停车场内有相当巧妙且新颖的字母喷涂导引，看起来十分清晰，使用三维粉笔画营造了一个创意停车空间。近看时，这间车库的指示牌看起来扭曲且奇怪。然而，远观时，司机似乎是直朝着方向标记开去的。

创意自行车停车场是指对自行车的停车环境以及停车架进行文化创意，既满足停车需求，也满足审美、娱乐等额外的超预期需求。自行车停车场的文化创意有三种类型，一是景观型文化创意，比如把自行车架做成汽车轮廓，还配上鲜艳的糖果色，不但成了自行车的保护壳，还能将凌乱的自行车整理得井然有序。而洛杉矶的自行车架以梳子为灵感，"梳理"城市中杂乱无章的自行车存放问题。二是功能型文化创意。比如把自行车停放架设计成一款倒扣过来的花朵，如果没有自行车停放，可临时充当能坐着休息的公共雕塑。三是互动型文化创意。比如，在街头的墙上钉一个三角形木质支架即可挂上自行车，并与涂鸦墙壁有了完美互动，变为街头艺术风景的一部分。

案例链接：震撼全球的 8 大创意停车场

（1）德国汽车塔。透过德国沃尔夫斯堡汽车塔的两幢 20 层楼高的全玻璃镶嵌的钢结构，可以清晰地看到其内部结构。建筑的上下左右都被一格一格地隔断，汽车宛如模型玩具一般整齐地摆放在塔中。在这个巨大的车库里，汽车被举起并放置在一个 20 层的矩阵中，通过 SWIFT 机器人搬运汽车。平均每天可传送 600 辆汽车，如果幸运的话，可以在一个安全的玻璃立方体中观察在这个塔里的存取车过程。

（2）查尔斯街的停车场。看过去密密麻麻的这座建筑，可不是什么商场。这座位于谢菲尔德的停车场，由于其抢眼及非比寻常的金属外观还获得了 Cheesegrater 英国皇家建筑师协会约克郡奖。这是由建筑师 Allies 和 Morrison 共同设计的。

（3）游廊停车场。为解决通往鹿特丹费耶诺德体育场狭长地带的停车问题，Paul de Ruiter 建筑事务所设计了这座停车场。这是鹿特丹游廊停车场的外部景象，该建筑的组织结构分为 9 层空间，并且地上和地下各有 4 层。汽车沿着梯形平面的中间倾斜车道，围绕中心盘旋上升或下降。停车空间沿外墙、中心的开敞空间和倾斜车道布置。

（4）美国迈阿密林肯大道 111 号。该停车场曾荣获过很多设计大奖，在迈阿密的海滩地区，这座由全球知名建筑师事务所设计的停车场完全颠覆了以往停车场的形式，汽车形状的外形仿佛一座巨大的阁楼公寓，房顶高得夸张而且四周没有围墙，完全享受 360° 观景效果。林肯路 111 号被设计为停车场和多用途空间,其也常被称为"纸牌搭建的房子"。从这里人们还可以看到南部海滩的全景图。

（5）伯明翰千禧点。这座立体结构建筑价值 11400 万英镑，并且到了晚上会在夜空中闪烁着耀眼的蓝色光芒。位于谢菲尔德，查尔斯街的停车场有着棱角分明的金属外观，其是由建筑师 Nicholas Grimshaw 与其合伙人共同设计建造。

（6）美国芝加哥马里纳城市车库。一眼望过就觉得酷毙到不行，两座双胞胎塔被设计成位于市中心广场的小镇——音乐厅、零售商店、溜冰场和保龄球馆的复合体。65层的塔楼下边的三分之一是螺旋上升型的车库，每层可容纳896辆车。该车库因1979年的故事片《亡命大捕头》（The Hunter）而闻名，在这部电影里，史蒂夫·麦奎因扮演赏金猎人，在车库中上演高速汽车追逐战。在车库顶部，麦奎因追踪目标冲出了车库，跌入下面的芝加哥河。

（7）科尔多瓦停车场。这个停车场由一个百货公司改建而成，位于加拿大温哥华，改造费用为2800万美元。该建筑由建筑师Henriquez Partners Architects设计，其设计灵感部分来自于19世纪的火车站。此外，其还采用了很多老温哥华桥梁的部件。

（8）密歇根大剧院停车场。位于底特律的密歇根大剧院停车场，图中驾驶员们将汽车停放在曾经的礼堂位置，这里曾是意大利文艺复兴时期的代表性建筑。该剧院是在亨利福特最初车间基础上建造的，于1926年面向公众开放，不过，在20世纪70年代时被废弃了。幸运的是，其没有被拆毁而是改建成了停车场。

（五）旅游景观廊道

与城市公共空间不同的旅游公共空间还包括旅游风景道、旅游绿道和旅游公路等丰富的旅游景观廊道公共空间。这种公共空间是一种线性公共空间。推动线性旅游公共空间的艺术化和旅游化发展，将成为典型全域旅游产品，它具有旅游产品属性的同时，也具有公共属性，适合大众共享。旅游景观廊道的价值在于它把自然与人文景观序列化地串联融合为一个动态变化的整体，为游客提供多元的复合型的旅游体验流，而不仅仅局限于孤立的一个自然景点或某一人文景观。旅游景观廊道总体上有两种类型，一是把旅游交通干线打造成旅游景观廊道；二是把风景优美、资源富集的景观带打造成景观廊道。二者的主要区别是前者需要承担旅游交通功能，后者则更加注重旅游功能。不管是哪种类型，二者均构成了旅游者途经或停驻游览的旅游公共空间。旅游风景廊道的文化创意设计对象非常宏大，它既包括廊道两边的旅游景点和村镇，也包括服务于廊道的旅游停车场、旅游驿站、旅游购物店、旅游标识标牌等旅游设施，还包括两边的植物生态景观等。总体来讲，旅游廊道的文化创意景观包括两种，一种是移动型文化创意景观，也就是创意一些适合游客移动中欣赏的文化旅游景观或环境，适合交通干道型的旅游风景道；另一种是驻留型文化创意景观，适合风景资源型的旅游风景道。

> **案例链接：天府文化长廊里的绿道"文脉"**
>
> 天府文化长廊包括鱼凫文化、金沙文化、雪山等图案，沉淀3000年的古蜀文化正在用不一样的方式散发她的光彩。
>
> 1. 魔法彩虹石：邂逅童话故事
>
> 这组魔法石由红黄蓝绿等不同色阶组成，传说中的魔法石是有超强能量的，它能让老年人变得年轻，让年轻人充满活力，让小孩子更聪明。通过彩绘的形式将渐变色的魔法石布满绿道，让人如入魔法世界，奇幻无比。夕阳辉映在五彩魔法石上，感觉自己的心情都随之斑斓了起来。
>
> 2. 点石成金：触摸奇妙纹理
>
> 按照佛家"一花一世界，一石一如来"和儒家"石可见仁，石可见智，石可劝世"的观点，在温江绿道上，这些根据石头裂缝处理而成的"点石成金"和"顽石成景"的石头景观，远远望去闪闪发亮。
>
> 3. 度假青蛙：浓缩园林艺术
>
> 温江绿道非常注重细节创意，一草一木，一石一叶，甚至一盆小小的苔藓也能使精神充盈，园艺魅力无穷。三片树叶，三朵花，两只青蛙，辅以妙手生花的园艺，一幅闲适悠然的《青蛙度假》画卷徐徐展开。在温江北林绿道，或是骑车，或是散步，或是跑步，速度可快可慢，时间可长可短，看着绿道带来的迷人景色，下一个转角，这些隐藏在细节里的创意闯入视线里。

第三节　目的地城乡风貌

目的地城乡风貌环境是旅游公共艺术的重要领域，它是旅游目的地主题凸显、文化张扬和品牌塑造的重要途径。通过文化赋能风貌或通过艺术美化风貌，将形成旅游目的地的宏观吸引力，更加有助于全域整体营销，形成环境旅游产品和环境消费内容。

一、城乡风貌

城乡是指人民生活和生产空间、环境和人口的集合体，它涵盖了区域的自然环境和人类自身的人文环境。风貌中的"风"主要指城乡承载的一种城乡社会的非物质形态内涵，表现的是精神特质、文化内涵及城乡人文价值取向的非物质特征，是城乡的灵魂所在；而"貌"则是城乡物质形态的外延表现方式，是城乡中的物质空间，是城乡自然、社会与文化内涵的总和及综合表现。"风"以"貌"为载体，"貌"以"风"为内涵，二者相辅相成，共同表达了城乡生活的精神取向和环境特质。因此，从这个角度来看，风貌景观不仅指外部环境，还包括观看者的心理体验和视觉体验。城乡风貌就是城市和乡村地区的自然环境与人类环境的碰撞和冲击所形成的具有一定特征的景观，是自然景观、人工景观和生活景观的结合，以及给人的心理体验和景观印象。在发展城乡旅游时，应该挖掘城乡自身文化的特色，以建筑风貌塑造为重点，配套实施基础设施和景观工程，整体形成独具特色的城乡风貌景观。

二、城镇风貌

城镇是乡村旅游的集散中心和主要服务基地,是旅游者活动的重要场景,因此城乡风貌需要美观协调,特色辨识度高,富有地方文化内涵。

(一)概述

城镇风貌为城镇的面貌和格调,一般泛指城镇展示给人们的一种视觉景观和心理认知。它向人们传达了城镇的社会、经济、历史、地理、文化、生态、环境等多方面个性与特征信息,是城镇文化内涵的外在表现,也是城镇价值主张和城镇精神的载体。沙里宁曾说过:"城市建筑是一本打开的书,从中可以看到它的抱负。让我看看你的城市建筑,我就能说出这个城市居民在文化上追求的是什么"。城镇风貌具有可感知性、可辨识性和可延续性。城镇风貌包括城镇风光容貌、空间格局、建筑风貌、道路交通状况、环境卫生状况以及风土人情等(见表5-1)。

表5-1 城市风貌的构成要素一览表

城市风貌构成	物质环境风貌	自然环境	大海、高山、湖泊、河流、草原、雪山、土壤、沙漠	
		人工环境	建筑风貌	建筑形式、体量、色彩
			城市公共空间	绿地、水系、广场、景观道路及街道小品中的广告雕塑、指示牌、灯具等
			城市灯光夜景	重要景观节点、廊道和区域在不同季节、时间段所表现出来的灯光效果
	非物质环境风貌	城市历史、人文文脉、文化习俗等,各类富有地方特色的活动		

1. 城镇风貌的形成

长期以来,我国城镇风貌缺乏创意设计,在城镇发展过程中出现了特色风貌消失、城镇文化失调、城市面貌趋同等现象。城镇风貌形成的主要动力源自于当前我国"千镇一面"的城镇风貌同质化现象,需要结合地域文化特点通过创意设计的手段塑造构建各具特色的城镇。城镇风貌也是社会经济发展到一定水平的时候,人们开始从追求室内或单体建筑风貌的审美需求向对整体城镇风貌的审美需求升级,城镇居民开始对整体环境绿化、风貌美化和夜景亮化等整体性的城镇风貌有了新的需求。

2. 城镇风貌的价值

在物质增长方式趋同、资源环境压力不断加大的今天，城镇文化已成为城镇发展的动力，而城镇风貌是形成城镇文化竞争力的重要手段。城镇风貌首先是展示城镇形象和凸显城镇特色的重要标志。其次，具有地域特色的城市风貌不仅是建设城镇公共艺术空间塑造的需要，也是精神文化的象征，体现出城镇精神和艺术价值。再次，城镇风貌可以塑造城镇风情，凸显地域特色，传承城镇文化，提高城镇旅游吸引力和影响力，避免"千城一面"。最后，良好的城镇风貌能够使城镇更加"宜居、宜游、宜业"，改善城镇生活环境，提高城镇生活品质。

3. 城镇风貌的设计

凯文林奇的城市意象理论对城镇风貌设计具有框架性的作用，该理论认为，城市形态与风貌由"路径、边界、区域、节点、标志物"五个城市形体环境要素共同构成，而且要素之间的关系相辅相成，密不可分（见表5-2）。城镇风貌设计的设计路径为：首先分析城镇的地脉、文脉、人脉和水脉，明确城镇风貌的发展方向与主题，明确城镇发展定位与建筑风格，充分利用民族文化和地域文化，将独特的特色文化以及风俗习惯融于城镇风貌之中，继承历史遗留下来的宝贵文化遗产，汲取其智慧和力量。其次，在生态环境上需要与周边的环境景观资源相协调。再次，从微观的角度来看，需要梳理和挖掘影响小城镇风貌的关键要素，萃取影响小城镇风貌的核心要素，再对核心要素进行重点文化创意设计。要从生态环境、城镇色彩、道路风貌、建筑风貌、景观环境风貌、节点风貌、平面装饰和公共设施这8个层面进行创意设计。复次，重视城镇总体空间意向、空间结构、重要公共空间的组合关系以及典型空间景观要素的提炼与表达，构建清晰的、协调的空间秩序，主张"小而灵活的规划"，从追求"洪水般的剧烈变化"到"连续、逐渐、复杂和精致"的变化。重点在城镇之间、城乡之间设计好绿色景观廊道，配套道路沿线、城镇景观节点、居民小区绿色景观等的建设，形成连续、精致、系统的城镇风貌景观序列。最后，在城镇风貌改造中应体现全域化和多样性要求，用全域艺术化的方式对城镇进行绿化、美化、亮化，并突出层次性、多样性和艺术性，使城镇成为最具文化底蕴、最美丽、最适宜居住的地方，构建一个与国际接轨的、经典实用的、包含地方特色的、生态优越的、未来延伸的城镇形象。

表 5-2 城市意象五要素关系表

要素	特点	实例
路径	观察者习惯或可能顺其移动的路线。其他要素常常围绕路径布置	如街道、小巷运输线
边界	指不作道路或非路的线性要素	如河岸、铁路、围墙
区域	中等或较大的地段，这是一种二维的面状空间要素，人对其意识有一种进入"内部"的体验	城市片区、一定范围内的城市功能区
节点	城市中的战略要点，它使人有进入和离开的感觉	如道路交叉口、方向变换处、广场、城市结构的转折点
标志物	城市中的点状要素，可大可小，是人们体验外部空间的参照物，但不能进入	山丘、高大建筑物、构筑物、特殊招聘或树木、建筑物细部

案例链接：国外风貌建设实践

国外发达国家如美国、欧洲各国以及日本的城市风貌建设各具特色，但都着眼于城市风貌的内在发展要素上。在小城镇风貌建设上，国外的小城镇注重塑造小城镇不同的特点与培育自身的个性，主要侧重于小城镇形象设计和地方生态特色景观维护上，但往往也因区域、气候等的不同而存在差异，如美国、日本、德国、瑞士等国家的小城镇风貌设计都很具有代表性。

从 20 世纪初叶开始，美国的小城镇人口比重显著上升，这也是美国重视小城镇发展的结果。20 世纪 60 年代，美国推出了"示范城市"的试验计划，主要任务就是将城市人口分流到小城镇，缓解大城市人口压力，促进美国小城镇的综合发展。日本是一个尊重本国传统文化的国家，其民族特色在建筑、风俗等方面都有很好的体现，同时也非常注重发展本国的小城镇特色产业，基于此，日本的小城镇建设是在本国的历史文化积淀上发展起来的，并且注重发展本国特色，使传统文化特色得到发扬保护，并且有一套完整的小城镇风貌设计体系与实施措施。

瑞士日内瓦湖旁分布着十余座小城镇，各城镇风貌完整有序，肌理形态清晰，城镇建设布局依山傍水，建筑风格既统一又各有特色，人文与生态环境俱佳，整体构成一个既统一又丰富的特色小镇。瑞士小城镇

> 建筑与自然环境融为一体。从高处眺望，整个小城镇被大自然包裹其中，远处的建筑零星分布在自然山水之中。正所谓，自然是创造美的主体，建筑处于从属的地位，建筑的美有机融合于自然的美中，这点在小城镇设计中格外重要。
>
> 综上所述，美国、日本、瑞士等国家的小城镇风貌规划都进行得比较早，这几个国家的小城镇发展都建立在对自然生态、历史地理、民俗民情的深刻理解上，很好地落实了"以人为本"的基本理念，这些理论体系都是需要我们去认真钻研与学习的。[①]

（二）城镇地标

城镇地标是指城镇内具有"位置突出、形象突出、公共性强"的特征的建筑物或自然物，它具有强烈的视觉冲击力和精神感染力，是物质与精神的完美统一，符合时代发展潮流，是一种社会发展方向的代表，具有审美、形象代言、导航和精神寄托等多重功能。比如北京天安门、上海东方明珠塔等。当前，各大城市都比较注重城市地标的建设，但城镇地标没有得到应有的重视。

1. 地标的形成

地标的形成取决于三个要素，一是由好的文化创意所形成，并被公众认可，比如广州的小蛮腰；二是地标独特表征所形成的最高的建筑、最大规模的城市群落等，成为人们辨别城镇方位的参照物，比如北京的中国尊；三是地标内涵的文化所形成，这种文化能够在民众心里形成文化场和精神场，在一定范围内辐射和控制周围环境，成为人们对城镇记忆的象征。比如纽约自由女神、法国凯旋门、北京天坛等。

2. 地标的功能

地标对于城镇来说具有三大功能，首先，它是城镇文化的原生地。地标对城镇的影响更多地表现在其对文化的影响上，它能够改变城镇的外在面貌和城镇精神，为城镇带来精神活力。其次，是城镇时尚生活的引领区。城镇地标区是居民和游客进行各种活动优先选择的聚会地点和活动中心，能够满足人们商务、交友、聚会、娱乐等各种活动需求，而不是一个让人们"敬而远之"或"仅可远观"的

---

① 李杰铭. 小城镇风貌设计研究[D]. 合肥：合肥工业大学，2017.

孤独建筑，它应该是融合于城市之中，并能够影响城市发展进程，与时尚潮流相融合，并能引领潮流的。第三，城镇形象的窗口区。地标是城镇的标签，是城市里的一道风景线，为这个城市的形象代表和代言。

3. 地标的分类

按照城镇地标的载体与功能，可以划分为政治地标、建筑地标、商业地标、产业地标、美食地标、约会地标、怀旧地标、精神地标等。其中最为常见的是建筑地标，无论是单体建筑还是建筑群落，都可以成为地标性建筑。它作为城市中的建筑主角，兼具创新性外形和超前性与包容性的建筑功能。地标建筑承载了建筑本身的文化内涵和城市的历史文脉。

4. 地标的设计

城镇地标不管是哪种形态，或多或少都需要文化创意的手段来进行规划和设计。城镇地标的设计首先要服务于城镇的发展定位，突出"城镇旅游卖点"，形成城镇旅游主题品牌。其次是通过融入创意元素塑造地标的文化性、艺术性和独特性，形成独一无二的、具有震撼力的标志性旅游吸引物。最后，城镇地标应该情景化，通过情境化设计让居民和游客与地标场景产生交互关系，形成地标吸引力和亲和力。

案例链接：中国著名城市地标建筑

北京紫禁城。紫禁城是中国明、清两代24个皇帝的皇宫。明朝第3位皇帝朱棣在夺取帝位后，决定迁都北京，即开始营造紫禁城宫殿，至明永乐十八年（1420年）落成。依照中国古代星象学说，紫微垣（即北极星）位于中天，乃天帝所居，天人对应，是以皇帝的居所又称紫禁城。紫禁城，现称"故宫"。城南北长961米，东西宽753米，占地面积达720000平方米。有房屋980座，共计8704间。四面环有高10米的城墙和宽52米的护城河。城墙四面各设城门一座，其中南面的午门和北面的神武门现专供参观者游览出入。城内宫殿建筑布局沿中轴线向东西两侧展开。红墙黄瓦，画栋雕梁，金碧辉煌。殿宇楼台，高低错落，壮观雄伟。朝暾夕曛中，仿若人间仙境。

天安门。从天安门这座古老建筑500多年的历史轨迹中可知，天安门是中华文明悠久历史的象征，是目睹封建王朝兴衰更迭的历史见证人。

北京奥运会主体育场，俗名"鸟巢"。鸟巢的外形结构主要由巨大的门式钢架组成，共有24根桁架柱。由2001年普利茨克奖获得者赫尔佐格、德梅隆与中国建筑师李兴刚等合作完成的巨型体育场设计，形态如同孕育生命的"巢"，它更像一个摇篮，寄托着人类对未来的希望。

国家体育场。建筑顶面呈鞍形，长轴为332.3米，短轴为296.4米，最高点高度为68.5米，最低点高度为42.8米。

国家游泳中心，又被称为"水立方"（Water Cube）。位于北京奥林匹克公园内，是北京为2008年夏季奥运会修建的主游泳馆，也是2008年北京奥运标志性建筑物之一。2008年奥运会期间，国家游泳中心承担了游泳、跳水、花样游泳等比赛，可容纳观众座席17000座，其中永久观众座席为6000座，奥运会期间增设临时性座位11000个（赛后将拆除）。赛后将建成为具有国际先进水平的、集游泳、运动、健身、休闲于一体的中心。

重庆解放碑。位于民权路、民族路和邹容路交会处，它是抗战胜利和重庆解放的历史见证，还是全国唯一的一座纪念中华民族抗日战争胜利的纪念碑。

天津广播电视塔，取首尾二字，简称"天塔"，建于1991年，415.2米，耸入云天，跻世界高塔之林。天塔位于聂公桥畔，东邻紫金山路，西接浮翠龙潭。

天津之眼，即天津永乐桥摩天轮。2007年12月17日正式合拢，使气势恢宏的"天津之眼"完全"睁开"，为津城再添一景。永乐桥摩天轮的直径为110米，到达最高点时，距离地面的高度可达到120米左右，相当于35层楼的高度，能看到方圆40千米以内的景致，是名副其实的"天津之眼"。

杭州雷峰塔。原建造在雷峰上，位于杭州西湖南岸南屏山日慧峰下净慈寺前。雷峰为南屏山向北伸展的余脉，濒湖勃然隆起，林木葱郁。雷峰塔相传是吴越王为庆祝黄妃得子而建的，故初名"黄妃塔"。但民间因塔在雷峰之上，均呼之为雷峰塔。原塔共七层，重檐飞栋，窗户洞达，十分壮观。

西安钟楼。位于中国陕西西安市中心。钟楼初建于明洪武十七年（1384年），原址在今西大街广济街口，明万历十年（1582年）重修，迁建于现址。楼上原悬大钟一口，作为击钟报时用。

（三）特色街区

特色街区是城镇旅游的主要空间载体，它是指集购物、餐饮、休闲、娱乐等一种或多种功能于一体的开放式街区，一般能够反映文化特征、历史风情、社会习俗等城镇特征或特色。城镇特色街区按照不同特色可以分为历史文化特色街区、民俗风情特色街区、现代商业特色街区、休闲娱乐特色街区、风味美食特色街区等五大类。在实践中，一条特色街区往往兼具几种功能和特色，但主体功能和特色一般会比较鲜明。

1. 特色街区的形成

特色街区的形成与发展有着诸多原因。从内部原因来看，特色街区首先是城市功能划分的结果，其次是产业集聚的结果，也是市民生活集聚的结果。从外部原因来看，特色街区的发展是因为电子商务的快速发展，从而改变了消费者的购物习惯，导致一些传统的商业街衰退，唯有通过文化创意、科技创新等手段塑造街区特色，形成旅游与休闲吸引力，并供给和创新旅游与休闲产品，推动消费从个性化需求出发向体验式消费转型，再通过统筹购物、娱乐、旅游、休闲消费要素，增加建筑、设施等体验点的设计，提供全流程消费体验，引导客流从线上回归线下，达到振兴传统城市商业街或城市商圈的目标。

2. 特色街区的价值

文化与经济的关系已由"经济推动文化发展"向"文化主导经济发展"转变。未来文化业态与空间演变的规律将是"产业园区化、园区街区化、街区社区化"。特色街区在城市型旅游目的地中具有重要的地位和作用，它凝聚了城市记忆和城市文化内涵，是城市历史文化的活态展示馆，城市形象的集中展示窗口，城市旅游与休闲的主要场所，也是城市文化创意的主要阵地。将文化创意理念渗透到街区建设中，以旅游为载体将被动的文化展示转化为主动文化展演，提高文旅在街区发展中的比重，使旅游成为街区发展的推动力，打造具有文化创意特色的旅游街区，对于提升城市品质，彰显城市特色，满足人们多层次、个性化的精神与文化需求，促进城市现代服务业的发展具有重要作用。

案例链接：武汉市中南路宗教文化旅游特色街

武汉市中南路宗教文化旅游特色街，从东至西分布有小洪山、洪山、宝通寺、施洋烈士陵园、中南路商业区、长春观等，辖区内宗教文化资源最为突出，具有高度的旅游开发价值。武汉市高度重视中南路宗教文化旅游特色街区的打造与建设，把特色街区建设纳入了"十二五发展规划"之中，并以佛教圣地宝通寺和道教圣地长春观作为核心点，着重打造"中南路宗教文化旅游特色街区"。以此引领中南路生活与创业、文化与经济、传统与时尚、商贸与旅游等项目统筹协调发展，以"宗教文化创意"为牵引，立足于特色化、多元化、集约化、品牌化，以科学规划、优化布局、丰富内涵、自主创新为重点，促进中南路宗教文化旅游特色街区品牌提升和完善，培育出城市新名片、新亮点和新的旅游经济增长点，把中南路特色街区建设成为了湖北省领先、华中一流的宗教文化旅游特色街区。再如江苏无锡的北仓门蚕丝仓库旧址，有许多艺术家来此创作，其古朴厚重的建筑景观也成为旅游者向往之地。这些兼具文化创意和旅游价值的文化产业园区、遗址场馆可以通过科技手段来增强参与性和观赏性，从而成为吸引力很强的文化创意资源和旅游资源。不难看出，文化特色街区自身承载了大量可以整合的信息，包括物质与精神、现实与历史、文化与旅游，只要通过合理的开发和科学的重组，不仅可以处理好旅游资源保护和开发的关系，还可以取得良好的经济、社会和环境等综合效益。

3. 特色街区的创意设计

特色街区的设计一方面需要"注入文化、融入创意、引入科技"，另一方面需要文商旅等多业态融合发展。文化是一个街区的灵魂和精髓，通过典型文化符号的设置和展示，突出街区文化和个性，增强街区的文化内涵和特色。比如，北京烟袋斜街以烟袋文化为特色，融合了老北京剪纸工艺礼品等北京传统文化，充分展示了老北京的文化魅力。特色街区的设计与建设也要融入文化创意，在街区小品、街区公共设施、街区风貌等方面进行文化创意，设计上注重细节创意，充分考虑到"人的需求"，进而达到"以人为尺度的生产方式"和"适宜技术"。比如标志牌、垃圾桶、路灯、休闲座椅等造型设计，营造文化街区氛围，同时鼓励各类创意工作室和创意企业以更多的文化形态进入街区，集聚文化创意产业，并推动文化创意产业与街区其他商业业态融合发展。比如，温州历史文化街区在保留老字号、老工艺等基础上融入创意，对街区内老建筑进行立面和风貌改造，将其改建成文化创意庭院、陶艺工坊、创意米塑工作室等，并引进本土内外相关文化创意企业入驻，建设成为兼具传统文化特色和地方创意经济的历史文化创意街区。随着科技的发展，特色街区需要利用现代的信息技术和人工智能技术让街区变得更加的智慧而且拥有时代气息。街区的特色还需要关联产业的支撑才能行稳致远。街区文化和商业是相得益彰、相辅相成的，文化创意街区的发展要在充分保护街区历史文化底蕴和传统特色的基础上，适当引入现代商业元素，突破以"购"为主的传统业态组合。积极引入书吧、艺术展览、茶室、创意精品店等充满文化与品位的休闲业态，商铺招牌也要做得古色古香，用文化内涵提升街区的经济价值。比如杭州清河坊的业态布局，除保留区内著名的老字号外，还以招租、联营等形式引入商家经营古玩字画、旅游纪念品、工艺品、杭州及各地名土特产等符合街区历史文化氛围的项目，形成"以街引商、以街带商、以商兴旅、以旅促荣"的良性循环。

案例链接：清河坊历史文化特色街区

清河坊历史文化特色街区位于杭城南部景区吴山脚下，距西湖仅数百米，作为杭州目前唯一保存较完好的旧城区，清河坊历史街区是杭州悠久历史的一个缩影。"八百里湖山知是何年图画，十万家烟火尽归此处楼台"，明代江南才子徐渭的这副对联是对古代杭城吴山和清河坊地区繁华景象的真实描绘，而今以清河坊历史街区为中心，依托鼓楼、胡雪岩故居、胡庆余堂、南宋御街、吴山休闲文化广场、城隍阁、雷峰塔等历史古迹和景区，集观赏性、艺术性、文化性、商业性于一体，形成古文化商贸旅游特色（街）区。整个街区体现了旅游、购物、餐饮、娱乐、休闲功能，街区内著名的老字号、古玩、字画、旅游纪念品、工艺品、杭州及各地名优土特产等符合历史文化氛围的项目约200家，以其"南宋余韵、市井风情"的特有韵味成为"旅游者必到、杭州人常到"的商贸旅游特色街区，吸引了世界各界人士、国家领导人先后来访视察参观，年接待海内外游客1000余万人次。

河坊古迹区。在河坊街一期整修的基础上，按照"修旧如旧，保护古迹"的原则，对街区进行保护性开发和修复。在建筑风格上，保留清末民初的老街坊特色，历史遗留古迹被尽可能复原性保护。在商贸业态上，沿袭昔日清河坊历史文脉，充分挖掘、保护和恢复百年老店、专业特色店，形成六大特色：一是药文化特色，以胡庆余堂、方回春堂、种德堂、保和堂、中药博物馆等为代表。二是茶文化特色，以翁隆盛茶庄、太极茶道、古青茶楼等为代表。三是饮食文化特色，以状元馆、王润兴、西乐园、新丰小吃、药膳坊、万隆、景阳观等为代表。四是古玩艺术特色，荣宝斋、宝贤堂、麒麟阁、雅风堂等为代表。五是市井民俗特色，以老作坊、手工艺、吴越人家、评谈、说唱、杂耍等为代表。六是文化古迹特色，以鼓楼、胡雪岩故居、古井、老墙门等为代表。

吴山休闲区。南靠吴山天风、城隍阁，东接清河坊历史街区，西至柳浪闻莺，紧靠吴山花鸟市场、小吃城。街区盘景式绿地，贯以"灯光、小品、流水、小憩"等手法，把吴山花鸟市场与广场绿化景观、周末花市有机结合，形成了"动静结合、商艺结合、赏购结合、休娱结合"的风格和集艺术性、休闲性、文化性、娱乐性和商贸旅游为一体的吴山休闲文化广场特色区。

南宋御街区。南宋御街，是南宋都城铺设的一条主要街道。以鼓楼为中心，连接太庙遗址，南至紫阳山北，北至西湖大道，贯穿中山中路、中山南路，总长1500米。南宋临安城沿袭采用"厢坊制"，以御街为脊骨，鱼骨状联系各坊巷的格局奠定了杭州历史城区的基本空间结构。在中山路地区，这些坊巷至今仍有大量遗存，其中保存较完整的历史风貌和空间格局的街巷有二十余段，大部分集中在上城区段中山中路、清河坊一带，包括18座各级文物保护建筑和29座重点历史建筑，以清末民初的建筑为主，总建筑面积约34000平方米，保护范围约达3公顷。建筑风格以南宋盛景为主，清末民初为辅。商业业态以老字号商铺、传统食品、街居小作坊、民间工艺品、酒店、茶楼为主体，业态结构突出6字："老字、古字、小字、杂字、吃字、俗字"，形成南宋御街历史古迹商贸旅游特色区。

（四）城镇夜景

城镇夜景是城镇景观、建筑物等通过光影技术所呈现出来的夜间形象，以及利用光影技术和文化创意手段等所营造的夜间光影景观或光影表演活动。城镇夜景是城市美学在夜晚的延伸与具体体现，已经成为城镇风貌重要的组成部分，是对城镇风貌景观的重要补充和创新。

1. 城镇夜景的形成

城镇夜景的形成首先是受城镇所在的气候环境影响，气温越高的地区夜间生活和旅游的条件就越好，夜生活时间就越长。因此，总体来说我国南方的夜生活和夜景比北方要更常态化和成熟化，北方夜生活的季节性比较明显。其次，城镇夜景也依赖于城镇旅游流量，一般来说，旅游流量大的城镇对夜景的需求越大，也更愿意投入资金建设夜景。再次，城镇夜景也依赖于城镇居民的夜间休闲文化，对于热带地区的居民来说，由于白天不便于活动，夜生活成为他们的生活必需品，甚至已经上升为一种热带居民生存的需要。复次，城镇夜景是进入新的时代，城镇居民和游客消费升级的结果，照明这一基本功能已经不能满足人类多样化的需求、社会发展和商业竞争的需要，照明日渐向夜景转型升级。最后，夜景的形成受到光影技术的制约，以夜景为吸引物的夜生活和夜游，可以说是光影技术发展到一定阶段的产物。

2. 城镇夜景的作用

城镇夜景可以为居民和游客的夜间活动创造一个良好的光影环境，营造时尚的文化氛围，改善居住环境，丰富人们的夜生活，提高人们的生活质量。城市夜景也是创新旅游吸引物，建成一些品位高、质量好、与城镇文化相协调的光影景区和光影活动，充分表达城镇文化环境信息、建筑美学和生活哲学，可以营造亲和、优雅、现代、时尚的城镇夜环境格调，增加目的地空间的吸引力。城镇夜景丰富了城镇风貌的内容，更加直观有力地表现了一个城镇的旅游形象，强化了城镇旅游品牌。总之，城镇夜景可以改善和美化城镇旅居环境，让目的地亮起来、美起来、活起来和火起来，刺激城镇旅游休闲消费，对发展旅游业、繁荣城镇经济具有重要的作用。

3. 城镇夜景的设计

城镇照明工程已从单纯追求"亮度"向追求"光影艺术"的夜景工程转变，成为城镇的文化和人文风情的重要载体。城镇夜景的设计需要统筹白天与黑夜的关系，重点对城镇广场、商业文化街、旅游景观、纪念性建筑、历史建筑、文化建筑等白天的城镇建筑物和公共空间通过光影和文创手段在夜间展示出来，形成丰富多彩、层次清晰、特色鲜明的光影形象。城镇夜景的设计与建设也需要系统考虑,全局夜景与局部夜景相互呼应、相互补充和相互支撑,科学布置夜景景点的布点以及夜景点与线关系。夜景点之间的主次地位既要考虑城镇天际线的展陈,也要考虑具体夜景的设计,营造一个"统一、美丽、协调、节能"的城镇整体夜间形象系统。城镇夜景的设计应充分发挥文化创意和科技创意的双重作用,积极运用新工艺、新材料、新光源,运用高新技术,在景观、意境、技术上进行突破和创新。城镇夜景的设计还需要与时俱进,动态调适,适应旅游季节特征、反映城镇的人文特征和自然特征、民族风情特征和建筑风貌特征,实现个性化内涵与独创性表现形式的和谐统一,使其更符合当代艺术创作的总要求和社会发展总趋势,让旅游城镇夜景成为城镇形象象征之一和城镇生活的方向标。[①]

案例链接:世界三大著名夜景

中国香港维多利亚港、日本函馆和意大利那不勒斯三处夜景被誉为世界三大夜景。

1.中国香港维多利亚港夜景

中国香港素有东方之珠的称号,最著名的是维多利亚港夜景。维港两岸是香港最繁忙的中心商业区,入夜后,两岸的摩天大厦都会亮起五彩缤纷的灯光,加上大厦外墙的广告牌及附近住宅的照明灯光,构成一片美丽的夜景。2003年开始,香港旅游发展局定期举办的"幻彩咏香江灯光汇演"更被列入吉尼斯世界纪录大全。

欣赏香港夜景最佳的地方是太平山顶。太平山高554米从山顶往下俯瞰,香港岛、维多利亚港一览无遗,九龙半岛甚至遥远的新界也清晰在目。晚上,山下万家灯火,如繁星般耀眼夺目,站在山顶轻拂着微风,欣赏璀璨迷人的香港夜景,确是香港之旅最动人的一章。资料显示,有四成到访香港的旅客就是专程为了这幅"香港夜未眠"的璀璨夜景而来。

在尖沙咀也可以欣赏维多利亚港及港岛区的繁荣夜色。由天星码头至星光大道,这里是香港最美丽及舒适的海滨走廊,徐徐海风,闪闪灯

---

① 陈文渊.城市夜景观设计的意义和原则[J].福建广播电视大学学报,2008(1):71-72.

光,加上来往的船只,构成一幅美丽的动态夜景画。既大且长的霓虹招牌仍是香港特色,而弥敦道正是欣赏此景色的好地方,由尖沙咀至太子,连绵不绝、光亮的灯火仿如不夜城,即使是凌晨一时,弥敦道仍然光芒处处,路人不绝。

2. 日本函馆夜景

1859年,函馆与横滨、神户同为日本对外开放通商的口岸,因此城市内有许多教堂之类的西式建筑,而函馆山可以观看函馆夜景,欣赏万家灯火在脚下闪烁,海面映着街灯,光影随着波浪,如万道金蛇翻腾。

函馆夜景之独特在于函馆市独特的地形配上通明的灯火,有如一个缀满宝石的鞍部,加上津轻海峡的点点渔火,像黑丝绒镶着碎钻,令人流连忘返。登上函馆山最好的方式是在山脚搭10分钟一班的缆车,约5分钟即可抵达山顶的展望台,可以在室外接受函馆山风的吹拂赏夜景,也可以在室内烘着暖炉隔着玻璃欣赏。此外,在附设的山顶餐厅来顿赏夜景晚餐更浪漫。

3. 意大利那不勒斯夜景

那不勒斯又译为那波利或拿坡里,是意大利南部最大的港口城市。从海滨大道向北望,眼前是拿坡里市区佛梅罗山丘(Vomero)沿坡而建的民房,其间是大片的绿地,这是名为"乡村别墅"(Villa Comunale)的公园,处处是棕榈雕塑及喷泉,行走其间让人觉得心旷神怡。那不勒斯湾的夜景和函馆一样,游客可在卡马尔多利(Camaldoli)山上观看夜景,是欣赏日落的最佳地点。向西走到梅尔吉林纳港边,沿Petrarca街爬坡而上,拿坡里湾全景尽在眼底,更是美不胜收。

三、乡村风貌

乡村风貌指乡村特定的内涵、形态和行为综合表征,是人类与地域自然、经济、社会经过长期的发展与环境协调共生的结果[1],它不仅指乡村自然田园、

---

[1] 徐莉,周保梅,杨兰会.生态理念下的城乡规划设计分析[J].工程技术研究,2017(12):202-203.

历史遗迹、村落布局、生活场景和聚居环境等外延形象特征，还包括历史文化、乡土艺术、民俗宗教、生产生活方式等内涵形象特征。[①] 乡村风貌是最广泛、最原始的一种风貌类型，与其他事物的发展规律一样，乡村风貌的形成和社会的大环境息息相关。乡村风貌是乡村旅游的核心吸引力，乡村旅游需要通过文化创意等手段营造富于地方特点和乡土特色的风貌景观和游览环境，让旅游者"看得见山，望得见水，碰得到老乡，记得住乡愁"，从而感受乡情、品鉴乡味和体验乡境。

（一）乡村风貌构成

乡村风貌主要由物质与非物质元素构成，承载着乡村的空间演变与历史变迁（见表5-3）。从二元法的角度来看，可视的物质要素构建了乡村风貌和地域特征的有形空间，无形的非物质要素构建了乡村特有的情感氛围，形成了非物质意识无形空间。从三分法的视角来看，乡村风貌主要由乡村景观风貌、乡村历史文化风貌和乡村人文社会风貌构成。其中，乡村景观风貌研究是乡村风貌研究的基础，自然要素是乡村风貌格局的自然载体；乡村历史文化风貌是乡村风貌的文化基因；乡村人文社会风貌是乡村风貌有机更新动力，推动乡村新旧融合、有机共生，三者是乡村风貌完整的表达。乡村风貌在不断的继承更新发展过程中，往往具有强烈地域辨识性、美学性、传承性、脆弱性与迁移性的风貌特征。

表 5-3　乡村风貌元素与内容

风貌元素	风貌内容
物质元素	自然生态风貌：地形地貌、气候环境、水文特征、动植物等 田园风貌：田园格局、田园农作物、灌溉系统、劳作景观等 村镇风貌：村落、城镇、交通格局、建筑风貌、村镇天际线等
非物质元素	文化：历史文化、宗教文化等 节事活动：传统节假日活动、现代旅游活动 生活方式：社会习俗、禁忌、社会仪式、休闲习惯

---

① 陈安华，宋为，周琳.乡村风貌的城市化现象及其影响因素分析［J］.浙江工业大学学报，2017，16（1）：22-26.

（二）乡村风貌影响因素

乡村风貌的形成依托地域乡土，蕴含传统地域文化，是地域居民经过长期生产、生活对地域自然环境不断适应的结果，通过地域文脉、地脉、水脉串联，建立乡村自然生态、文化、人与时空之间的内在联系。乡村风貌影响因素主要包含乡村的物质空间与精神空间。物质空间主要指可以看得见摸得着的客观存在的实体物质，精神空间通过文化对客观物质的内涵渗透来体现，物质与精神公共作用催生了特定的人居环境风貌，同时投射出地域特有的社会意识形态。乡村风貌的形成主要受以下因素影响，一是自然因素会给乡村风貌带来基础性影响，地形地貌作为乡村风貌的承载体，同时作为山水地形背景被感知，自然生态影响人们对乡村风貌的景观的决策，气候气象影响乡村建筑的开敞度、屋顶形式、墙体结构和聚落方式；本土材料影响乡村风貌的肌理与色彩；地形地貌影响乡村交通模式及建筑组合方式及形式。二是历史文化会给乡村风貌带来潜移默化的影响。文化认同赋予乡村精神文化，对乡村风貌的空间装置及功能产生影响。经过不同文化的碰撞，最终形成了具有地域认同感的特色文化，并体现到乡村风貌的元素之中，比如，聚落空间、生活器具、手工艺品、装饰图案等。三是人文活动会给乡村风貌带来冲击性的影响。城市化因素对乡村风貌造成整体冲击，在现代快速城市化进程中一味模仿城市建设方式及建筑材料直接照搬，导致乡村风貌改变，历史文脉逐渐消失殆尽；建筑技术影响乡村风貌建筑的基本形式及空间特征，对乡村的整体风貌的形成起到一定的作用。[1]

（三）文化创意设计

城乡风貌的文化创意设计就是运用专业知识对乡村空间序列、风貌景观组织的优化，以及对乡村视觉、建筑风格形态等的控制。运用文化创意和旅游等手段把乡村文化习俗、历史文脉和人文精神呈现出来，为乡村营造出健康优美的视觉空间形象，形成"宜居、宜业、宜游"的乡村风貌环境。乡村的发展与乡村构成元素之间存在有机联系，乡村发展遵循一定的内在规律和有机秩序，对乡村中不协调的部分做出合理的调整和改造，包括对自然生态环境、空间环境、构筑物、

---

[1] 张坦.生态休闲旅游背景下山区乡村风貌提升策略研究：以张家口小五台山区域为例[D].张家口：河北建筑工程学院，2019.

基础设施等方面的更新改造和传承延续，促进乡村的可持续发展。乡村风貌也适用"有机更新"理论，"对乡村需要改造的内容和需求，采用适当规模、合理尺度，和谐处理当前与未来的过渡关系，通过规划设计，使每一片区的发展达到相对的完整，集无数乡村片区相对完整，进而促进城市整体环境改善，达到有机更新目标"。乡村风貌营造思想可以归纳为"四脉"，即地脉、水脉、文脉和人脉。四者共同构建了乡村风貌特色，代表了精神与物质。人脉和文脉相当于乡村风貌的"灵魂"，而地脉和水脉是乡村风貌的"外表"是能让人直接感知到的空间表象。四者相辅相成，彼此相融，相互促进，你中有我，我中有你，共同构建了完整的乡村风貌。通过四脉传承、改造更新、环境应对、材料创新、持久相伴等基本原则，进行新乡土建筑的创意创作，作为乡村风貌的直接呈现，形成有特色的乡村风貌。

1. 文脉与人脉的文化创意设计

"文脉"起源于语言学，意为"上下文"，"人脉"是乡村社会关系，强调"以人为本"，需对乡村生活方式、文化心理、民间习俗和传统进行尊重。乡村各种组成元素之间通过对话产生内在联系，即乡村局部与整体风貌之间的联系。以人脉和文脉为指导营造"非物质要素"风貌。通过调查分析掌握村民的生活特点，尊重生活方式、文化脉络、审美情趣、民俗特点，依托乡村独特的文脉特征激发创作灵感，提取可传承的乡村文脉片段、语汇，融入乡村风貌营造之中，协调居住者与建筑、建筑组合与乡村、乡村与文化背景之间的内在关系，让乡村风貌局部与整体形成对话，最终实现传统与创意的有机结合，形成符合时代审美和功能需求的乡村风貌。在此基础上，探索新的乡村风貌设计语言和思路，探索乡村风貌的更新依据和逻辑，实现乡村文脉与人脉的传承与创新，延续文化脉络。

2. 地脉与水脉的文化创意设计

自然环境是乡村风貌存在的物质基础，地脉和水脉要求乡村风貌适应所处的地形地貌空间环境条件，对地域环境物尽其用和趋利避害，强调"天人合一"的空间特征，营造独特的乡村风貌。在乡村风貌的营造中主张从地域自然环境考虑，尊重地域气候和地貌，顺应地形构造与地表肌理，并传承和保留地域长期固化下来的自然山水空间肌理。乡村聚落和传统民居都充分体现了地域环境的特征，比如，云南的干栏式建筑、西北的窑洞民居、江南水乡的徽派建筑等都体现了对自然环境的适应性。乡村地形特征、日照对乡村建筑的组合形态和布局间距造成影响，温度、降水影响乡村建筑的房屋封闭度和形式。比如宏村房屋屋顶形式、福建培田村屋顶形式、大梁江村屋顶形式。建筑材料和色彩要与植被种类、地质等乡村肌理相协调。结合现代构造技术和文化创意思维倡导利用乡土资源，顺应气候、地形，取其精华去其糟粕，传承与本土乡村建造材料相适应的建造技艺和传统工艺，能够更加体现出乡村风貌本土化，并使得乡村场所更具归属感和认同感。

3. 四者之间的互动关系

乡村整体风貌特征应适应乡村所在地域的价值取向、生活方式、风俗文化等，通过表达历史文化内涵来呼应地域风貌。乡村风貌在吸收文化时应是动态的、发展的，不应只从乡村历史风貌中吸取装饰符号，还应在历史风貌符合中创新发展，否则乡村风貌将局限在历史阴影下停滞不前。文脉和人脉在乡村风貌营造中更强调纵向的时间范围，注重乡村文脉的延续性、传承性及风貌元素与乡村整体风貌的内在联系；地脉和水脉更强调横向的空间范围，注重乡村风貌与地域环境的结合并突出地域特色文化符号。[1]

> **案例链接：婺源徽派乡村风貌的营造**
>
> 徽州文化是中国三大地域文化之一，徽派建筑是徽州文化的重要表征，在中国建筑史上独树一帜，并作为乡村建筑的代表成功入选世界遗产名录，徽派建筑的主要覆盖地区有黄山、衢州、金华等地区。徽派建筑在南宋时期逐渐形成，是江南地区典型建筑代表，随着后期徽商的不断繁荣发展，徽派建筑也随着徽商逐渐扩大影响地域。徽派风格建筑的优雅贯穿百年，具有独一无二的气息。在众多兴起的民俗文化村中，徽派建筑早就成为大家热衷的风格。这不仅是因为其中的极简气息，还有浓厚的文化都符合现代人对于"美"的要求。
>
> 婺源明清时代的徽式建筑几乎遍布全县各乡村。走进古村落，可以看到爬满青藤的粉墙，长着青苔的黛瓦，飞檐斗角的精巧雕刻，剥落的雕梁画栋和门楣。古村落的民居建筑群依山而建，面河而立，户连户，

---

[1] 张坦. 生态休闲旅游背景下山区乡村风貌提升策略研究：以张家口小五台山区域为例 [D]. 张家口：河北建筑工程学院，2019.

屋连屋,鳞次栉比,灰瓦叠叠,白墙片片,黑白相间,布局紧凑而典雅。门前听水响,窗外闻鸟啼。

婺源民居中的"三雕"(石雕、木雕、砖雕)是中国古建筑中的典范。不仅用材考究,做工精美,而且风格独特,造型典雅,有着深厚的文化底蕴。号称"江南第一祠"的汪口喻氏宗祠占地665平方米,其梁、柱、窗上的浅雕、深雕、浮雕、透雕、圆雕形成的各种图案达100多组,刀功细腻,工艺精湛,被中国古建筑学家誉为"艺术殿堂"。

在婺源古村落,近300米的"天街"古巷两旁徽式商铺林立,茶坊、酒肆、书场、砚庄、篦铺,古趣盎然。如今人们建造的公寓、酒楼和民舍也按县政府要求,均为清一色的明清式建筑,与古代的建筑相辉映。

(四)乡村大地艺术

大地艺术是指在景观设计中充分利用大地材料在大地上创造出的新的与大地关系紧密的艺术。设计师将大地作为景观的整体背景,然后将大自然的各种元素作为景观的构成部分,利用大自然的原始材料进行具有实践性的创作。在进行大地艺术创作期间,设计师还可以改变大地的原有特征,创造出新的景观风貌。

大地艺术是一门与自然紧密联系的艺术形式,大地艺术可以对自然地域景观进行整体改观,既能供人们观赏,又能为旅游者亲身感受提供良好的乡村旅游环境。首先,大地艺术有利于提高人们的生态保护意识。由于大地艺术与大自然的距离比较近,人们在与大自然接触期间,可以全面了解自然环境,逐渐形成生态保护的意识和理念,从而有效地促进生态环境建设。其次,大地艺术可以促进自然环境与艺术的融合,大地艺术的材料丰富多彩,可利用的材料范围比较广,因此艺术家在利用大自然材料期间,还可以将艺术创作融入自然环境,让两者有机融合,从而为大地艺术创作提供更广阔的发展空间。

田园风貌景观是典型的大地艺术,通过乡村田园风貌的创意设计与改造,创造田园艺术画,成为独特的全域型乡村旅游资源。田园风貌景观是以稻田为画布,展开丰富的想象力,通过种植不同品种的水稻,严谨、幽默地创作出各种主题的稻田。一般来说,目的地会按照年度主题设计出图案,然后根据草图,按照颜色的深浅播种不同的品种,最终呈现出一幅幅叹为观止的、稻田艺术画,极具创造力。每年都会有新的稻田画与人们见面,或许是某个动漫故事、或许是某位受欢迎的人物、或许是某个著名景点。还可结合稻田艺术开发稻田画、稻田故事主角等一系列文创商品。

案例链接：中国稻田艺术的代表作

　　杭州余杭区良渚街道大陆村边的稻田里，为喜迎G20峰会制作了宽逾百米的G20峰会LOGO和"良渚欢迎您"的卡通笑脸图；湖南常德的城头山遗址，用五色水稻绘制了一幅面积达50亩[①]的"米宝一家亲"稻田彩绘图；南京六合区油菜花盛开的季节，当地农民在油菜花田里制作巨型"龙袍"和"双龙戏珠"迷宫；湖州长兴图影湿地公园举办"稻草人嘉年华"，邀请民间艺术家将稻田收割后留下的稻草变废为宝，制作成形态各异的稻草人，如猛犸象、卡通形象叮当猫和大白等二十多种"萌物"，成功吸引了上海、杭州、南京等城市旅游者纷至沓来。云南的哈尼梯田随着四季的变化，万亩梯田竞展风姿，美如仙境。春如牧歌，春天的梯田，一派生机，春意浓，梯田边的绿树抽出新芽，翠绿的颜色酿出春天的美。夏如绿毯，可以用"满眼苍翠"来形容。秋如金山，秋天的哈尼梯田是壮观、壮阔的，夏日的翠绿蜕变成秋日的金黄，漫山遍野的，这里好似一片金色海洋。冬如明镜，冬天的梯田是四季中最美的时候了，入冬后，块块梯田如明镜镶嵌沟谷，似彩练直上云天。哈尼梯田不仅是世界文化遗产，更是全球重要的农业文化遗产，灵秀别致的小村风貌更是激活了乡村旅游的发展。

[①] 一亩=666.67平方米，下同。

第四节　旅游接待礼仪文化创意

礼仪是一个国家或民族发展和传承的行为规范及准则，往往在特定的历史条件下产生，是文化形态的重要体现。旅游礼仪是职业礼仪的组成部分。旅游业作为具有高度开放性和对外性的行业，不可避免地要进行频繁的社会人际交往，也不可避免地要形成自己独具特色的礼规。[①] 随着旅游业的迅猛发展，越来越多的人开始关注现代旅游中的礼仪问题。依托传统的地域待客礼仪文化，创意性地构建一套接待旅游者的礼仪流程，让旅游者到一个地方旅游时能获得仪式感和归属感，营造一种"宾至如归"的旅游氛围。以文化创意创造旅游新价值是创意旅游发展的关键所在。目的地礼仪文化创意的实质，就是对目的地进行文化创意与情感再造，通过歌曲、舞蹈、故事、演出甚至影视作品等接待礼仪文化赋予目的地符合旅游群体需要的心理预期，并充分展示当地居民和政府官员的文化自觉、文化自信和文化自强。

一、视觉迎宾创意

视觉迎宾是最为正式的迎宾环节，从迎宾礼仪的角度来看，一般包括迎宾标语、迎宾仪式、迎宾舞蹈等方式。其中，礼仪迎宾和歌舞迎宾是最隆重的迎宾方式。比如，曲阜以儒家礼仪来接待游客，而陕西的周原则以周礼来接待游客。从迎宾环境塑造来看，旅游目的地可建设旅游迎宾区和迎宾形象大道。比如，陕西平利县依托县境出入口专门建设了迎宾区和乡村旅游风景道。

[①] 熊锦．旅游礼仪研究综述［J］．湖南商学院学报．2008.15（2）：69-72.

案例链接：蒙古族的迎宾仪式

在乌兰布统草原，接待者在旅游者抵达草原接待点时必须要举行欢迎仪式，简单地概括为"银碗、哈达、敬酒"。草原上的接待者在接待之前要做好准备工作，酒具和服装要齐全，歌手可以唱支属于乌兰布统草原本地的祝酒歌，以显示本草原的特色，如"金杯、银杯斟满酒，双手举过头，奶茶、炒米、手扒肉，今天喝个够，克什克腾欢迎你，让肝胆相照，友情长久，在这美丽的草原上，共度春秋"，接着身穿蒙古传统服饰的姑娘应双手捧着哈达和银碗，哈达的折叠口朝向客人，伴随着歌声，把香醇的美酒和洁白的哈达献给客人，旅游者在接受敬酒时也学着蒙古人的样子，用右手的无名指沾酒三下，分别弹向天空、大地和自己，表示敬天、敬地和保佑自己。

二、听觉迎宾创意

听觉迎宾文化创意中主题歌曲能够展现地方风情、激发旅游想象、满足情感需求。音乐与人的生理、心理有着密切的关系。歌曲能准确地触及人们内心深处最细微、最柔软的地方，再配以悠扬的旋律，通过歌手感性的嗓音，对旅游心理产生正面情绪引导的作用。主题歌曲是以目的地的自然景观、民俗风情、特产风物、社会风尚为素材或背景创造的歌曲，通常具备特定的主题并用来表达一定的情感和文化。在旅游开发中，它被认为是听觉识别系统的核心要素。我国各地精心创作的旅游主题歌曲，能够形象生动地传达目的地的特色景观、意境、情趣，恰如其分地表达旅游者旅行游览时的心情，还可以起到镇静减压、调节情绪、释放情感、激发想象、陶冶情操的作用，对目的地的形象传播和游客情感培养发挥了巨大作用。比如丽江古城的《嘀嗒》、迪庆州的《回归巴拉格宗》、普洱市的《实在舍不得》、云南省的《云南美》，在创作过程中，音乐家会依托自己对美的超常感受能力，对目的地的景观特色和文化特质进行再发现、再创造，并借由优美的旋律、特色的乐器、地方化的语言加以表达。通过对目的地旅游歌曲进行总结可以发现，经典的主题歌曲应具备"好听、好记、好唱"三大特征，并充分把握好"词""曲""唱""传"四个环节。

三、味觉迎宾创意

餐饮接待礼仪中迎宾可以说是接待礼仪的精髓所在，旅游活动中，迎宾酒可以说是餐饮迎宾礼仪的重要表现，在迎宾酒中品味到的，是处世之道的诚挚和放眼四海的心胸，无论是迎宾酒的自然生态环境、原料配比，还是生产工艺和酒质等，无不生动地体现了这种深厚的迎宾文化。自古以来，人们习惯用"烈、甘、清、辣、甜、香、醇"七味来评判美酒，而迎宾酒也需要体现这种特性。可见，迎宾酒应该丰富味觉层次，调动旅游者的视觉、嗅觉和味觉三种美感的最佳享受。餐饮迎宾礼仪除了酒之外，还可配以祝酒词、祝酒歌、祝酒舞等助兴。这样旅游者才会在敬酒中体会到东道主的豪情和柔情，在敬酒中体味到东道主的忠诚，感受到独特的祝酒文化。

案例链接：贵州的迎宾酒

贵州早在商末周初就有了酒，"酒史"源远流长，贵州各族人民在长期酿酒、用酒过程中，形成了一套独特的酒礼习俗，创造了丰富多彩的贵州"酒文化"。同时也代表了一套典型的迎宾礼仪。

（1）敬客酒。有朋自远方来，不亦乐乎。黔东南地区好客的苗族人面对远道而来的客人时，先由男主人向客人敬酒，每人必须先喝两杯，寄意"你是用两只脚走来的"，这两杯酒都要一饮而尽，第三杯酒开始，主人与客人便可随意，期间主人还会和姑娘、媳妇们一起上阵，酒碗站立客人身后以"歌"敬酒。

（2）拦路酒。这是贵州少数民族迎客的一种酒俗，广泛流行于苗、布依、侗、水等民族中。而且不同的民族有不同的形式和程序，但大致上还是相似的。一般都是在进寨的必经之路上，由主人备酒在路中等候，有的还在路上设置障碍。等客人到了，先以酒歌劝酒，饮后方得进寨，有的主客双方还需对歌，然后才能饮酒"过关"。

（3）咂酒。咂酒之俗，盛行于贵州苗、彝、仡佬、土家等民族中。平日的时候不会拿出来，只会在重大节日或者是贵客临门的时候才能看到。主人捧出一坛原酒，启封后，将数支咂管插入，咂管系用一米多长的细竹制成。

酒礼一旦开始，主客便需要围坛捧杆吸饮，未饮者在一旁歌舞助兴，这期间二者可进行轮换。旁边还有人随时向坛内注入清凉的泉水或井水，使坛中玉液永不干涸，可以说是怎么喝也喝不完。有的地区饮咂酒时，饮者还要手捧咂杆，围坛边咂边舞，其欢乐豪爽之状令人难忘。

第六章 文化创意旅游业态

　　文化创意旅游的主要业态包括旅游文化主题公园、文化创意旅游产业园、文化旅游创意聚落、博物馆、影视旅游、旅游演艺、文化旅游节事这七类。文化创意旅游与这些业态的融合更多地表现为平台型融合。也就是文化创意旅游业态最终都会形成文化、创意、旅游三个产业融合发展的一个综合产业平台。

第一节　文化主题公园

主题公园是典型的文化创意旅游业态，是缺乏自然资源的地区发展旅游的主要途径。文化主题公园是依靠文化创意来设计的旅游产品，它能够让旅游者身临其境地观赏和体验不同地区不同文化所带来的乐趣。经过30多年的发展，中国文化主题公园蓬勃发展，成为旅游业与文化创意产业互动发展的主流业态。

一、文化主题公园概述

主题公园从内涵上可从不同的视角进行理解，要素观认为主题公园是一种人造资源、旅游吸引物或旅游产品；产业观认为主题公园是一种旅游休闲娱乐产业；空间观认为主题公园是一种现代旅游休闲娱乐活动空间。主题公园是通过围绕特定的主题，并采用文化创意、现代科学技术和多层次活动设置的方式来满足旅游者多样化的休闲娱乐需求，由人创造而成的舞台化的创意性休闲娱乐活动空间。主题公园基本具备以下几个要素，一是围绕特定的主题来建造的；二是一种基于想象或文化的人造景观；三是满足游客休闲娱乐的主题需求。其中，文化主题公园是指以文化为主题的主题公园，主要是以文化复制、文化移植、文化陈列以及高新技术等手段，满足消费者的好奇心、以文化主题情节贯穿整个游乐项目的休闲娱乐活动空间。

可将文化主题公园划分为三个层面的产品形态，即核心体验、形式产品和配套产品。最基本的层次是核心体验，是消费者内心想购买产品总体的预期，也就是文化主题场景与氛围，具有无形的高度主观的特征。它构成产品的大部分利益或消费者认为能满足其个人需求的利益。对于文化主题乐园，旅游者寻求的核心产品是文化氛围、文化场景、文化设施的多样性、社会交流价值以及放松心情等。

文化主题形式产品是从外在形态来支撑核心产品的品牌、服务、设施、活动、社交与安全等，是游客直接能够感触得到的物质形态或行为产品，核心体验的形成主要是通过对形式产品的消费来实现的。文化主题公园的配套产品则是为行为产品提供配套服务或支撑保障的产品形态，包括餐饮、零售、投诉服务等。

与传统的主题公园相比，文化主题公园在经济、社会和文化价值的实现上来说，更多来自于其附加值的收益领域，比如影视、动漫、文化创意等领域。而传统的主题公园主要依赖门票、商业或者地产经济，将主要经济收入按层级区分的话，第一层为门票收入，第二层则为周边商业餐饮服务收入，第三层来自于房地产业的投资收益。所以二者相比较，文化主题公园产业链需要不断延伸和进化，将文化品牌经营规模扩张，形成文化产业聚合优势，将原本单一的实体依托文化品牌形成多元经营模式。

二、文化主题公园的类型

文化主题公园的类型可以从多层面进行划分，分类标准的角度不同，获取的分类结果也是不同的。按照文化主题公园的内容分类，可以将主题公园分为历史文化主题公园、民俗风情主题公园、名胜微缩主题公园、影视文化主题公园、科技文化主题公园和自然文化主题公园等六大类。

（一）历史文化主题公园

历史文化主题公园是以真实的文化遗存和历史故事为原型，深入挖掘历史文化元素，借助文化创意、园林景观和科学技术等多种手段，诉说历史故事、展现文化底蕴、生动再现历史盛况，这种主题公园具有保护文化与宣扬文化的双重功能。文化主题公园不只是注重文化现状，更加重视文化展演，它既是一个文化主题博览园，又是一个文化主题乐园，整个主题公园的故事线索应在特定的文化主题下展开。成功的历史文化主题公园是充满创新性和超前性的，如果其建设仅仅停留在古建筑的仿造上则只得其"形"，唯有创新历史和文化的表现方式才能得其"神"。对历史文化资源进行挖掘、组合和创新，使园内物质的景观环境与非物质的文化相互交融，增强传统文化的整体吸引力，更加灵活的、创新性的展现当地的文化底蕴和历史底蕴，这样主题公园才会"神形兼备"。比如，大唐芙蓉园不仅仅是高度还原了盛唐时期的皇家园林，仿建了诸如紫云楼、杏园、唐市、御宴宫等许多唐朝时期的古建筑，更是建设了"梦回大唐"歌舞表演，采用现代化艺术手法，辅之全新的视听效果，利用更加生动的变现方式创新性地展现了盛唐时期的浩瀚风貌，仿佛让人穿越时空，真正地回到大唐时期。

（二）民俗风情主题公园

民俗风情主题公园以民间风俗和民族风情为基础，通过深入挖掘嫁娶习俗、祭祀习俗和节气习俗等民族风情、民间习俗和民间小故事，结合当地特色的民食、民宿和民间生活习俗，通过仿古或仿生园林建筑、民俗民居展示和歌舞表演等方式生动展现特定的民俗风情，构建主题文化场景供旅游者身临其境地去体验。民俗风情主题公园在运营中必须结合地方百姓的生活，把老百姓纳入到主题公园的建设与运营中来，邀请地方百姓表演反映特色民风的节目，或者对这类节目加以改编。民俗风情主题公园比较忌讳在建筑上"拆真建假"，在生活上把居民整体搬迁出去，再培养一批假演员。民俗风情主题公园的参与性较高，重在娱乐体验，但也要照顾到不愿意参与体验型的顾客群体。比如夏威夷波利尼西亚文化村、荷兰小人国、中国民俗文化村、北京中华民园、昆明云南民族村、海南保亭的槟榔村、河南开封的清明上河园等。

（三）名胜微缩主题公园

微缩主题公园是指将实际建筑、景观等价值元素进行同比例微缩处理，场景布置、气氛渲染和设施配套而形成的景观再现或景观集成的小世界。名胜微缩主题公园是中国最早建立的主题公园类型，主要是把名胜古迹通过创意的手法微缩成一个主题公园。创意设计者把各地杰出的建筑根据同样的风格和设计理念，同比例改变建筑或景观的大小，重新建造同类的小微世界。名胜微缩主题公园大量节约了时间成本和空间场地，同时聚集了多个著名的建筑或景观，可以使消费者同时同地领略各地的建筑风光，如同穿越时空，亲身抵达世界各地一般。比如世界之窗、深圳锦绣中华园等。但随着科技和交通的发展，异地远程旅游成本越来越低，因此名胜微缩主题公园市场生命力较弱，未来生存除了景观微缩之外，将主要依赖于期间的文化创意产品。

（四）影视文化主题公园

影视文化主题公园以影视作品或文学作品为基础，借助文化创意、多种技术和方法再现影视或文学著作的典型场景。这种主题公园不一定以真实的历史资料作为参照依据，它源于历史而不同于历史，源自生活而高于生活，因此它的建设灵活性较大，可以充分发挥设计者的想象力和创意能力，不拘泥于形式。由于影视文学作品类别丰富，主题公园的主题区也因此主题鲜明，特色突出，可选择的主题多。影视主题公园一般采用静态展示、动态互动和产园结合这三种方式。比如，我国早期的河北正定县的荣国府、无锡的西游记宫以及北京大观园等是属于第一代主题公园，主要以静态展示为主。第二代影视主题公园则以动态互动体验为主，旅游者可以参与体验多部影视作品，获取较强的视觉体验。比如美国的迪士尼乐园和环球影城。另一种是以引进影视特技如 3D、4D 技术及动感电影等技术为主制成游览项目的影视乐园，比如长影世纪城、万达电影乐园。第三代影视主题公园则是以影视业生产制作与影视旅游相结合，中国本土的影视主题乐园就是以影视拍摄景地和拍摄活动为吸引物，比如横店影视城、无锡唐城、三国城、水浒城等。

（五）科技文化主题公园

旅游是科技创新的重要领域和试验地，科技创新反过来既可以成为科技旅游产品，也可以为作为科技工具增强旅游产品功能和体验效果。科技文化主题公园主要采用高科技技术和文化创意等手段，将文化主题公园建设成科幻基地和文化科技主题乐园，其消费对象主要是青少年、青年人群和对高科技和文化有双重兴趣的爱好者，消费者体验这类主题公园时，仿佛天马行空，置身于科技世界。这类主题公园科技含量高、文化含量高、技术水平高、创新能力强，但是建设难度相对比较大。常见的科技文化主题公园有 VR 旅游体验馆、太空旅游体验馆、科技馆、科技城、未来世界等。科技文化主题公园一般会致力于建设"创、研、产、销"一体化的文化科技产业链，走文化科技产业规模化、多元化、国际化的发展路径。

（六）自然文化主题公园

自然文化主题公园以海洋和陆地地貌、动物、植物及丰富多彩的自然文化为主题，以动物表演、生态展示、环保教育为主要吸引物，配套娱乐性的乘骑类项目和大型表演活动，建设多主题区的观赏性或表演性的主题公园，具有寓教于乐的功能，具有极高的文化价值、生态价值和生物价值。自然文化主题公园往往以主要动植物来命名，形成野生动物园、海洋乐园、动物王国等自然文化主题公园体系。自然主题公园的文化创意往往会依托动植物本身的文化，比如恐龙文化主题公园、海豚文化主题公园等，或者以与之相关联的文化，比如，云南石林中的阿诗玛就是把彝族的爱情故事寄寓在象形石之中。全球著名的自然文化主题公园有美国奥兰多和圣地亚哥的海洋世界、坦帕布什乐园，中国的香港海洋乐园、大连老虎滩海洋乐园、极地海洋动物馆、珠海长隆海洋世界、路南石林等。

案例链接：方特欢乐世界 [①]

方特欢乐世界是华强方特集团首个拥有完全自有知识产权的主题乐园，以科幻和互动体验为特色，采用国际一流的理念和技术精心打造，可媲美西方最先进的主题乐园的东方梦幻乐园，被誉为"东方梦幻乐园""亚洲科幻神奇"。

方特欢乐世界由十几个大型主题区组成，包括大型室内主题项目、游乐项目、休闲及景观项目200余项。内容涵盖现代科技、科学幻想、综合表演、卡通动漫、儿童游乐等多个方面，园区项目形式新颖、内容丰富，老少皆宜。

方特欢乐世界拥有多个超大型项目，如国际一流的高空飞翔体验VR Soaring项目《飞越极限》，妙趣奇幻的大型MR Theater项目《海螺湾》，世界最先进的大型恐龙复活灾难体验MR Ride项目《恐龙危机》，惊险刺激的悬挂式过山车《火流星》，中国首创的大型火山探险项目《维苏威火山》，专为小朋友量身设计的主题项目区《儿童王国》、主题卡通表演项目《熊出没舞台》等。

园区产品融合现代声、光、电、数字技术、自动控制、人工智能等高科技手段，让游客在虚实结合、亦真亦幻、动感交互的项目体验中，感受现代科技与科幻世界的独特魅力。

---

① 摘自方特欢乐世界官网。

三、文化主题公园的创意设计

文化主题公园在前期产生与发展过程中具有鲜明的创新性,其产品内容具有浓厚的文化性。市场高度依赖品牌创意,而整个产业链条都可以嵌入科技创意的内容或方法。

(一)文化主题创新与创意

"主题"一词源于德国,指乐曲中最具特征并处于优越地位的那一段主旋律,是乐曲的核心。主题创意就是选择并形成具有新颖性和创造性的主题。主题创意是文化主题公园"第一创意",对公园内文化内容产品与服务的创意具有统领性。文化主题可以来源于文化、历史、民俗、景观、影视、文学、科技、自然等多个方面。主题文化公园的第一生命力在于主题创意与创新,需要基于特定的主题,不断丰富主题内涵,不断开发的新产品,形成核心吸引力。文化主题的创新与创意首先需要基于文化元素选择有价值的主题和独特的主题;其次要根据市场需要选择适合当前市场需求的主题;再次需充分利用当代科技挖掘或表达主题。一般来说,文化主题的变更需要付出较大的主题变更成本,因此在创新和创意的同时也要保持一定的稳定性、一致性和持续性。

(二)文化内容产品与服务的创意

在文化主题公园的建设与发展中,产品与服务所蕴含的文化内涵是其价值所在。人类所有的情感、梦想都能在文化主题公园体验到,文化主题公园为人类提供了一个文化精神的梦工厂和梦乐园,通过它表达了旅游者对主题文化的认同、自豪、回归、归宿、敬仰、朝觐、憧憬等多种深层次的人类精神文化需求与实现。因此,文化主题公园中文化内容产品与服务的设计要求达到"体验主题化、正能量化、心理和谐、制造念想和回忆、淘汰负面因素以及感官体验"等要求,要防止文化主题公园的建设停留在设施等物质层面的更新而忽略对精神文化产品的生产与服务的提供。其中,产品的创意重在产品内容创意、产品形态创意和文化符号创意,而服务的创意则重在服务流程与服务礼仪的创意。相对于较为稳定的文化主题来说,文化内容产品与服务创新创意的频率更高才能领先市场,立于不败之地。比如，迪士尼坚持"三三制"原则，即每年都淘汰 1/3 的硬件设备，新建 1/3 的新概念项目，补充更新娱乐内容和设施，不断给旅游者新鲜感，这就是著名的"建不完的迪士尼"口号。

（三）市场营销创意

文化主题公园吸引游客的关键在于其文化本身的吸引力和展示的特色，强烈的个性和凸显的特色是主题公园生存发展的基础和保障，品牌形象是吸引游客和回头客的关键。文化主题公园市场营销的创意重点是品牌形象的创意。文化主题公园需要鲜明、统一、富有创意的整体形象和形象口号，以此突显文化主题公园的特色，借助于现代多元的传播途径和企业内部的各种传播载体，使文化主题公园的理念、行为和视觉形象对游客形成一种冲击力，促使游客形成对文化主题公园的文化主题识别和认同。市场营销的创意也包括营销渠道创新与创意、营销活动的创新创意、营销理念的创新创意。此外，对文化主题公园内部营销来说，将文化主题公园的"文化"融于企业内部管理，形成独特的企业文化和组织结构，将极大地促进企业独特竞争力的培育和建设。[①]

（四）科技创意

主题公园的发展史就是主题公园科技的发展进步史，从最初的机械类到后来的电气、机电、声光电及现今的数字技术、智能技术，主题公园内的主要娱乐设施和体验方式经历了很多代发展。文化主题公园是高新技术发布、应用和推广的良好平台。高新技术对文化主题公园具有两方面的作用，一是科技本身就可以成为公园的主题，比如航天城；二是科技作为一种工具对主题乐园进行改造、提升和重构。VR 的应用对商业、游乐和人们的生活都会带来颠覆性的变革，对文化主题乐园体验质量的提升尤为明显，同时对游乐产品的创新和运营成本降低带来积极影响。但 VR 的虚拟性在使其一定程度上缺乏原真性，因此它只能代表主题乐园的一个发展重要方向。就像人们虽然能够网游景区，但终究不能完全替代实地旅游，也像远程教育不能完全替代班级制授课一样。

[①] 杨桂红.文化主题公园整体形象研究及策划[J].经济问题探索，2003（3）：106-109.

第二节 文化创意旅游产业园

多数文化创意产业园本质上就是文化创意旅游业态。西方城市的文化创意产业园等同于我国的文化旅游产业创意园，一般兼具文化创意、旅游、休闲或娱乐功能。德瑞克·韦恩把文化创意产业园定义为将城市的文化与娱乐施以最集中的方式集中在特定地理区位内，具有文化旅游生产与消费的双重属性，集工作、旅游、休闲、居住等综合功能于一体。Hilary Anne Frost-Kumpf 则把文化创意产业园定义为在都市中具备完善组织、明确标示、供综合使用的区域，它提供给居民与旅游者相关夜间活动和艺术活动与艺术组织所需的设施与服务。在我国，文化创意旅游产业园区是指通过产业政策引导，并遵循产业集聚发展的规律，将文化创意产业和旅游产业融合发展，聚集了一定规模富有文旅创造性的人才、文旅创意产品和文旅创意企业，兼具研发、创作、生产、消费等多种功能的边界相对清晰的区域。由于文化创意产业园本身已经成为旅游吸引物，并且产业园生产的主要目的之一是满足旅游者需求的园区，因此文化创意产业园具有显著的旅游属性，往往导致其发展成为旅游景区，甚至发展为旅游者观光旅游的热点。经过多年的发展，各个城市都亟须建立符合自己城市文化特色的文化创意街区。据2013年统计数据，全国成规模的文化产业园区为2000余家（见表6-1）。

表6-1 中国主要城市文化创意产业园区

北京尚8文化创意产业园	号称都市核心连锁经营，会集文化精英群体的"创意者之家"。在传媒、设计、时尚和艺术等创意领域，整合产业链条，深入产业内容，形成地标式"创意综合体"项目
深圳华侨城创意文化园	华侨城创意文化园位于深圳华侨城原东部工业区内，是由旧厂房改造而成的创意产业工作室，引进各类型创意产业、如设计、摄影、动漫创作、教育培训和艺术等行业

续表

上海 M50 创意园	M50 创意园的原身为上海春明粗纺厂，于 2000 年起开始转型为艺术创意园区。2011 年 7 月，上海春明粗纺厂更名为上海 M50 文化创意产业发展有限公司，园区占地面积约 36 亩
杭州白马湖生态创意园	一种结合高新区（滨江）发展创意产业需求，让农居点成为自由的富有变化、个性灵活的空间，成为文化创意者工作和居住村落的发展概念，将成为这里的最大亮点

一、园区的功能与类型

（一）园区功能

文化创意旅游产业园的主业是文化创意产业，旅游业是附加产业，因此文化创意旅游产业园区的第一大属性就具有文化艺术生产和审美功能，它为业主提供文化艺术生产设施和条件，给居民与旅游者提供艺术活动与艺术组织所需的设施与服务。其次，由于文化艺术产品本身具有吸引力，集聚之后旅游吸引力得到了进一步强化，因此文化创意园区具有旅游休闲生产与体验的功能，一些文化创意旅游园区在传承文化中积淀成为具有生命力的文化旅游新坐标，同时是展现目的地特色的重要载体，久而久之就成为目的地形象新名片。文化创意旅游产业园区兼具生产和消费功能。文化创意旅游产业园区的建筑造型、张弛有序的空间形态、生动活泼的空间氛围以及创意十足的商业产品，是日常消费行为的品质化提升，为本地居民和旅游者的消费体验提供了丰富的物质来源和绝佳的消费环境，是人们生活水平提高和超出生存需要的一种高级消费形式。

（二）园区类型

按照园区的性质与功能，文化创意旅游产业园可以划分为四种类型，一是产业型，园区建设与发展是以培育文化创意旅游产业为目标，园区内产业集群发展相对比较成熟，有很强的原创能力，产业链甚至产业体系相对完整，形成了一定规模效应。比如上海虹桥南路创意产业园、深圳大芬村等。二是艺术型，主要是以积极的外形、地方文化、艺术和工艺传统为基础而建立的创作型园区，原创能力强，但总体艺术产业化程度不如产业型的。此类园区的独特之处在于其"工作室效应"和生产独特"创意产品"。国内有名的艺术园区有北京大山子艺术园区、青岛达尼画家村等。三是博物馆型，这种类型的文化创意产业园主要是以博物展览为主业，文化创意旅游作为其配套产业来发展，园区通常是围绕博物馆网络而规划设立的，由于其本身的文化资源密度能造成系统性效应，自然而然会吸引旅游观光者。四是地方特色型，主要是依托地方的特色文化资源或具有比较优势的文化资源而建立的基于文化资源保护与利用的文化旅游创意产业园。比如北京高碑店传统民俗文化创意产业园、四川德阳三星堆文化产业园等。

二、发展路径与发展模式

（一）发展路径

文化创意旅游产业园区发展路径一般经历文化创意旅游产业实验区、文化创意旅游产业集聚区和文化创意旅游产业功能区三个阶段。

1. 文化创意旅游产业实验区

文化创意旅游产业园区早期往往由政府规划引导而形成，针对行业发展重点和难点进行实验性与探索性开发，是在国家政策的框架范围内先试先行，不断推进文化创意与旅游、文化创意与科技、文化创意与金融等业态的融合发展，也会按照工业园区的标准强调单位面积产出和核心竞争力两个关键指标。这个阶段属于园区发展的初期阶段，园区还处在低端、低层次的状态，主要以土地租赁和初级文化创意产品为支撑，既缺少产业链又没有核心竞争力。比如，通过廉价租赁厂房，经过简单改造，然后再加价出租。文化创意旅游产业实验区发展的重点在于政策创新和体制机制创新，主要任务是招商引资引智以及园区专业化和规模化发展。

2. 文化创意旅游产业集聚区

文化创意产业旅游园区发展的第二个阶段就是文化创意旅游集聚区。在核心功能的主导下，它依托文化创意旅游产业，推动产业纵向一体化和横向一体化发展，形成文化创意旅游产业集群或产业生态群落。在这个阶段，文化创意旅游主业已经非常成熟，产业要素聚集与产业链开始分工协作，园区内文化创意产业特色化、差异化和集群化发展，具有较强的产业极化效应，不同风格的艺术家、文化机构、旅游企业和旅游者纷至沓来，达到一定的集聚规模，并形成了产业平台。

要发挥这种平台功能，需要加强各类服务平台的建设，利用平台对知识、资本、土地、资源、政策的整合，帮助企业打通上下游产业链，推动园区集群化、集约化和体系化发展。

3. 文化创意旅游产业功能区

文化创意产业旅游园区发展的第三个阶段就是文化创意旅游功能区。通过集聚区发挥强大的辐射和影响力，带动园区周边相关产业的发展而形成一个超越园区的功能区形态。在这个阶段，园区成为所在区域的文化旅游中心，具有强大的产业辐射力和带动力，成为区域经济的增长极。在功能区形成过程中，园区产生的辐射力与集聚区相比功能区的辐射作用更为明显，成为统筹整合区域资源，优化产业空间布局，推动产业发展环境提升、经济转型升级、目的地功能优化调整和经济社会全面可持续发展的引擎。

（二）发展模式

按区位依附关系可以把文化创意旅游产业园划分为以下几类发展模式。

1. 工业遗址依附型发展模式

以废弃的旧厂房和仓库工业遗址为依托发展文化创意旅游产业园是一种比较常见的模式。国外许多成功的文化园区就是以旧厂房和仓库为区位依附的。工业遗址因其宽敞明亮的空间及廉价的租金，或面临闲置空间再改造的境遇，往往成为文化创意旅游产业园绝佳选择。这些文化创意旅游产业集聚区，修复已有的建筑，既搭建了创意产业发展的平台，又保护了历史文化财产，实现了文化产业、工业历史建筑保护、文化旅游多业态多功能互动融合发展，实现了工业遗址建筑价值、历史价值、艺术价值和经济价值等多重价值。比如，上海泰康路210弄的"田子坊"、建国中路10号的"八号桥"等。

2. 科研机构依托型发展模式

依托科研机构发展，文化创意旅游产业园成为一种重要的模式。科研机构作为技术的发生器，具有不断开发新科技的能力。同时它又是各类创意人才、旅游人才和科技人才的聚集地，不但培养人才，同时也吸引着各领域最优秀的人才。为了借力科研机构的研发能力和人才优势，政府在规划与选址文化创意旅游产业园区的时候会优先考虑科研机构内部或周边区域。比如上海长宁区依托东华大学和上海市服装研究所在天山路建立时尚产业园，等等。

3. 开发区依托型发展模式

这类文化创意旅游产业园主要是以高新技术产业园区为依托，主要借力其技术开发能力、人才集聚效应和产业化能力。因为高新技术产业园区往往是政府集中相关优势资源来建设的，园区内高新技术产业发达，科研机构和高科技企业汇聚，科技、旅游与文化复合型和智力型人才集聚，为文化创意旅游产业的发展提供了良好条件。特别是高新技术产业区往往有着发达的信息与科技产业，它们与文化创意旅游产业有着较好的兼容性。比如中关村创意产业先导基地、大连市国家动画产业基地、张江文化科技创意产业基地等。

案例链接：上海市创意产业园区

1. 上海 800 秀创意园区

上海市 800 秀创意园区是在上海电气厂老厂房的基础上进行的创意改造，建筑面积约 3 万平方米，其厂房内伫立的有跨越 50 年之久的 15 幢建筑物。其中最具代表性的是一栋工业长廊，主体是一条长 120 米的华丽别致的木质顶梁。另外两栋分别建于 20 世纪中前期的具有殖民风格的别墅和中后期的古典办公建筑，为园区增色不少，高层建筑和石窟门房屋环布四周，形成了一片跨越时空的建筑群。每一栋建筑的创意性设计彰显出不同的个性和特色，吸引了众多旅游者前来参观。800 秀公司（静安区的静工集团组建）对其厂房进行租赁，占股份 80%，而原来的电气厂占股份 20%。实行大房东，小股东的方式。进驻的公司众多，公司大多是工业设计、游戏开发、GAP 团队等。800 秀创意园结合了创意产业的多种功能，巧妙集中了休闲、展览、办公等本相矛盾的功能于一体，产生了很好的兼容互补作用。比如利用 80 米长的厂房长廊的建筑特点，将其改造成兼具现代特色的展览大厅，通过举办大型的会展吸引众多的旅游者前来参观。800 秀创意园成功的经验是能够牢牢把握一个定位——"时尚设计、文化创意"。

2 景源时尚产业园

景源时尚产业园是上海市一个知名的花园式创意园区，位于苏河河畔，拥有 150 米长的优美景观水岸和 2200 平方米的绿化及亲水平台，是一个环境优美、清净典雅的、具有江南风韵的园区。其中由纺织原料仓库改造的层高6米、超多7300平方米的运用新理念规划的办公空间，为创意人才提供了展示的平台，也使自己成为上海市高雅的水景办公新热点。景源时尚产业园集唯美、时尚、现代、文化、典雅等风格于一身，构建纺织、服装服饰设计、家具设计、工业设计、建筑设计等以时尚品牌发布为基础的创意产业，并健全与之相适应的配套形态，形成功能互补、错落有致的主题性创意园区。景源当初的建设没有等国家优惠政策，直接进行投资，后来的带动效应较好。已经有50多家企业入驻，其中设计创意类企业超过70%。园区的发展特色是环境良好，使入驻企业能够愿意在此长期发展。另外，园区能够很好地听取各入驻企业员工的反馈意见，对园区的环境建设进行不断地改善。上海市800秀创意园与景源时尚产业园的成功点就在于其能够紧紧找准定位，并能够牢牢把握着其自身的定位不断发展，是文化创意产业和旅游产业融合的典型案例。①

3. 台北松山文化创意园

台北松山文化创意园位于台北市东部的忠孝东路四段，毗邻台北101大楼，隔壁即为正在兴建的台北大巨蛋体育馆，其前身为建于1937年的松山烟厂，1998停产，是台北市市定的古迹遗址。经过成功转型，现已成为文艺气息浓厚，旅游者来台必游的创意产业园。院内具有台湾创意设计中心、台北文化创意大楼、诚品书店等多个创意聚集地。台北松山文化创意园对其遗迹保存比较完好，原来的办公厅、制烟厂等都保留着原来的样貌或者按原样修缮，传统与现代的文化交织，成为其最大卖点。各种节庆、艺术活动拓宽了其盈利来源，提升了知名度。台北松山文化创意园经常举办大型的展览和艺术节庆活动，如LEGO梦工厂积木展、第13届台北艺术节等，通过这些活动，不仅提升了文化创意园的知名度，还促进了园区的盈利，这也可为其他产业园区提供一点借鉴经验。②

---

① 徐驰，过甦茜.关于创意聚落的动力机制及规划导向研究：以北京宋庄小堡村为例[C]//中国城市规划学会.规划60年：成就与挑战——2016中国城市规划年会论文集.北京：中国建筑工业出版社，2016：12.

② 赵之枫.北京郊区原生聚落式文化创意产业集聚区规划建设研究[C]//中国城市规划学会.多元与包容：2012中国城市规划年会论文集.昆明：云南科技出版社，2012：9.

第三节　文化旅游创意聚落

创意聚落是典型的文化创意旅游业态。创意聚落是创意或文化产业、产品和人员集聚的区域，包括城市文化街区、文化古村镇、艺术村落、创意工厂等。随着创意产业的发展和创意阶层的崛起，全世界范围内越来越多的创意聚落不断涌现出来。创意聚落与产业园区不一样的是，文化创意旅游聚落不仅仅是产业的集聚，更重要的是文化创客的聚集，并具有浓郁的文化创意生活气息，而且创意聚落这种特殊的空间特质是自发形成的，而不是政府规划出来的，有别于那些通过全面研究、仔细规划，经由政府组织、有序落实的产业园区。创意聚落是全球化与网络化的变革的产物，它可以在一个脱离地区的更庞大的发展网络中获取新的生机。[1] 文化旅游与创意聚落结合加速了聚落的形成，提高了创意聚落的发展水平。

一、创意聚落理论与文化旅游创意聚落

（一）创意聚落的相关理论

创意聚落主要有四大相关理论，它们揭示了创意聚落形成与发展的内在规律，具有良好的理论指导意义。

1. 创新人才集聚效应理论

20世纪60年代，简·雅各布斯（Jane Jacobs，1969）认为，人才的集聚对创新具有促进作用，当有才华和充满创意的人集聚在一起时，新思想能够更加自由地流动和分享，推动个人和团队的智慧和创新能力都呈现指数级的增长。

---

[1] 徐无瑕.基于"产住共生"的文化创意聚落混合功能空间研究[D].杭州：浙江工业大学，2015.

2. 创意经济理论

2002年，瑞查德·佛罗里达（Richard Florida, 2002）认为，"才能"和"创意"是新经济时代经济增长的关键来源，因此人类社会的进一步发展需要依赖创意阶层的力量。创意阶层泛指科学家、艺术家、建筑师、诗人、卫生、法律以及技术密集与知识密集型行业的从业者等所有具有创意和才能的职业人员群体。一个创意聚落必须具备有"3T"要素，即技术（Technology）、人才（Talent）和宽容（Tolerance），是创意阶层选择长期定居与创意聚落的主要动因。

3. 创意城市理论

皮特·霍尔（Peter Hall）认为，在人类历史的每一个阶段，都会爆发性地生成一个非常重要的创意城市，即具有创造力和创新力的地区，而创意城市的形成取决于"城市的活力、创新能力与文化创造力"。

4. 创意环境的理论

西方学者斯哥特（Scott）认为，创意产业的集聚需要一个适宜创意人群的优美创意环境。创意环境的形成主要取决于企业家的行为、新公司的诞生、技术和组织的变化以及文化产品的生产等因素。扎克（Drake）则认为，一个良好的创意环境具有四个层面的特性，即宜居环境、频繁的文化交流活动、城市传统特色和知名度、各类创意阶层聚集的社区。

（二）文化旅游创意聚落

具有文化属性和旅游功能的创意聚落就是文化旅游创意聚落。一般来说，创意聚落均具有文化的属性和旅游的功能，因为创意聚落本身就是一种吸引物，再加上文化创意产品与艺术活动等也会形成产品吸引力。与文化旅游创意聚落最为相似的一个概念就是"文化区域"。Sacco 和 Segre（2009）指出，"文化区域"是以文化作为源泉推动创意产业、商业休闲和旅游产业迅速发展的区域。近几十年以来，创意聚落在城市复兴过程中起着催化剂的作用，尤其是在衰落的历史街区和废弃厂房，因为艺术家们时常作为先驱者把这些区域作为创作工作室，由此使这些区域获取新生并催生出旅游活动（Zukin, 2010）。近年还出现了许多创意产业集聚的创意街区和创意乡村（Cloke, 2007），均吸引着艺术家和旅游者的到来。因此，创意聚落几乎都是一种典型的文化创意旅游区域（Santagata, Russo, etal, 2007），也是 Richards（2011）文中关于创意旅游发展的"创意空间"。因此，我们可以把文化创意旅游聚落定义为一系列与文化创意旅游关联的、产业规模集聚的特定地理区域，它具有鲜明的文化形象并对外界产生较强的旅游吸引力，聚落内有完整而成熟的文化创意旅游产业体系，是一个集研发、生产、交易、旅游、休闲和生活于一体的多功能社区。文化旅游创意聚落市场主要是自然形成而不是人为规划的。事实上，像美国纽约的SOHO区、北京的798、昆明的智库等，都是一批艺术家与设计师在原本无人居住的废弃工业厂房区开始自由的现代艺术创作，从而推动整个地区的旅游产业及相关产业的升级。

（三）文化旅游创意聚落的类型

按聚落主体从事的行业类别将它们分为三种类型，即特色文化产业型、艺术家工作室型、文化创意企业型。特色文化产业型的文化旅游创意聚落的主体一般是会手工艺、美术绘画、戏曲评书、杂技等一门或多门传统艺术，并以此作为聚落经济发展支柱的人。聚落成员为原住民，他们以住宅作为生产制作基地，同时也生活在其中。艺术家型的文化旅游创意聚落主体是画家、雕塑家、当代艺术家、作家、诗人、书法家等创作型的艺术家。一般来说，他们都是以租赁的方式入驻，并且有一定聚落规模，有工作室、画廊等，并形成商业性质的产业，也有餐饮、商店等配套设施与服务，整个聚落产住混合，原住民和旅居民混居，艺术气氛浓郁。文化创意企业型的聚落主体是设计类、影视类、策划类等各类文化创意企业。他们以组织团队的形式入驻聚落，每个组织人数较多，聚落的居住功能只是提供给部分常住人口或者是旅居群体。这四种发展模式和上文按主体分类、按建筑性质分类的关系整理如表6-2所示。[①]

表6-2 创意聚落的类型与模式

创意聚落主体	建筑性质	发展模式	特点
特色文化产业	农村自建宅	传承历史	原生性、传承性、自发性、区域性
艺术家工作室	农居改建、工业遗产改建	自发聚集、高校依托	自发性、吸引性、聚集性
文化创意企业	农居改建（少数）、工业遗产改建、规划新建	高校依托、政府兴建	整体性、系统化、模式化

---

① 谭颖.博物馆旅游开发现状及发展研究［J］.绵阳师范学院学报，2007（3）:93-96.

二、文化旅游创意聚落类型与发展模式

（一）发展路径

按照发展路径，可将文化创意聚落分为原生式文化旅游创意聚落、类原生式文化旅游创意聚落。

1. 原生式文化旅游创意聚落

原生式文化旅游创意聚落是最具有发展活力的，它往往是由于地租的原因吸引聚落居民，包括艺术家、画家、音乐家、诗人、作家、创客、游客等，自发聚集而形成的具有文旅生产和生活功能的聚落形态。由于是聚落居民自发聚集，这种聚集超出了政府管控范围，并且其中艺术家、作家的个性和追求超越于时代，不一定符合政府和社会预期，甚至一些行为或作品不符合主流社会价值观，而这些聚落居民直接夸张而尖锐地运用强有力的文学或艺术工具对于社会现象的进行批判。这种聚落与社会或政府之间的冲突会导致聚落产生解体的可能。相反，如果文化旅游创意聚落的生活方式、社会价值观对当代社会具有引领性，则会获得政府的重视与认可，这些文化旅游创意聚落大概率会被纳入政府规划，而转变为文化创意产业园区或产业集聚区。特别是曝光率和知名度提高之后，会吸引各地的文化艺术经纪人、商业人员以及餐饮业过度聚集，这逐渐使得聚落的商业氛围越来越浓，各地的旅游者也大量涌进来。随之而来的是房源变少，租金增长，创意聚落将转变成为艺术型的商业地带和肤浅的旅游目的地，艺术家们则慢慢转向了附近租金便宜的地方，开辟下一个文化旅游创意聚落，最终将导致创意聚落的衰败。

2. 类原生式文化旅游创意聚落

原生式聚落式文化旅游创意聚落均经历了从最初的自发形成，到发展到一定规模后外部力量开始介入其发展的过程，将经历从形成、发展、成熟到衰退或繁荣的生命周期。聚落居民的自发进入，把无人关心的普通村落变成了具有浓郁文化艺术气息的创意聚落，提升了村落的环境品质和人文价值（见表6-3）。而后随着知名度不断提升，产业进一步集聚，这将增加本地就业，优化产业结构，带动当地房屋租赁和建设、生活配套、交通运输、旅游等行业的发展，繁荣地方经济。当创意聚落发展到一定规模、在社会上形成一定经济和社会影响力时，政府和资

本等外部力量开始引导和介入。政府主要是规范管理并进行引导，促进聚落更加有序的发展。政府会设立管理机构规范运营，注重对聚集区的规划编制，制定相关规划，更好地引导聚集区的有序发展，并举办艺术活动扩大知名度以吸引投资。并投入财政资金加强基础设施与公共服务设施的建设，这对文化创意产业集聚区的升级起到助推作用。而企业则是发现其中的商机，按照政府规划通过项目投资从中获取利益，并成为创意聚落发展核心力量。此时，创意聚落居民的力量逐渐被边缘化。比如，宋庄镇政府提出"文化造镇"，目标是建设世界最大的原创艺术家聚集地和集产学研为一体的艺术硅谷。宋庄画家村就是经过了十多年的发展和外部因素的介入和引导才逐渐走向繁荣。[①]

表 6-3 中国民间文化艺术产业及聚落

特色文化产业	特色产业	混合人居村庄
烧造工艺	陶瓷品、琉璃艺术品等	景德镇、浙江龙泉等
铸锻工艺	金、银、铜、铁、锡等金属工艺品	浙江永嘉、福建晋江、三东烟台等
染织工艺	纺织品、丝绸制品、刺绣艺术、扎染艺术等	江苏苏州、云南大理等
编结工艺	竹制品（篮、售、椅、禽兽花果等工艺品）、中国结、草编制品、藤编制品等	浙江东阳、湖南益阳、福建泉州、安徽舒城等
雕塑工艺	木雕、核雕、竹雕、皮雕、玉雕、泥塑艺术品等	浙江乐清、江苏苏州舟山、广东潮汕、海南昌江等
纸做工艺	年画、剪纸、风筝等	山东潍坊、江苏苏州桃花坞、河北蔚县南张庄等

（二）发展模式

将文化旅游创意聚落按照空间性质来分，可以分为乡村聚落型、工业遗址聚落型、文化街区聚落型和都市社区聚落型。

1. 乡村聚落型

乡村聚落型一般是以特色产业为主导的，或者是聚落居民为了共同的文旅理想邀约集聚而成文旅理想共同体。其中，特色产业主导的多半会形成产业化运作，

---

① 陈安泽. 旅游地学大辞典［M］. 北京：科学出版社，2013.

如位于深圳特区郊边龙岗区布吉镇的大芬油画村等。而文旅理想共同体的聚落居民往往是由个人或小团体组成，最后多半会形成艺术村或创作基地，除了适度的生活配套，为了理想，他们骨子里天然排斥商业化。因此，乡村文化旅游创意聚落对交通条件相对并不敏感，太发达的交通会导致创意聚落被快速商业化。比如北京的几个画家村。聚落居民选择了合适村庄发展成为文化旅游创意聚落后，会依照自己的审美意愿对所租的房屋进行室内外的改造，这种类型的聚落经过改造后会有比较浓郁的艺术氛围和创意环境，也推动了乡村历史建筑的保护与利用，甚至挽救了一部分濒临消失的乡村建筑与景观。

2. 工业遗址聚落型

工业遗址聚落型的聚落居民主体是艺术家和设计师。工业遗址有两类，一类是被纳入国家保护的工业遗产，是属于国家保护的建筑类型，通常以竞标或者委托的方式，由专业的设计团队来改造规划，最终会形成类原生式文化旅游创意聚落。入驻的艺术家或者企业只能限定于对其内部空间进行改造，也可以在临近区域规划新建功能区，但也需要遵循文物保护法的相关要求。另一类是未被纳入国家保护的工业遗址，特别是现代被淘汰的落后工业而形成的大量废弃的工业遗址，由于年代不够，它们不受政府保护，但这些工业遗址往往具有较好的可进入性和公共设施，并且具有相对低廉的地租，因此也会吸引聚落居民的集聚，形成原生式文化旅游创意聚落。

案例链接：北京 798 工厂

798 位于朝阳区酒仙桥大山子一带，是 20 世纪 50 年代初设计的一处国家重点工业项目。798 厂和周边的 797、751、706、707、718 等厂同属于一个大院——718 大院，这些厂原来都是保密厂，当初出于国防需要，均以数字代码作厂名。2000 年始，一批艺术家和商业文化机构开始成规模地租用和改造这里的一些空置厂房，逐渐发展成为集画廊、艺术家工作室、设计公司、餐饮酒吧等于一体的、具有一定规模的艺术社区，称之为"大山子艺术区"，而这些被租用的厂房以原 798 厂为主，因此也被叫作"798 艺术区"。798 艺术区是北京自发形成的艺术群落中条件最好的，在国际上的知名度也越来越高，成为国内外旅游者游览北京的一个重要景点，并被北京市政府列为文化创意产业聚集区之一。

3. 特色街区型聚落型

特色街区文化创意聚落逐渐成为我国城市文化创意的热点、城市旅游的亮点和城市休闲的黄金节点。特色街区要么有着悠久的历史，形成了较强的历史文化氛围，记录了城市一定的发展阶段，要么就反映了城市独特的人文环境和风俗习惯，成为城市文化或生活的一个"经典缩影"，对游客有着巨大的旅游吸引力。因此，特色街区创意聚落既能反映城市文化内涵和城市人文精神，又能够提升城市文化形象和城市生活环境。特色街区型文化旅游创意聚落的主要有两种情况，一种是依托传统历史文化街区，在这些区域文化底蕴深厚，文化氛围浓郁，会形成原生式文化旅游创意聚落。比如北京长安街文化演艺集聚区。另一种是依托特色商业街区，这类文化创意产业园区主要满足当地居民及外来旅游者的文化消费需求。比如上海的新天地、北京的王府井、沈阳的中街等。

4. 都市社区聚落型

都市社区型文化旅游创意聚落的空间载体是社区，这种类型的创意聚落主要是以表演艺术、社区休闲、信息技术和电子商务为产业支撑，通过文化创意和文化创意服务赋予社区新生命来吸引市民和游客，并为城市塑造新的形象区域。最典型的是依托高校形成的都市社区文化旅游创意聚落。高校是知识和创意人才最集中的地方，在中国的各大城市的艺术设计类高校周边分布着大量的文化创意聚落，聚落居民包括全职艺术家、兼职艺术家、高校教师、艺术类学生等。

案例链接：西山创意聚落空间设计

艺术家都喜欢扎堆，他们可以相互宣泄，互成圈子。而与北京798工厂、北皋艺术区等已有的几个艺术家圈子不同的是，西山创意产业基地B区策划色彩是非自发生成的艺术聚落设计。它选择了一个介于规划设计与建筑单体设计之间的方案。一方面，所有的建筑单体都是通过群体规划的方式布工的，单体相互毗邻，形成街道与大院空间。另一方面，这些单元都通过平台和内街的方式聚合成一个完整的建筑整体。

关注到每个个体时，用"漂浮容器"的状态来形容每个单体中艺术家创作与生活的这种若即若离的相互关系，艺术工作就像潜水一样憋足了劲的创作活动，而生活就像呼吸一种悠闲的漂浮状态。这种沉浮于水平面的状态最终被反映到单体设计中：工作空间都被安排在底层5.4米的高大空间中，而生活空间则像一个个白盒子悬浮在工作空间之上。它们之间的关系根据使用者个体的不同，也会是若即若离的。白盒子里的生活空间可以脱离或进入下层工作空间，形成丰富的空间体验。而放眼到整个聚落，所有的单体通过"圈子"的方式聚集在底层，形成可对大众开放的"艺术圈子"。二层屋面上则是属于艺术家们自己的内街社区"生活圈子"。在整个建筑的西北角上，平面艺术工作室的大玻璃盒子被提升到建筑的第三层高度上，也是意图通过这种实体和空间形态的营造表达"圈子"对于其所处的环境和人群应有的一种姿态。在这个标识性的室外公共空间中，不仅希望艺术群落的主入口在这里，也憧憬它能成为艺术与大众交流、互动、浸染、碰撞的乐园。

第四节 博物馆文创旅游

博物馆旅游是典型的文化创意旅游业态。随着城市旅游的兴起,博物馆成为重要的旅游吸引物,博物馆旅游逐渐成为展示城市独特历史文化的重要方式。从全球范围内来看,博物馆旅游是著名的国际中心城市旅游核心业态。著名的卢浮宫博物馆年接待约830万人次,大英博物馆年接待约460万人次,上海博物馆年接待约为106万人次。博物馆旅游作为一种高品位的文化创意旅游,正迎合了文化旅游的潮流和趋势。

一、博物馆及其类型

博物馆是为社会发展服务、向大众开放、非营利的永久性机构。1989年国际博物馆协会第十六届全体大会制定的《国际博物馆协会章程》对博物馆的定义为:博物馆是为社会发展服务、向大众开放、非营利的永久性机构。它以征集、保护、研究、传播的方式展出人类及人类环境的物证,为人们提供研究、教育、欣赏等方面的帮助。随着社会文化和科学技术的发展,博物馆的数量和种类越来越多。中国登记注册的博物馆数量到2011年年底已达到3589个,并且还在以每年100个左右的速度增长。截至2016年年底,中国博物馆共有4109个,博物馆数量超过100个的省市有16个。其中山东、江苏、浙江、陕西、河南、四川的博物馆数量超过200个。由此可见,我国数量庞大的博物馆种类齐全,在其专属的领域里发挥着不可替代的作用。划分博物馆类型的主要依据是博物馆藏品、展出、教育活动的性质和特点。参照国际上一般使用的分类法,将中国博物馆划分为历史类、艺术类、自然科学类和综合类四种类型。

（一）历史类博物馆

历史博物馆以历史线索展示藏品，主要提供历史文物藏品、文物照片和专业书籍介绍，是认识和了解一个地方历史的一种有效途径。中国的历史博物馆主要提供历史文物保存、展示与介绍，将历史文物宣扬到海外，并尽量发掘现代艺术文物，吸收世界各国古今的文化艺术。国内知名的历史博物馆有中国历史博物馆、中国革命博物馆、西安半坡遗址博物馆和秦始皇兵马俑博物馆等。

（二）艺术类博物馆

艺术类博物馆主要展示藏品的艺术和美学价值。它是对艺术作品文化力量的一种集中展现，影响着人们对艺术的认知和思考。中国知名的艺术类博物馆有故宫博物院、南阳汉画馆、北京大钟寺古钟博物馆、天津戏剧博物馆等。

（三）自然科学类博物馆

自然和科学类博物馆以分类、发展或生态的方法展示自然界，以立体的方法从宏观或微观层面展示科学成果。自然科学博物馆通过自然生物的展示，透过生动有趣的展览解说，阐明自然科学之原理与现象，启发对科学的关怀与兴趣，还可以协助各级学校达成自然科学教育的目标，进而为自然科学的长期发展建立基础。中国著名的自然科学博物馆有中国地质博物馆、北京自然博物馆、自贡恐龙博物馆、台湾昆虫科学博物馆和柳州白莲洞洞穴科学博物馆等。

（四）综合类博物馆

综合类博物馆综合展示地方自然、历史、革命史、艺术层面的藏品，是认识和了解地方自然、历史、文化的重要途径。国内知名的综合类博物馆有南通博物苑、山东省博物馆、湖南省博物馆、内蒙古自治区博物馆、甘肃省博物馆等。[1]

二、博物馆文创旅游概述

博物馆是历史和文化的浓缩，成为吸引旅游者，特别是吸引异质文化旅游者

---

[1] 谭颖. 博物馆旅游开发现状及发展研究 [J]. 绵阳师范学院学报，2007（3）：93-96.

的高品位的旅游资源。博物馆文化创意旅游是一种以博物馆为资源载体的文化创意旅游生产和生活方式。博物馆作为文化展示和文化服务的重要场景，博物馆旅游是开展得比较早的集旅游、文化与创意多态融合发展综合业态。博物馆类发展形态必须注意展馆旅游开发中的创意加工和创造性再生产，否则就是历史物品的简单陈列，对游客而言也仅仅停留在"到此一游"的文物观光水平。

一方面，博物馆具有教育、考察研究、增长见识、提高自身修养或者休闲娱乐等多重功能，使旅游活动由一般的游览观光上升到高文化含量的游憩活动。另一方面，博物馆文化创意旅游是对博物馆社会服务功能的拓展与深化。博物馆原本具有收藏文物、科学研究和社会教育三大功能，文化创意旅游功能是对其中社会教育功能的拓展和深入。通过对博物馆的文化创意消费，可尽量多地激发人们的创造力和想象力，更好地满足人们的精神文化需求，向社会传递爱国主义情怀，发挥特殊的社会教育功能。通过研发出具备更高附加值的文创纪念品，可以实现馆藏文物价值的社会化扩张和传播。

三、博物馆文创旅游的特征

博物馆文化创意旅游与其他旅游形式相比，其特点包括以下几点。第一，具有地域固定性。它的旅游接待组织必须依托博物馆才能进行，是以博物馆及其相关衍生物作为旅游吸引物，吸引旅游者到博物馆来旅游的活动。第二，具有社会教育功能。与其他旅游形式相比较，它具有更明显的教育意义。一般旅游活动的教育意义往往被隐性化或淡化，强调较多的是对自然风光观光和对历史文化的欣赏，获取知识与教育多是潜移默化的。而博物馆旅游则有针对性的向旅游者传递知识和信息，并且对于教育内容总体上是可以预知的。第三，主题明确。博物馆的类型决定了其文化创意旅游的主题，博物馆中的文物也可形成不同的主题。第四，具有文化创意潜力。博物馆资源仅仅能够提供观光价值，并且这种价值是有限的。博物馆旅游真正的价值是蕴藏在这些文物资源中的文化创意价值。第五，具有良好的品牌基础。博物馆无论是文化品牌还是社会品牌，均具有良好的品牌基础，有利于文化创意旅游后期品牌塑造与传播。最后，博物馆资源的独特性。全世界几乎没有完全类似的博物馆，即便复制的物品也不具有原始价值，收藏价值也将大打折扣，因而借此开发的文化创意旅游产品也无法复制，具有较好的独特性和唯一性。

四、博物馆旅游的文化创意设计

博物馆文化创意旅游可以在旅游形式、展出方式、产品内容和服务方式等不同的层面进行创新和创意。

第一，博物馆旅游形式创新与创意。随着博物馆文化创意旅游的发展，博物馆与旅行社和其他单位的合作日益成熟，旅游形式和销售方式不断创新。比如博物馆研学游、爱国教育游、博物馆考古游、博物馆度假旅游等。通过寓教于乐的方式使大众主动选择感兴趣的领域，探索和接受相关知识与信息，从而达到观众与博物馆精神交流的境界。旅游形式的创新和创意可以更好地激发旅游者的出游动机和消费潜力，使博物馆藏品、历史文化知识、文化价值理念等更好的走进人们的生活，成为更受关注和欢迎的旅游业态。

第二，博物馆展出方式创新与创意。博物馆运用展览陈列的艺术给公众描绘出一条凝聚着人类智慧和文化的美的历程，这就需要综合运用科学技术，提高博物馆的硬件设施，丰富展演的手段和方式，不仅仅是静态地陈列文物，而是采用更多科技手段和文化创意手段提高展演的表现力、互动性和参与性。比如，通过光影技术、VR 技术等重现历史，让静态的文物动起来，以及创新创意各种模拟体验活动，让旅游者在博物馆获取更加真实和生动的旅游经历。

第三，博物馆旅游产品创新与创意。博物馆的文化底蕴深厚，种类丰富，资源富集，是不可再生、不可磨灭的历史、艺术、文化殿堂，是精品杰作与人类精华思想的汇聚地。早期旅游者前往博物馆也只是以观光为主。现在通过精美而富有博物馆特色的文化创意品销售，给观众带来愉悦的购物体验。通过大师创意室、文化讲堂等让游客学习传统文化、习俗、科技、艺术等文化知识与技能。通过文化娱乐产品让旅游者边游边学，游学一体。同时也要增设博物馆住宿、博物馆餐厅、购物场所等文旅配套产品。总体上，丰富创新产品内容，增强产品之间的联系，把博物馆观光游变成博物馆生活游和度假游。

第四，博物馆旅游服务方式创新与创意。博物馆需要通过一系列人性化的服务与配套设施，营造起有趣、休闲、放松的游学氛围。过去的博物馆仅仅作为一个城市文化的展示场景，现代博物馆还向旅游者提供参观和讲解服务，随着博物馆旅游者逗留时间的增加，也需要提供餐饮、纪念品、娱乐等相关衍生服务，使博物馆的设施更加健全，也使旅游者的体验更加全面和完整[①]，从而给观众带来一种独立而全新的感官体验，充分满足旅游者的求知欲与好奇心，并释放社会压力和心理压力，总体提高旅游者的满意度。

案例链接：故宫博物院的文化创意旅游

文化创意产业是一种在经济全球化背景下产生的以创造力为核心的新兴产业。其主要表现的是创作者及其团队的主观世界观。文化产业的兴起，源于后工业化时代经济开始向高附加值的服务业转型，人们开始注重对文化和精神的需求，文化创意产品也随之产生。互联网时代新兴媒体的不断发展，使文化创意产业借助新兴媒体的渠道走上了快速发展的阶段。而在新的历史时期，以故宫文化创意馆为代表的一系列文化创意产业开发已成燎原之势。

1. 故宫文化创意馆

以故宫的文化创意产业营销为例，其在各个层面都取得了不俗的成绩。故宫博物院推出的"宫元素"纸胶带一夜之间刷屏，相继推出的一系列文化创意产品引起了大家十足的关注；在故宫中销售旅游纪念品的"故宫商店"更名为"故宫创意馆"，名称的转变也代表着文化创意产业改变了原有的经济模式，打通了思维、创造、销售的全产业链条。故宫博物院的文化创意产品，从清朝皇帝卖萌图到佛珠耳机，再到VR版《清宫美人图》，无一不显示出现代科技与传统文化的融合。值得叫好的是故宫元素与文化创意产品的融合。经过7年院藏文物清理，25大类180余万件文物藏品得以呈现，成为文化创意研发最宝贵的文化资源。截至目前，故宫博物院已研发出9170种文化创意产品，每年的销售额超过10亿元。故宫文化创意商店中包装精美的宫元素创意产品，如纸胶带、风扇、挂件、梳妆镜、实木筷等产品小巧便携，富有吸引力。正如故宫创意馆的标语："把故宫带回家"，故宫的文化元素正步入消费者的家中，

---

① 杨英.节庆旅游效应分析：以广东省国际旅游文化节为例[J].特区经济，2010（4）：151–153.

成为手边日常用品。以前的故宫商店，仅仅能买到雕花扇子、老佛爷金指甲、牡丹花丝绸。现在的故宫创意馆，备受大家喜爱的商品越来越丰富，Q版皇帝皇后书签、三宫六院冰箱贴、故宫猫咪手办、海水江崖纹提包、玲珑福韵项链、故宫国色口红、宁寿宫庆寿堂潘祖荫年历和白鹤紫霄便签本等更加实用化和多元化的产品将故宫文化变成了消费者日常生活中的必备部件，从冷冰冰摆在展柜中的出土文物变成大家触手可及的可亲形象。在不断的尝试中，故宫博物院转变了营销的方式，将文化创意产品以消费者的实际需求为创造依托，将文化贴近消费者的生活需求，从而转变了消费者的态度。

2. 故宫博物院的网络产品开发

（1）网络客户端。故宫的文化创意产品营销的成功，不仅在于创意，更在于营销渠道。网络营销是故宫博物院营销的方式之一，在故宫博物院官方客户端中，文物的精致图文也引来了不少的关注。下载"每日故宫"这个App，可以每天欣赏到故宫的一件精美文物。在App里，简洁的故宫元素和精细的图文展现着故宫的历史文化与内涵。而新增加的文物解说功能，更丰富了文物的文化内涵，做到了无论在全世界的任何地方，人们打开手机便能感受到故宫的碧瓦朱甍。

（2）网络应用程序。在网络营销层面，故宫推出的不仅仅是官方客户端，还包括适应网络传播的其他各类应用程序，包括故宫实景拍摄的电脑手机壁纸、紫禁城输入法皮肤、祥瑞表情包、故宫游戏等。故宫和搜狗输入法联合推出的故宫元素皮肤深受大众喜爱，融入故宫元素的输入法皮肤不仅看起来富贵祥和，更体现着中华民族对传统文化的骄傲与传承。搜狗输入法同时推出的一系列故宫表情包，从乾隆雍正的卖萌poss到国画中提取的紫禁城祥瑞图，做成配文"吓死宝宝了""你瞅啥"等潮流表情更是下载量飙升。"足不出户逛故宫"的发展理念，打开了故宫的网络市场。新兴媒体的发展带动了故宫文化创意产品的营销，也带动了网络营销平台的建设。故宫官方网站的推广带动了故宫网络创意产品的销售，也推动着合作应用程序的网络下载量。

（3）网络创意游戏。更值得一提的是，故宫开发了专属的故宫创意游戏。《皇帝的一天》是下载量最高的一款游戏，在故宫的官方网站上就给出了 Android 和 iOS 的下载按键，让官方网站成为游戏下载的主要推动力量。通过《皇帝的一天》这款网络创意游戏，不仅让用户体会到了在紫禁城里做皇帝的感觉，更了解了故宫的布局、构造、景点以及清朝皇室的生活风俗。这款 App 吸引的更多的是少年儿童的喜爱，从故事书中高高在上的皇帝，到自己也可以通过 App 体验做皇帝的第一视角，少年儿童在这种益趣教学的方式中培养着对传统文化和故宫文化的喜爱。

第五节 文化旅游节事

文化旅游节事是典型的文化创意旅游业态。20世纪90年代以来,文化旅游节事获得了巨大的发展。我国文化旅游节事种类丰富,数量庞大。2000年纳入国家旅游局的大型文化旅游节事就超过100个,2001年的国家级文化旅游节事达到133个。当前我国传统节日和法定节日除外,全国各地的现代文化旅游节事活动有3000多台。地方文化旅游节事不仅促进了文化的传承,还大大提高了旅游的吸引力,对提升客源具有很大的推动作用,也对周边的住宿、餐饮、娱乐等具有综合带动效应,传承了文化也促进了旅游的发展。

一、文化旅游节事及其功能

节庆是"节日庆典"的简称,广义的节庆包括各种传统节日和现代节日。传统节日是指国家法定的节日、庆典、历史事件的纪念日,比如国庆节、劳动节等;现代节日指各城市和地区根据自身的资源禀赋和地方特点,策划举办的带有浓郁地方特色的现代节庆活动。节事是节庆与事件的统称,节事除了节庆之外,还包括博览会、交易会、论坛等事件。因此,节事可以定义为人类通过对地方历史、人文、艺术和风俗等特有主题文化进行整合、提炼和创意加工而成的独特魅力的社会、经济和文化活动,它是地域文化、城市文化、民俗风情和当代社会最新成果的最集中表现。当节庆节事与现代旅游融合起来时,便形成了新的社会、经济和文化载体,即文化旅游节事。[1] 传统节事活动和节庆资源并不能自发地成为文化旅游节事活动。它需要以创新和创意为核心,通过旅游产业化和文化创意化的

---

[1] 李永菊.文化创意旅游产业的内涵[J].中国集体经济,2011(15):137–138.

方式让节事活动具有了旅游吸引力,而后文化旅游节事才开始诞生。在旅游发展过程中,文化创意与民俗特色往往融合发展而成为旅游节事。我国典型的文化旅游节事活动有泼水节、啤酒节、冰灯节等,比较著名的有哈尔滨冰灯节、青岛国际啤酒节等。[1][2] 通过丰富多彩的节庆活动,大大提高了旅游的核心吸引力,对于拓宽景区面,提升客源具有很大的推动作用。也对周边的住宿、餐饮、娱乐等形成一体化的带动方式,促进地方全域发展。[3]

(一)文化旅游节事的特征

1. 文化性

文化性是文化旅游节事最重要的特征,文化旅游节事是独特的地域文化、城市文化和民俗风情最集中的表现。文化也是文化旅游节事真正吸引旅游者的深层次动因。任何一场文化旅游节事活动要么是基于一定的优势文化,要么会孕育一种新的现代文化,因此,文化旅游节事不是在传承文化就是在创造一种新的文化。比如,西方的"万圣节",墨西哥的"亡人节"和中国的"中元节"是对先祖文化的一种传承;而现代的啤酒节、趣味文化节、漂流节等则更多是创造了一种现代旅游新文化。

2. 周期性

文化旅游节事中的"节"原意就有周期性之意,而固定的时间性既符合人类节事的需求规律,也有利于节事旅游的举办、安排和培养旅游者节事消费习惯。文化旅游节事的举办周期往往是由其主题、历史、文化、财力和气候等众多因素所决定的,有的每年举办一次,有的两年举办一次或有更长的时间间隔。相当一部分文化旅游节事会沿用传统的节庆节令时间。比如民间庙会演变过来的旅游节或少数民族的节日——岳阳的龙舟节与屈原传说有关。一些旅游节事活动则因气候或生长周期具有显著的季节性,比如哈尔滨的冰雪节、云南罗平的油菜花节、

---

[1] 戴光全,保继刚.西方事件及事件旅游研究文献分析[J].世界地理研究,2003(12):78-83.

[2] 戴光全.重大事件对城市发展及城市旅游的影响研究[M].北京:中国旅游出版社,2005:26-31.

[3] 王慧敏.文化创意旅游:城市特色化的转型之路[J].学习与探索,2010(4):122-126.

漂流节等。①

3. 稳定性

尽管文化旅游节事的许多活动内容随时代而发生相对变化，但其核心内容通常保持相对稳定。而其配套项目则追求创新，以形成文化旅游节事新的吸引力。新增的配套项目经过长年考验也会因成为主要项目内容而稳定下来。相反，原先稳定的项目也有可能会因为不适应时代需求而被淘汰。但这种更新换旧的项目不能占比太高，否则会影响文化旅游节事活动的可持续性。比如，大型的奥运会其赛事项目会保持长期稳定，而蒙古族的那达慕大会中的骑马、摔跤、射箭是其主要内容，也是那达慕大会的精髓，历时数百年保持不变，那达慕大会的其他活动则常变常新，随时代发展相应变化，比如表演活动等。

4. 综合性

文化旅游节事的综合性非常明显，它强调本土化、群众化、民族性、娱乐性、文化性和经济性等多种经济和文化特性的综合。这种综合性首先体现在文化旅游节事活动涉及的领域是综合的，在核心内容主导下，文化、旅游、体育、贸易、科技等元素相互融合。其次，组织活动涉及交通、卫生、医疗、安全、城管、文化、旅游等多个部门。再次，表现为文化旅游节事活动内容的综合性，包括民俗、美食、文化、历史等的多彩而丰富的内容。最后，文化旅游节事具有旅游功能、经济功能、庆典功能、区域形象塑造等多重功能。

（二）文化旅游节事的功能

1. 品牌塑造功能

文化旅游节事首先是一项文化活动，目的地的选择往往会是以当地最具代表的一种或数种主题文化来作为节事的主题，通过大流量的节事旅游消费和传播以及节事活动的长期反复举办，能够较好地树立旅游目的地的文化品牌。比如，丽江的纳西古乐主要是通过小型旅游节事的方式成为丽江和纳西族的文化品牌的。而天津"妈祖文化旅游节"就是依托先有天后宫，后有天津卫的文脉，强化妈祖文化与天津历史文化的渊源，传播的是天津与福建湄州岛、台湾三大妈祖文化发

---

① 郭胜. 旅游节庆的策划与市场化运作 [J]. 北京第二外国语学院学报，2005（3）：111-114.

源地的品牌,从而让人们把"天后妈祖"与"天津"紧密联系在了一起。[1]

2. 旅游营销功能

文化旅游节事不仅是一次节事活动,更是一种集中式的旅游营销手段。文化旅游节事活动往往有特定主题,在特定空间场所定期或不定期举行,一般延续几天甚至几十天的时间,以其独特的节事创意主题活动吸引大量的旅游者,能在短期内凝结人气,并产生一定的轰动效应,在短时间内达到宣传促销的作用。期间还会穿插不同程度的招商、旅游、商业等活动,对提高举办地的旅游知名度、美誉度和开拓旅游市场良好的作用。比如,中国的旅游交易会就把上海和云南的旅游品牌提升到了一个国际化的水平。广西梧州的"广西龙母文化旅游节",通过三天时间开展梧州的旅游和经贸交流活动,较好地宣传了梧州的目的地形象。

3. 综合带动功能

文化旅游节事活动是一场社会旅游活动、文化活动和经济活动。每一个文化旅游节事活动都体现了一个地方或一个民族灿烂的民族文化和悠久的历史,因此文化旅游节事活动是对地方文化和民族文化的传承与创新。另一方面,任何文化旅游节事活动都是从一开始就具备了经济内容的载体功能,它的举办都需要人力、物力、财力的投入,会产生经济乘数效应。文化旅游节事活动会伴随着现代商业活动,人们和企业直接进行商品交易,甚至以文化旅游节事作为产业平台进行专业化的组织生产,从而带动地方经济的发展。比如,博鳌论坛就带动了地方经济质的飞跃。因此,文化旅游节事活动既是一种文化现象,也是一种经济现象,二者交织在一起,互相关联、互相渗透、互相制约、互相作用,其内在联系错综复杂。[2]

二、文化旅游节事的类型

(一)文化旅游节事分级

我国文化旅游节事活动按照等级分为国家级、省级、市级和县级四类(见表6-4)。

---

[1] 郭伟.上海节庆旅游的发展对策[J].技术经济,2001(2):45-47.
[2] 范春.大力开发我国"节"和"节文化"旅游资源[J].渝州大学学报(社会科学版),2001(5):73-75.

表 6-4　旅游节庆的等级分类

等级类型	影响范围	主办或联合主办部门
国家级	整个国家甚至全世界	国家文化和旅游部
省级	基本上在本省以内，最多辐射到周边省市	省文化和旅游厅
市级	以本市为主，辐射范围基本上不超过周边地市	市级政府或相关部门
县级	基本上局限于本县市，最多不超过周边县市	县级政府或相关部门

（二）文化旅游节事分类

文化旅游节事按照节事性质分为八大类：一是文化庆典，包括节日、宗教事件、大型展演、历史纪念活动等。比如，国际级电影节柏林电影节、戛纳电影节和威尼斯电影节每年吸引了成千上万的欧洲大陆旅游者到举办地观光游览，大大促进了举办地旅游业的迅速提升发展。二是文艺娱乐事件，包括音乐会、其他表演、文艺展览、授奖仪式。三是商贸及会展，包括展览会展销会、博览会、会议、广告促销、募捐筹资活动。四是体育赛事，包括职业比赛、业余竞赛。五是教育科学事件，包括研讨班、专题学术会议、学术讨论会、学术大会、教科发布会。六是休闲事件，包括游戏和趣味体育、娱乐事件。七是政治/政府事件，包括就职典礼、授职授勋仪式、贵宾观礼、群众集会。八是私人事件，包括个人庆典（周年纪念、家庭假日、宗教礼拜）和社交事件（舞会、节庆、同学亲友联欢会）。

中国文化旅游节事按照主题分类分为七种基本类型（见表6-5）。

表 6-5　旅游节庆的主题分类

类型	主要特征	典型文化旅游节事
自然景观型	以地方自然地理景观（独特气象、地质地貌、植被、特殊地理风貌、典型地理标志、地理位置）为衬托，综合展示地区旅游资源、风土人情、社会风貌的文化旅游节事	中国哈尔滨国际冰雪节、张家界国际森林节、中国吉林雾凇冰雪节等
历史文化型	依托地方文脉和历史传承的景观、宗教活动等而开展的文化旅游节事独特的地域文化	天水伏羲文化、曲阜国际孔子文化节等
民俗风情型	以各民族独特的民俗风情和生活方式为主题民族艺术、风情习俗、康体运动等的文化旅游节事	南宁国际民歌节、中国潍坊国际风筝节等

续表

类型	主要特征	典型文化旅游节事
物产餐饮型	以地方特产和特色商品及本地餐饮文化为主题，辅以其他相关的参观、表演等而开展的文化旅游节事	大连国际服装节、青岛国际啤酒节等
运动休闲型	以各种体育赛事、竞技活动为形式，辅以其他相关的参观、表演等而展开的文化旅游节事	银川国际摩托旅游节等
娱乐游憩型	以现代娱乐文化和休闲游憩活动为形式，辅以其他相关的参观、表演等而开展的文化旅游节事	上海欢乐节、广东欢乐节等
综合型	多种主题组合，一般节期较长，内容综合、规模较大，投入较多，效益较好的文化旅游节事	上海旅游节、中国昆明国际旅游节等

三、文化旅游节事的创意设计

（一）塑造差异性和独特性

会展旅游的内核是商务，度假旅游的内核是休闲，而文化旅游节事的内核是文化。文化旅游节事之所以风靡世界，因为它让人们看到异国他乡文化的差异性和独特性。文化旅游节事通常是以地方特色文化、习俗、物质与精神文明成果为基础的，文化旅游节事必然渗透着举办地独特的地方文化，离开了必要的地域和文化环境条件，其个性化的特殊吸引力就消失了。地域性、民族性和文化性是文化旅游节事的魅力所在，最大限度地展现地方这三个特性是关系到文化旅游节事的成功的关键。布利比认为，旅游目的地的文化旅游节事越是独一无二地反映与自然或文化特点的紧密联系，就越能吸引旅游者。邢定康认为，离开特定文化背景和内涵，文化旅游节事将丧失其存在的意义。比如，慕尼黑啤酒节和大连服装节成功的秘诀在于，啤酒和服装已经从单纯的商品异化成一种城市的品牌文化。

（二）寻求顶层文化，统领节事创意

任何文化本身都是一个整体和系统。文化旅游节事作为地方文化的一部分，必须置于整个地方文化的框架中去考虑和开发，而且影响节事旅游文化的形成与发展的因素也是多方面的。因此，文化旅游节事的文化创意必须把每一个创意元素置于整个文化系统中去研究与设计，体现文化秩序和文化正确的站位。统领节

事文化的一项重要工作是强化文化旅游节事形象创意。节事形象创意首先是节事主题的确定。主题的命名主要采用主题活动命名法（汽车拉力赛）、主题资源命名法（油菜花节）、主题事件命名法（奥运会）等。其次是文化旅游节事的命名。其命名一般用"旅游节"，也可以"会""赛""节""季"等来命名，文化旅游节事的范畴也包括各种旅游交易会、旅游展览会、旅游博览会、旅游体育赛事等展会或体育事件，并且表现出较强的专业性。

（三）尊重文化传统，科学创意节事产品

文化旅游节事的形成和演变过程有着自身的规律，这种规律包括对传统文化的敬仰、对时令的顺从、对自然和生态的敬畏、符合时代主流价值观等。一些文化旅游节事资源是脆弱的，保护和抢救这种资源是对其开发、利用的前提。在创意开发过程中，应遵循文化旅游节事自身演化的规律，确保传统文化旅游节事资源开发的真实性，努力按地方文化的本来面貌去开发旅游产品和旅游商品，强调文化的原汁原味。其内容、形式、格调、氛围等都应尊重地方文化的原真形态，以凸显历史风格、地方色彩和民族特色，给旅游者以真实、亲切、淳朴的乡土感受。比如，河北省赵县范庄镇的"龙牌会"就是把龙牌作为"天地三界十方真宰龙之神位"加以崇拜，把崇龙、敬龙和敬祖融为一体，成为他们社会生产生活必不可少的组成部分，它的存在并不是为了吸引旅游者。但是，正因为活动如此原真才使得旅游者不请自来，并成为华北地区著名的民俗旅游产品。

（四）提高节事活动的参与性和社交功能

参与性和社交属性是文化旅游节事的显著特性之一，它摒弃了传统旅游中把人排斥在旅游吸引物外的做法，而是让参与者融入其中，亲身体验各项活动，并且鼓励人与人之间的交流与交友。文化旅游节事中的游行、狂欢等活动需要大量参与者来制造文化旅游节事的氛围，各种比赛和展览也需要相关人员和商家的参与，否则这些活动就无法开展。文化旅游节事参与者来自各个地域及不同的领域，既有社区居民，也有旅游者，众多的参与者给文化旅游节事带来了活力，不但给旅游者带来了暂时的"朋友"（未来也有可能成为永久的朋友），也给目的地带来了经济收入。参与性和社交功能也是文化旅游节事吸引旅游者的原因之一，他们通过参与各种活动满足了自己的兴趣和爱好，展示了自己的特长，或者可以学到

地方特有的技艺，交到了自己的朋友。①

案例链接：山东青岛啤酒节

青岛国际啤酒节作为青岛市的重要节庆活动，不仅是国内最早创办的节庆之一，也已经跻身中国成功举办的大型节庆行列。青岛啤酒节创办于1991年，至今已经举办了十几届，经过十几年的培育和发展，青岛国际啤酒节无论是在经营思路上还是在体制设计上，都已经与举办之初有了很大的不同。1991—1995年，青岛国际啤酒节主要依靠政府投入。1996—1998年，从第六届国际啤酒节开始，提出了"民办公助"的办节思路，政府不再给啤酒节资金上的支持，而是提供一些相关政策上的支持，主要依靠企业出资。随后的第六、七、八届青岛国际啤酒节处于市场化过渡阶段。从1999年的第九届青岛国际啤酒节到2000年第十届青岛国际啤酒节，政府已经开始实现了零投入。从2001年的第十一届啤酒节开始，在青岛国际啤酒节节庆气氛良好，具有了良好的群众基础。

从青岛国际啤酒节的经济影响来看，国际啤酒节在短期内已经达到了"收支平衡"，实现了"以节养节"的目标。在对不同行业的关联带动层面，啤酒节对旅游行业，特别是酒店行业和旅行社业带动巨大，在啤酒节期间，青岛市的酒店出租率明显提高，几乎达到了100%。此外，影响较大的依次是市内交通（如出租和公交）、航空、铁路以及商业零售、餐饮业等。在对整个目的地的推动上，啤酒节提升了青岛作为一个沿海城市的知名度和美誉度、塑造了青岛作为海滨休闲度假目的地的形象，另一层面也推动了城市整个大环境的改造和建设。

从社会文化影响来看，"吃海鲜、喝啤酒"早就是很多青岛人的习惯，啤酒节不仅保留和弘扬了这一传统，同时还提出了"青岛与世界干杯"的国际化发展思路，实现了这一传统与世界啤酒文化对接，也增强了青岛人保留传统的自豪感，让这一啤酒文化更加深入人心，使得啤酒节也成为老百姓邀请朋友共度的一个欢乐的节日。

---

① 吉文桥.关于"节庆经济"的思考[J].学海，2003（2）：56-60.

第六节　影视旅游

影视旅游是典型的文化创意旅游业态。1955年，美国电影动画师沃尔特·迪士尼以其丰富的想象创造了迪士尼乐园，标志着影视旅游的萌芽。1963年，环球影城系列的第一个主题公园好莱坞影城建立标志着影视旅游开始产业化发展。在好莱坞的收入中，后电影产品开发以及附带产品则占80%。美国每年的旅游收入中至少有2/3与文化旅游有关。20世纪80年代，我国河北正定县的荣国府、无锡的西游记宫以及北京大观园的建立标志着中国影视旅游的正式兴起。可见，影视文化对旅游发展促进作用极大，到文学名著原型地和热播剧拍摄地旅游正逐渐成为旅游者出游的主流诱因，影视旅游也带来了巨大的市场潜力和经济效益。

一、影视旅游概述

狭义的影视旅游是指电影电视旅游，广义的影视旅游是指所有因文学现象和影视活动的开展而引致的旅游活动。广义的影视旅游包括电影旅游和文学旅游两个基本类型。因为电影源自于文学，所以二者也会有交叉，很难截然分割。

（一）电影旅游

电影旅游既包括对影片拍摄的外景地进行的旅游，也包括与影片相关的故事情节发生地、影片拍摄的影视城、影视节庆活动及置景、道具等一切对旅游者产生旅游吸引力并前往的旅游，还包括因影视作品的明星效应及宣传、探班、播映等活动而引发的旅游活动。其中影片的拍摄地或故事发生的背景地，也可以是外景地，其中背景地是最为重要的。在电影史上，有些电影的背景地和拍摄地其实在两个不同的国家。黑泽明的著名电影《最后的武士》(The Last Samurai)背景地是日本，但电影实际上是在新西兰拍摄的，人们循着这个电影访问的肯定是日本，而不是新西兰。诸如刘亦菲版国产电视剧《天龙八部》在桂林阳朔取外景，使阳朔被众多去桂林旅游者列为首选之地。中国西部地貌因苍凉、空旷、壮美成为不少武侠小说与历史剧的取景之地，宁夏镇北堡的西部影视城也成为众多旅游者金秋十月北上的不二之选。①

（二）文学旅游

文学旅游则包括文学著作、诗词歌赋、小说等文学作品的原型地、故事情节发生地和文学主人公的事迹地等，这些都可能引致旅游活动，还包括文学名著原型地旅游、文学故事发生地旅游等，也包括依据原著再现著作中的园林、人物、场景等，甚至包括即兴创意设计的现代人造景观场景，可以是自然景观或人文古迹。

（三）影视旅游产业

影视旅游会制造出批量的影视旅游资源，这些资源可以划分为静态的影视旅游资源、活动形态的影视旅游资源、文化意识形态的影视旅游资源等。旅游经营者开发并利用电影、电视、文学的制作地点、环境、过程、节事活动以及影视作品中反映出来的能够促进旅游的文化内容和影视旅游资源，经过创意设计、加工生产、策划宣传，便形成了影视旅游产品。世界各地对"影视＋旅游""文学＋旅游"旅游产品的开发越来越重视，依托影视旅游资源逐步实现了其产业化发展。影视旅游产业则是以影视为表，以产业为里，以文化为魂，依托当地丰富特色的资源和历史特色，形成集影视拍摄、文学鉴赏、文化传播、旅游观光、休闲娱乐、旅游购物于一体的综合业态。

二、影视旅游的形成因素

影视作品和文学作品都具有其独特的自然景观、人文风情要素，但并不是每一部影视剧或文学名著都可以引致旅游行为，促进旅游发展。决定吸引了观众形成旅游动机并最终形成影视旅游活动的是受影视的收视率等众多因素的影响。

---

① 王昊. 旅游影视的特征研究［J］. 乐山师范学院学报，2012，27（5）：63-66.

（一）高收视率或高利用率

对于单个作品来说，影片收视率和文学著作的读者数量是影视旅游引致旅游行为的首要因素。高收视率、高读者量以及基于这两个指标之后的高转换率是决定影视旅游发展的核心指标。在观众和读者中，由于各种主客观条件的限制，只有一部分会受作品影响而转化为旅游者，提高这个转换率是影视旅游市场开发的重点。如果电影、电视、文学作品没有热播，那么它的观众数量基数就小，被转化的旅游者总量就少。而对于影视基地来说，高利用率是形成影视旅游的关键因素。即便是低收视率的影视作品，一旦大量重复地在某一个影视基地拍摄的话，也会产生影视集聚效应，从而引致旅游现象。比如，《大宋提刑官》《宝莲灯》《聊斋》等都是在无锡影视城、横店影视城内取景拍摄。影视主题公园一般是利用这一规律来发展影视旅游的。

（二）现实环境与剧情空间的差异性

当观众把影片取景地作为旅游目的地考虑时，环境差异是激发旅游动机并产生旅游行为的重要因素。影片中所展现的场景或文学著作中所描述的场景与现实的生活环境存在巨大的差异，这些场景或设施相对于观众平时生活、工作环境是新奇的或者是观众所预想的，观众就会产生向往之情，产生旅游动机，实现从观众向旅游者的转化。比如，好莱坞拍摄的电影之所以对旅游者有吸引力，就是因为其营造的冒险、奇幻场景与平时生活与工作环境大相径庭，能够满足观众的好奇心，并使其暂时性逃离现实环境，从而对观众产生强烈吸引力。

（三）经典场面/主要的取景地或原型地

一部电影或电视剧作品一般都需要在各类各地的场景取景，有些甚至要在不同的省份、国家取景，一部文学作品的原型地一般也不只是一个地方，但只有其中一个或几个高潮情节或经典场面/主要场景或经典原型地/主要原型地才能吸引游客，促进旅游产业发展。这是因为高潮情节或经典场景给观众形成的视觉冲击力和心理共鸣往往会引发观众的兴奋，从而产生深刻的印象与良好的口碑，进而引发旅游动机和旅游行为。比如《卧虎藏龙》中周润发与章子怡的竹林顶端打斗场面，《英雄》中张曼玉与章子怡在胡杨林打斗的场面、《西游记》中的火焰山、

《水浒传》中的梁山等对取景地和原型地都起到了很好的旅游促销作用。整部剧集或主要情节的取景地都集中在某个较固定的场景内进行，并且这个场景与故事的开端、发展、高潮都息息相关。因观众对剧情的熟知，使得取景地潜在旅游者对旅游目的地的形象易于感知，在他们的脑海中易于形成对拍摄地的整体印象，知道如果去旅游就是在这样一个范围内游览。比如《刘老根》中的龙泉山庄，《乔家大院》中的乔家大院，韩剧《情定大饭店》中的喜来登酒店，《罗马假日》的罗马城，《巴黎圣母院》中的巴黎圣母院。

（四）取景地与原型地的成熟度与特色

取景地与原型地本身就是旅游热点景区或周边有热点景区、本身就具有特色或配套公共服务设施完善者，将有利于发挥和放大影视或文学作品对其旅游的促进效应，从而快速形成影视旅游目的地。比如，香港旅游发展自1999年开始推出"香港电影地图"，将香港旅游与香港电影联合推广，实现影视作品与成熟的日常生活场所或成熟的旅游景区形成呼应和叠加，产生亦影亦真的文化旅游消费体验。而《乔家大院》的拍摄地与世界自然文化遗产地山西平遥古城毗邻，很多旅游者都把乔家大院与平遥古城视为关联消费目的地。独特的目的地会抢占类似取景地或原型地的风头。比如，电影《古今大战秦俑情》本身并没有在临潼兵马俑景区取景拍摄，基本内景都在摄影棚内搭设完成，然而却使得很多境外旅游者在观看了影片后前往临潼兵马俑参观游览。《有一个美丽的地方》这首歌唱的是云南德宏州，但游客却误以为唱的是傣族风情知名度较高的西双版纳。

三、影视旅游的产品与业态

影视旅游除了形成影视旅游主题公园、影视旅游节庆之外，还会形成如下业态。

（一）虚拟旅游

虚拟旅游指的是利用现代信息技术和展陈技术把线下实景旅游通过模拟、创意或超现实景观，构建一个虚拟旅游环境，让游客能够身临其境般地进行线上游览与体验。虚拟旅游为实现远程旅游提供了虚拟平台。比如，台湾360°虚拟实景旅游网把《海角七号》全部的场景模拟上线，使得网友360°虚拟感受电影中出现的地点及情节。北京故宫博物院利用 3D 技术推出了"超越时空"虚拟旅游项目，为那些不能实地到紫禁城的旅游者提供了一个网上虚拟旅游的机会。虚拟旅游为旅游价值的实现提供了一种新的方式，但它不可能完全替代传统的实景旅游方式。

（二）影视旅游基地

影视旅游基地也叫影视旅游城，作为文化创意旅游产业的主要组成部分，它不仅仅用来拍摄电影，还作为旅游吸引物接待旅游者。当然，影视旅游基地的主业是影视拍摄，旅游是成熟影视基地具备旅游吸引力后所引致或衍生的旅游现象，也是影视行业出于节约成本和综合营收的考虑，附加了旅游的功能。随着影视城与旅游的融合发展，旅游影视基地业态越来越成熟，一方面，它专业从事影视剧拍摄制作，另一方面，也进行影视剧拍摄景区及相关旅游资源开发经营等业务，集聚了影视拍摄、影视旅游创意设计、制景装修、饭店、宾馆等一批文旅企业，形成了"以剧带景、以景带剧"的文化创意旅游基地。历经 40 多年探索与发展，现在全国已有特色鲜明、类型各异、规模不一的影视城 100 多家，中国影视旅游基地初步形成了"以影视基地为依托、以影视文化为内涵、以影视体验为目的"的线上播放线下体验的影视旅游发展模式。其中比较著名的有宁夏西部影视城、长春电影科技园、浙江横店影视城、无锡三国城、水浒城、上海影视乐园、云南昆明玉龙湾影视城。尤其是以横店影视城为代表的一批企业，开始了完全市场化的经营和运作，业态模式渐趋清晰，成为中国的旗舰影视旅游企业。

（三）影视旅游产业集聚区

因某部作品彰显了某个地区某个时期的鲜明的地域文化特色，撬动或整合了多个景点景区的旅游发展，并以此为主题影视旅游线路，带动整片区域旅游业发展的现象，形成一个影视旅游产业集聚区。影视旅游产业集聚区早期业态是一些影视旅游线路或旅游区。比如，很多旅行社根据央视开年大戏《走西口》设计推出了"走西口"旅游线路。当旅游线路和旅游区成熟之后才会发挥旅游经济的扩散效应和旅游资源的集聚效应，并通过拓展和带动而形成影视旅游产业集聚区。

案例链接：韩剧影视旅游开发

进入 21 世纪后，随着世界各国间的交流日益紧密，以文化竞争力为代表的"软实力"竞争对各国的国际竞争力产生了越来越重要的影响。而文化要素作为旅游吸引物中的重要组成部分，在旅游体验中起到了十分重要的作用。随着韩国影视文化产业的发展，迅速在亚洲范围内形成了一种"韩流"现象，随后韩国旅游业界及政府相关部门迅速开发了各种以"韩流"为主题的旅游产品，并在韩国旅游文化部、京畿道政府的共同促进下正式确定了集影视作品制作、影视文化主题公园、住宿、购物、娱乐等功能于一体的"韩流世界"大型文化中心的开发计划。

在亚洲及韩国国际旅游市场层面，在 21 世纪初期，随着韩国旅游产业的不断发展，以首尔为中心的韩国首都地区出现了住宿设施不足的问题，亚洲各个国家和地区间在国际旅游上的竞争日益激烈。在这一背景下，韩国京畿道政府开始重新审视旅游产业的未来发展趋势，将旅游产业作为新型战略产业开始扶持。

在文化产业发展层面，全世界的文化产业在 2000 年以后取得了飞速发展，与此同时，"韩流"作为一种文化现象已经形成并且其影响力在亚洲乃至全世界范围内不断扩大，为韩国文化产业向外扩张打下了基础。在考虑到亚洲国际旅游市场的发展趋势、韩国文化产业发展趋势、"韩流"现象影响的不断扩大以及京畿道旅游产业发展需要等客观情况的基础上，韩国文化旅游部与京畿道政府共同确定了以"韩流"为主题，集影视剧制作、影视文化主题公园、住宿设施、商业设施、文化设施等于一体的综合性旅游开发计划，即"韩流世界"开发计划。

从旅游开发的角度来审视"韩流世界"时可以看出，"韩流世界"是一个以韩国文化为核心的主题公园。通过对以迪士尼乐园为代表的主题公园开发成功案例进行分析可以看出，主题公园的开发需要大规模的初期开发资金及后期的运营维护资金，为了维持主题公园的运营乃至获取利润，就必须有庞大的市场作为支持。因此，主题公园多选择临近经济发达、人口众多且交通便利的大城市（或地区）。

值得注意的是,在制订土地使用计划时,"韩流世界"开发计划充分考虑到了城市未来的发展方向,并从京畿道未来整体发展趋势出发,将"韩流世界"作为京畿道新的中心地区,从功能及与其他地区的空间联系角度出发,对其用地做出相应的规划。在土地用途划分时,为了达到增效效果的极大化,不仅考虑到了主题公园、旅游住宿、旅游业务及商业设施等设施间的互相补充性,同时对建成后的"韩流世界"与周边设施的联系性也做了充分的考虑。

"韩流世界"主题公园的核心是"韩流"文化,在主题选择上就与现有的主题公园形成了差别。为了更好地通过主题公园的形式演绎"韩流"文化这一主题,获取不同细分市场的青睐就成为"韩流世界"设计的核心。为了结合主题,达到开发设计中既定的目标,"韩流世界"主题公园将整个园区分为动漫世界、节日花园、韩流影院三大主题来共同演绎"韩流文化"这一主题。这一主题部分将邀请韩国的艺术家、电影导演、演员的相关人员通过音乐会、特别演出及互动博物馆等活动为旅游者提供近距离感受韩国影视文化的机会。

韩国电视剧《大长今》曾红遍国内,而它的拍摄地正是韩国的济州岛,在大长今拍完后,韩国济州岛将拍摄地点建设成为一个旅游景区。在景区还原了当时的拍摄场景,并附有详细阐释,吸引了众多大长今迷前来旅游参观,成功地将电视剧创意融入景区的开发和宣传中,将创意引入到对济州岛的开发中,大大提高了景区的旅游魅力,吸引了大批旅客前往,尤其是被很多新婚夫妇设定为蜜月之旅。

四、影视旅游的文化创意开发

影视旅游是一种"后电影产品"的开发,电影产品的投资回报不仅体现在影线收入上,还包括与电影相关的其他项目收入,包括特种电影、动漫产品、主题演艺、文化衍生品等全产业链。比如卖给电视的播映权、用电影中的造型开发的物品(玩具、卡通人物等)、外景地改建成旅游景点的收入等电影附加产品,这就需要对原电影资源进行文化创意加工与再生产。影视旅游创意的思路是"影视为表、旅游为里,创意为器,文化为魂",遵循"以影视元素为基础,以互动参与的理念为核心"的创意原则,以体验性、时尚性与互动性为创意产品的开发导向。影视旅游文化创意的对象包括影视业态、作品本身、作品中的场景地、作品中的主人公、作品中的器具、作品拍摄地、作品拍摄过程中的人和事等。影视旅游业态创意的方法是主题化创意,它的对象可包括空间形态的主题公园、影视景区和时间形态的影视节。具体的创意方法可以归纳为"借势而为""深挖文脉""情景再现""借景上市"等。

"借势而为"是指借势影视或文学作品中的相关剧组、明星、经典场景、典型人物、精彩故事、演艺元素等创意旅游影视相关的演艺类节目。比如,横店影视城依托其拍摄的影视剧创意开发了《辕门斩子》《聊斋鬼屋》等演艺表演以及用《宝莲灯》精彩片段进行后期制作的"与你同录"等创意旅游活动。

"深挖文脉"是指挖掘每一部影视作品或文学作品中所代表的文化内涵,并用创意的方式表达出来。比如,《江南遗韵》《暴雨山洪》等把江南的水文化表现得淋漓尽致。

"情景再现"是指营造影视或文学作品中的经典场景或片段,给游人一种"身临其境"的模拟体验。比如,横店根据《无极》投资仿建了一座"无极魔幻城",并推出"杀王救倾城"和"放真人风筝"两个经典影视片段,深受游人喜爱。横店还提供专业的设备、服装、道具、剧本、化妆、场景、导演、摄制组等,推出按剧情开展"我到横店当演员"旅游活动,深得年轻人喜爱。[①]

"借景上市",是依托现有的著名景区流量,按照"景区+"的开发思路,依托景区开发高科技手段创意影视旅游项目或引进相关的科技创意影视旅游活动,达到借景上市的目的。比如,《五朵金花》就借助石林景区开发相关的旅游产品,尤其是把阿诗玛的形象都寄托在了石林的象形石之中。

案例链接:后电影产品开发

进入21世纪前后的短短几年中,韩国的电视剧由亚洲市场中的平价剧摇身变为抢手货,版权费用成倍增加。2004年韩国官方出版的《文化工业白皮书》中指出,本国输出电视剧的收入在过去5年飙升2倍,2003年

[①] 胡丹.影视旅游发展研究:基于文化创意的视角[D].扬州:扬州大学,2009.

已达到约合3亿元人民币。2005年，以约合5800万元人民币制作的韩剧《伤心恋歌》尚未在韩国上映，日本的电视台便已经以约合3000万元人民币的价格购入了该剧的播映权。韩国观光公社在对东南亚的旅游市场进行了细致的调查后发现，韩国电视剧中的演员以及摄影外景地、故事发生的背景地对于旅游者的吸引程度超过了其他的旅游资源。由于《大长今》在观众中广受欢迎，使得拍摄此剧的韩国文化放送电视台将为拍摄《大长今》而建造的外景舞台大长今村改为主题公园，在村内的每个场景都设置详细的说明。大长今村于2004年12月对外开往后，立即吸引了大批韩国本土、日本、中国台湾等地的旅游者前往追踪长今的踪影。现在，大长今村跻身于韩国民俗村，并被列为世界文化遗产的景德宫之列，成为新的吸引旅游者的著名景点。2004年，红遍东南亚的韩国连续剧《蓝色生死恋2》开播后深受影迷喜爱，为了满足观众的需求，许多的韩国观光旅游公司都以《蓝色生死恋2》的拍摄场景为主要的旅游行程大量做宣传，根据韩国观光公司的调查，该剧的播出大大带动了韩国旅游业持续加温的热潮，有3万多名的海外旅客因此而来韩国旅游。

第七节　旅游演艺

旅游演艺是文化旅游创意产业的核心业态，也是我国文化创意产业中具有比较优势的业态，在全球具有领先地位。文化旅游演艺产业有望成为继电影产业之后的下一个爆发性行业。

一、旅游演艺及其分类

旅游演艺是一种旅游产品，是依托地方旅游资源、运用文化创意、表演艺术的形式来表现目的地的精神文化产品。旅游演艺具有以下几种特征，一是旅游演艺的活动范围在旅游景区内；二是旅游演艺的意图在于吸引旅游者，尤其是外地旅游者；三是旅游演艺有专门的演出人员以及特定的演出场景（含剧院、酒店、大型广场等）；四是旅游演艺的演出内容主要是表现该地区的历史文化或民俗风情。在不同的发展阶段，旅游演艺的实现条件会有所改变，如现阶段主流旅游演艺大范围的引入现代化的声光电技术，满足旅游者对规模型阵容的视觉要求。旅游演艺可以提升旅游者的娱乐体验感、增强旅游景区吸引力、延长旅游者的逗留时间以及增加旅游消费总量。旅游演艺同时对于促进文化传承保护、文化价值提升、推动文化资源保护和优化也具有很大的作用，并对周围的产业发展产生极大的效益辐射。成熟的演艺文化功能区，每天上演的剧目可达36场，演出门票收入和因演出而带动的综合收入之比达到1∶7至1∶10，在每天观看演出的观众中旅游者所占比例近60%，旅游演艺业具有巨大的消费带动效应。

旅游演艺业则是围绕实现旅游演艺活动的各种行为及其行为主体构成的集合。按照不同的标准旅游演艺可以划分为不同的类型。按照演出场景可划分为室内剧场演艺、室外实景演艺、巡游演艺等（见表6-6）；按照依托对象可以划分为景区依托型、主题公园依托型、城市依托型（见表6-7）。

表6-6　按照演出场景分类

分类	特点
室内剧场演艺	固定的室内演出场景，人工造景与布景
室外实景演艺	固定的室外演出场景，自然山水与人工布景相结合
巡游演艺	无固定演出场景，根据演出场景不同，布景造景相应变化

表6-7　按照依托对象分类

分类	特点	案例
景区依托型	景区内部或附近；强势依托景区客流，演出主题较自由	《长恨歌》
主题公园依托型	多位于主题公园内部；演艺主题；内容；氛围与主题公园保持一致	《大宋·东京梦华》
城市依托型	位于著名旅游城市或规模较大城市；依赖城市旅游客源；代言城市文化与形象	《ERA-时空之旅》

二、旅游演艺业发展历程

2002年是中国旅游演艺业的元年，这一年，中国第一部山水实景演出《印象·刘三姐》诞生，2004年正式演出，创造了一种全新的演出形式。在2004年之后，国内的旅游演艺市场百花齐放，包括山水实景演出、剧院民族歌舞表演、实景舞台剧、超多媒体梦幻剧等多种类型，相继出现《ERA-时空之旅》《时空魅影》《印象·丽江》《禅宗少林·音乐大典》《大宋·东京梦华》《新刘海砍樵·天门狐仙》等大投入、大规模、大制作的旅游演艺品牌（见表6-8）。到2006年，在全国各重点旅游城市和旅游景区定时定点上演的、投资在百万元以上的旅游文化演出有153台，资金投入达17.9亿元，收入达26.8亿元，参加演出的专业和业余演职人员1.76万人，观众达1.67亿人次，涌现了一批场面宏大、制作精美的优秀作品，吸引了海内外广大旅游者，并获取广泛好评。到2008年，全国重点旅游城市和景区投资百万以上的旅游文化演出就达300台。2009年演出了497场，观众达130万人，演出收入逾2.6亿元。大型山水实景音乐剧《天门狐仙·新刘海砍樵》的面世，再次掀起了旅游演艺的高潮。2010年，35台演出被原国家旅游局列入

"旅游演出类国家文化旅游重点项目名录"。中国的旅游演艺实现了向主题化、专业化、规模化、品牌化、国际化的方向发展。[①]

表6-8 中国主要的旅游演艺节目

序号	省市	项目	单位
1	北京	京剧演出	北京首都旅游国际酒店有限公司前门梨园剧场
2	广西	印象刘三姐	桂林广维文华旅游文化产业有限公司
3	北京	功夫传奇	北京天创寰宇功夫剧院有限公司
4	浙江	宋城千古情	杭州宋城旅游发展股份有限公司
5	广东	魔幻传奇	长隆国际马戏大剧院
6	云南	云南印象	云南杨丽萍艺术发展有限公司
7	河北	吴桥杂技大世界园区演出	吴桥杂技大世界旅游有限公司
8	河南	禅宗少林音乐大典	郑州市天人文化旅游有限公司
9	广东	天地浪漫	深圳世界之窗有限公司
10	四川	蜀风雅韵	成都蜀风雅韵文化旅游发展有限公司
11	云南	丽水金沙	丽江丽水金沙演艺有限公司
12	陕西	长恨歌	陕西华清池旅游有限公司
13	上海	时空之旅	上海时空之旅文化发展有限公司
14	辽宁	东北二人转	辽宁民间艺术团有限公司
15	山东	孔子	济宁市曲阜孔子文化艺术团
16	四川	藏谜	九寨沟县容中尔甲文化传播有限公司
17	云南	印象丽江	丽江玉龙雪山印象旅游文化产业有限公司
18	北京	圣水观音	北京天龙源温泉旅游发展有限公司
19	黑龙江	冰上杂技	黑龙江冰尚杂技舞蹈演艺制作有限公司
20	贵州	多彩贵州风	多彩贵州文化艺术有限公司
21	湖南	张家界.魅力湘西	张家界魅力湘西旅游开发有限公司
22	宁夏	月上贺兰	银川艺术剧院
23	西藏	幸福在路上	西藏珠穆朗玛文化传媒有限公司
24	北京	飞翔	北京朝阳剧场、四川德阳杂技团

---

① 黄炜.旅游演艺业态创新驱动因素的扎根研究[D].天津：南开大学，2012.

续表

序号	省市	项目	单位
25	天津	相声、戏曲	天津名流茶馆
26	湖南	梦幻之夜 又唱浏阳河	湖南红太阳娱乐管理有限公司
27	浙江	西湖之夜	杭州金海岸文化发展股份有限公司
28	广西	梦幻漓江	桂林梦幻漓江演艺传播有限公司
29	江苏	灵山吉祥颂	无锡灵山实业有限公司
30	湖南	天门狐仙．新刘海砍樵	张家界天元山水旅游文化有限公司
31	江苏	扬州杖头木偶表演	扬州市木偶剧团
32	广东	天禅	深圳东部华侨城有限公司
33	青海	天域天堂	西宁市歌舞团
34	山西	升堂系列剧	平遥县衙博物馆
35	安徽	徽韵	黄山茶博园投资有限公司

三、旅游演艺的文化创意

（一）创意原则

1. 突出主题，突出地域文化特色

演艺的文化创意首先要有独具特色的演艺主题和风格。其次，重视对本土文化资源和内涵的开发，将文化资源与演艺科技手段相融合，建设具有地方特色的文化演艺产品。比如，《印象·刘三姐》就把桂林的自然山水文化以及侗、壮、苗族等少数民族文化融入演出中，突出了桂林的地方文化和民族文化特色。

2. 注重娱乐性、科技性与体验性的结合

旅游演艺在保证演艺产品艺术性和创意性的前提下，更要注重其娱乐性、科技性和体验性，通过综合运用舞蹈、歌曲、杂技、武术等多种艺术与创意手法，并充分利用声、光、电等高科技手段强化视听效果，让旅游者获取更多愉悦的体验。比如，桂林的《梦幻漓江》中展示了漓江的山水文化，采用了台上与台下的互动方式，非常重视观众的参与性与体验性。

（二）演艺创意的内容

1. 山水实景演艺创意

山水实景创意以景观文化、历史文化和传统文化为依托，以自然山水为舞台和背景，突破传统舞台的空间限制，将真实的自然环境转化为演出的有机组成部分。旅游者可以置身自然环境中，愉悦地观赏山水实景、积累人文知识、获得审美体验。比如以《印象·刘三姐》《印象·丽江》为代表的"印象"系列文化演出、古城西安的大型秦腔交响诗画《梦回长安》等，湖南省张家界的实景演出《桃花源记》《天门狐仙》《魅力湘西》等。这些实景旅游演艺节目，是世界级首创举。

2. 技能技艺演艺创意

技能技艺创意是以著名旅游城市为依托或在景区、主题公园内进行的歌舞、杂技、武术、曲艺等综合性表演的大型旅游演艺节目。杭州宋城景区的全景式立体歌舞表演《宋城千古情》融合歌舞、杂技艺术于一体，每年吸引200万海内外旅游者，每年创造直接经济效益2亿多元。此类产品还有长沙的湖南大剧院、田汉大剧院、琴岛演艺中心、桂林的梦幻漓江和北京歌舞剧院等。

3. 民俗风情演艺创意

民俗风情创意需依托原生态文化资源、浓郁的地域或民族风情，无论是演出内容还是表演形式，都力求原汁原味，民族文化的多元与丰富切合了现代人追求自然、回归传统的真实精神需求。比如，云南省丽江市的大型民族风情舞蹈《丽水金沙》通过优美的舞蹈语汇、丰富多彩的民族服饰、立体恢宏的舞蹈场面，开创了民族歌舞新的表现形式。此类演艺产品还有昆明的《吉鑫宴舞》和《云南印象》、九寨沟的《藏王宴舞》、张家界的《魅力湘西》《土风苗韵》等，吸引了海内外大量旅游者。

案例链接：张家界《魅力湘西》

从文化创意旅游的角度看，张家界的《魅力湘西》既融入了地方特色的少数民族风情的展示，又将湘西的历史文化长河的变迁演绎出来，这是湘西非物质文化遗产探索如何走向产业化的一个重要路径，使张家界的旅游市场从山水旅游向山水文化旅游立体化发展方向成功转型，也为全国非物质文化遗产产业化提供了良好的案例基础。然而开发《魅力湘西》的旅游演艺机构从2000年开始发展演出，但却在作为国家文化产业示范基地重新开演的2008年之后才有了巨大的成功。同样是借助湘西的少数民族文化资源来展现艺术魅力而创建的旅游演艺产品，前后发展却有这样大的差别，原因就在于重新开演的《魅力湘西》对文化作为一种符号进行了创造性挖掘，通过创意，将文化资源所拥有的深层次价值提炼发展成为典型的、不可复制的文化符号，利用旅游过程，将它们充分展示给旅游者，显现了文化创意旅游的价值。如今，张家界打出"魅力湘西"这一旗帜，将湘西旅游发展的整体形象提升到了文化包装的层面，而不仅仅局限于地域范围层面，这都是由于《魅力湘西》专注的正是从文化创意角度对全新湘西旅游形象的建设。现在到张家界，可以寄情山水，与大自然亲密接触，放松身心，也可以进入《魅力湘西》剧场，欣赏一台民族文化艺术展演。创意性融入独特又丰富的民族文化资源中，这场原生态表演无论从演员的衣装服饰、舞台实景道具、还是山水实景演出技术规模的背后巨型景图像，甚至到被重点表达的鲜明文化主题，都朝着湘西少数民族的原始文化精神方向回归，竭力呈现出湘西文化景观的原始风貌。

第七章 文化创意旅游产业链

　　文化创意旅游产业链是文化创意旅游产业研究的重要内容。文化创意旅游产业内部各环节之间和相关产业的联系较为密切，它们突破各自的技术边界、产品边界、业务边界、运作边界及市场边界，渗透或延伸至彼此的活动领域，使得整个产业链和价值链发生解构、重组、整合与创新，产生的互动效应和规模效应，促使旅游产业价值链增值，实现了资源、文化、生态、经济和社会的可持续发展。

第一节　文化创意旅游产业链的界定

一、文化创意旅游产业链的定义

文化创意旅游产业链构建意义重大，是促进产业链内部的业态协同发展、实现区域旅游经济和谐发展的关键所在。文化创意旅游产业可以通过横向（关联产业）、纵向两种方式构建产业链。纵向延伸主要针对旅游要素产业的深度开发，横向延伸重点则在与关联产业的融合发展。文化创意旅游产业链可以从狭义和广义两个视角来进行定义。

狭义的文化创意产业链就是纵向构建产业链，将创意运用于产品设计、制作、流通和营销的整个阶段，将创意与市场相融合，将创意贯穿于产业链始终。[1] 文化创意旅游产业链从纵向上看，可以分为上、中、下三个环节。首先是上游环节的文化创意旅游资源的深度挖掘和整合，了解旅游资源特征及秉性；其次是中游环节对文化创意旅游资源的设计与开发，提高文化创意旅游产品的吸引力，对文化创意旅游产品进行创意营销，建设文化创意品牌；最后是下游环节的文化创意旅游产业延伸，建设更有吸引力的文化创意旅游产品。文化创意产业有其完整的产业链，人才、资本、技术、制度、产业配套环境、交易传播渠道等是决定其发展的关键要素，且在不同的环节呈现不同的特征。从国际上的发展经验看，文化创意产业链中的核心环节是内容创意环节，关键环节是交易传播环节，这两个环

---

[1] 林小森.文化创意产业在香港旅游业成功的有益启示［J］.探索与争鸣，2007（8）:53-55.

节在整个文化创意产业的价值分配中占据高达 85% 的比重。[①]

广义的文化创意旅游产业链是横向构建产业链，为文化创意旅游者提供服务过程中以文化创意旅游为核心，贯通文化创意产业、旅游产业及相关产业，相互结成具有价值增值功能的战略关系链。从横向看，文化创意旅游产业已不仅涉及新闻出版业、广播影视音像业、文化艺术业、娱乐业、工艺品及其他制造业等，还关联第一产业、第二产业和第三产业中的农业、工业、水利等产业。比如，围绕文化旅游形成的演艺业、景观设计、实景多媒体视听技术等融合型产业链、围绕太空旅游形成的航天材料、仪表仪器、纺织面料等融合型产业链、围绕养生旅游形成的集食品、美容、医疗、体育于一体的健康产业链、围绕修学旅游形成的文化、教育、科普产业链、围绕商务旅游形成的策划咨询、旅游电子商务产业链等，这些产业链在空间上的集聚将逐渐形成城市的特色产业体系。

二、文化创意产业链构建流程

构建文化创意旅游产业链，首先需要发挥政府的引领作用，做好顶层设计及规划引导，促进文化产业、创意产业、旅游产业的完整产业链的建设，为文化创意旅游产业链发展奠定坚实基础；其次，要突出创意创新，将各种文化创意和要素有机整合，推出更多新式、新颖、新型的文化创意旅游产品和业态。比如，体现特色文化的文化创意纪念品，携带特定文化基因的手工制品等；再者，要强化文化、创意、旅游三者的有机融合，充分发挥文化产业、创意产业、旅游产业的比较优势，实现强强联合、互动共赢的局面，以此提升文化创意旅游产品的内在价值，创造出更具有价值的产品链、知名度和美誉度。

---

① 王国华. 转型经济时期文化产业发展的路径选择 [J]. 北京联合大学学报（人文社会科学版），2011，9（2）:71-77.

第二节　文化创意在旅游全产业链中的应用

现代产业发展需要以结构优化为主导,即以产业结构变动为核心的推动产业发展。文化创意旅游产业的发展模式是"用文化创意挖掘旅游资源,以资源开发促使资源结构升级;用文化创意创造旅游产品,以产品创新促使产品结构升级;用文化创意强化旅游营销,以市场拓展促使市场结构升级;用文化创意引领旅游消费,以消费促使消费结构升级"。在这种新型的发展模式下,生态、经济、文化和社会将获得可持续发展。因地制宜的资源开发、独具特色的产品设计、独特卖点的品牌营销是文化创意旅游研究的主要内容。

一、用创意深度挖掘与整合资源

旅游资源是生产旅游产品的"原材料",将文化创意与旅游资源相结合,以文化创意转化旅游资源为旅游产品,是创意旅游产业发展的重要模式,也是旅游产业从更广阔的范围和更深的层次挖掘资源、整合资源、利用资源的新途径。

(一)旅游资源的可塑性

自然界和人类社会凡能对旅游者产生吸引力,可以为旅游业开发利用,并可产生经济效益、社会效益和环境效益的各种事物和因素均可称为旅游资源。旅游产业是一种资源依托型产业,尽管随着现代信息技术的发展,出现了网络旅游、虚拟空间旅游等新型的旅游形式,但其仍然是建立在或实或虚的旅游"资源"基础之上,即新型旅游形式仍然是依托旅游"资源"而存在的。因此,旅游资源是旅游产业存在的前提,也是旅游品牌构建的基础,各种资源构成要素之间的组合状况决定了旅游资源的价值。新兴的视觉经济和注意力经济显示,旅游业在资源外延上具有无限性，存在于各类有形物质载体和无形的活动内容之中，只要旅游者有需求，就可以看作旅游资源，通过创意挖掘而融入旅游产业链之中。用创意挖掘文化旅游资源，有助于旅游资源的优化组合，文化品类的丰富、文化风格的独立、文化形神的精美将为重塑目的地的产业品牌建设良好的基础。

> **案例链接：故宫文化创意旅游商品**
>
> 2014年11月，故宫博物院首度发布吉祥物龙"壮壮"和凤"美美"，它们源自中国传统的吉祥龙凤。2015年1月，故宫线上商城正式上线，包含宫廷童趣、宫廷文房、宫廷家居、宫廷数码、宫廷服饰等多种类型的文化创意类型商品通过电商渠道正式销售。2015年，故宫文化创意产品多达8700多种，年营业额超过10亿元人民币。2016年6月和7月，故宫先后与阿里巴巴、腾讯两家互联网巨头合作，先是在阿里巴巴旗下的天猫开设"故宫博物院文创旗舰店""故宫博物院出版旗舰店""故宫博物院门票旗舰店"三个网店，比早期开设的故宫淘宝店更进一步。
>
> 故宫与腾讯开展战略合作，以NEXT IDEA腾讯创新大赛为平台，以故宫博物院藏品或故事为原型，围绕赛事主题、跨界合作和创新人才培养等层面，探索传统IP的活化模式，故宫将开放一系列经典文化作品和形象，如《雍亲王题书堂深居图屏》、《韩熙载夜宴图》（局部）、《海错图》（节选）、明朝皇帝画像、文化创意衍生品《皇帝的一天》《故宫大冒险》等，与NEXT IDEA的两项赛事"表情设计"和"游戏创意"展开合作，联合开发《天天爱消除》故宫特别版手游。
>
> 未来，腾讯和故宫的合作还将扩展到腾讯动漫、腾讯文学等业务平台。伸出剪刀手卖萌的四爷雍正、唱着RAP的朱棣、戴着VR头盔手托香腮的娘娘、以假乱真的朝珠耳机、雍正钓鱼书签、"朕就是这样汉子"折扇、"奉旨旅行"行李牌……故宫文化创意不但可以霸气，而且可以接地气，不但可以高尚文雅，而且可以萌萌哒，文化创意使故宫变得越来越"年轻"，成功俘获了"80后""90后""00后"年轻旅游者的心，600年历史的古老故宫也转而成为时尚潮流的旅游目的地。

（二）旅游资源的文化创意开发

旅游资源的文化创意开发首先是文化创意过程的旅游化，由于文化创意产业的相关内容和环节如游戏、产业园、艺术生产过程本身等极具观赏价值，将这些能够吸引旅游者的文化创意相关内容和环节作为旅游资源来开发。其次，运用文化创意手法整合文旅资源，将一个国家或地区的旅游资源和文化资源科学合理地重组，用创意挖掘历史文化旅游资源价值，对具有旅游开发价值的文化旅游资源进行整合与开发，以达到优化旅游资源组合的最大效率。再次，对民族经典文化进行创意化诠释与表达。可以依托风格各异的景观特色，深入挖掘文化内涵，根据现代需求重新诠释本民族经典文化的产品，运用音乐、电影、多媒体、网络等传统或者现代的多种方式不断创造、创新旅游产品。比如，当今蓬勃发展的旅游演艺业，不管是呈现出的旅游演艺产品的文化主题，还是展现出的旅游演艺产品的艺术表演特色，已经为当代中国文化塑造出了的一个个自然的人文新"景观"。最后，运用文化创意手段把文化通俗化，达到"深入浅出""潜移默化"的效果。依托深厚的历史文化资源，经过挖掘、整合、丰富和再创作，把其中一些人们喜欢并乐于体验的、拥有深层次艺术价值的内容转化为旅游新产品。

案例链接：冰嬉文化的创意旅游开发

冰嬉文化起源于宋代，冰嬉指的是古代冰上的活动，宫廷冰嬉活动鼎盛于清乾隆时期，民间冰嬉活动在北方较为普遍。冰嬉种类繁多，活动项目有抢球、走冰等，还可以配合一些溜冰技巧项目表演。在冬季，将欣赏雪景与亲身体验冰雪活动结合，使人能更好地参与其中。在对旅游者体验活动的冰嬉文化旅游产品开发中，旅游企业利用创意思维营造浓郁的传统冰嬉文化氛围，如冰嬉诗赋游、冰嬉故事与传说游等，不仅赋予了冰雪景观和游乐项目深厚的诗赋文化情趣，而且用人行政、坛庙祭祀、厪念农桑、省方问俗等历史与传说营造出了一种神圣而又不失生活乐趣的氛围，这些均已成为颇具吸引力的旅游新产品。从而在冰雪体育旅游产业中，除了滑雪项目外，有了更多的地域民俗文化特色的项目，这些项目也获取了大众的喜爱和支持。

二、用创意设计与开发旅游产品

根据马斯洛的需求层次理论,消费者的心理需求有极大的潜力和空间,需要激发和挖掘。文化创意旅游产品消费的主要是精神文化价值,属于精神需求产品,需要从旅游者价值创造的角度设计和生产产品,根据消费者的需求层次和价值认同差异度,有针对性地推出丰富多彩的创意产品,不仅满足消费者的现有需求,同时通过新创意产品激发消费者的潜在需求,创造新财富。

旅游产品不仅是旅游经济活动的主要载体,也是旅游产业价值链的核心价值所在。旅游产品的文化创意是指在原有的旅游产品中增加文化和创意内容,以提升产品的价值,或改变产品的价值构成和实现。由创意创新创造所决定的这种产品差异对创造高附加值的贡献远远超过产品质量的贡献。旅游产品内涵和外延的多样性和复杂性决定了产品创新的多维性,既可以是一种需要大量投资的物质创新,也可以是一种精神创造。文化创意的实现首先可以通过产品组合创意或文化注入或重新诠释产品,用于开发新产品。其次,增加产品中的精神和文化价值。再次,增加感官体验,比如味觉、感觉、兴趣等。文化创意旅游产品的设计需要注意以下几个要点,一是要选准创意互动的切入点,突出文化旅游产品的层次性;二是要提炼文化创意主题,突出文化旅游产品的高品位性;三是要丰富文化创意的内涵与外延,突出文化旅游产品的系列性,凸显创意旅游产品对文化旅游需求的多元化[1];四是要符合当代社会的价值观,即与现代价值观、消费观相契合。

(一)旅游者自主创意产品的设计

最高境界的文化创意旅游产品是让旅游消费者变成文化创意的生产者。创意不只是大师的专利,发展文化创意旅游产业,要依靠全民创意。旅游者一旦成为创意者,参与创意创新创造活动,新的创意观念和产品设计会从中源源不断的创造出来,给旅游者提供深刻的印象,获取精神满足感和思想富足感,也提高了旅游者对文化创意作品、产品和旅游的兴趣,从而提高旅游者对文化创意旅游的消

---

[1] 探讨:文化创意与旅游产品如何更好的融合?[EB/OL].(2018-04-08)[2019-02-25].https://www.sohu.com/a/227579039_247689.

费，使旅游产业与文化创意产业形成良好的互动。[①]

（二）文化创意教育旅游产品设计

文化创意旅游的重要功能是教育，也是最适合开发研学旅游产品。由于旅游者构成非常复杂，从事的行业各异，文化层次分级、兴趣爱好不同，这恰恰也为文化旅游创意提供了人才条件，形成文化创意的新视角、新思路和新方式，形成专家们无法产生的创意，并且好的创意也可以为行业所利用。当然，从旅游的角度来看，旅游者很容易找到朋友，而创意质量的好坏并不是旅游的目的，让旅游者体验其创意产生的过程才是最美妙的旅游经历，也是"创意旅游课堂"致力于的最终目的。比如，可以为旅游者建设一个"创意旅游课堂"，分设"雕刻创意旅游课堂""音乐创意旅游课堂""漫画创意旅游课堂""游戏创意旅游课堂"和"时尚创意旅游课堂"等，且邀请各个文化创意行业中的专家、知识分子、艺术家、手工艺者作为"创意思路引导师"提供专业指导服务。

（三）文旅互动型融合旅游产品设计

文化创意旅游产品的设计不仅需要把文化创意产业向旅游产业的渗透，也需要旅游产业向文化创意产业的渗透。只有在两者进行双向的渗透和融合的过程中找到两者融合的最佳切入点，才能设计创造出极富文化特色和具有丰富想象力的文化旅游产品。比如，上海8号桥工业创意园区既是文化创意产业的生产研发基地，也是旅游景区。园区内有很多旅游吸引物，也有小广场、休息室、餐厅、舞厅、酒吧等配套设施，整个园区集观光游览、学习教育、文化休闲于一体。

总体来讲，经过旅游产业与文化创意产业融合而产生的旅游新产品，从内容上，改造和创新了传统的旅游产品，提升了旅游产品的质量；从效用上，增强了旅游者对文化的认知，给予了旅游者更多的切身体验；从产业发展角度，一方面延伸了文化创意产业链，另一方面丰富和发展了旅游产业链，为两大产业的发展提供了更为广阔的发展空间。

---

① 杨娇.旅游产业与文化创意产业融合发展的研究［D］.杭州：浙江工商大学，2008.

案例链接：日本熊本熊

日本的熊本县是传统的农业县，旅游业并不发达。为吸引新干线开通后过境的大量旅游者，2010年熊本县向全社会公开征求创意，创造出了熊本县的官方萌物——"熊本熊"。熊本熊，生日：2010年3月12日；性格：好奇心旺盛，顽皮好动；爱好：做Kumamo操；职业：熊本县营业部长和幸福部长（相当于宣传部长）。熊本熊一经问世就火爆传开，很快成为日本人气NO.1，吸引了全世界的人到熊本县，熊本县也因此一举成名，由农业大县成功转型为日本乃至世界著名的旅游大县。在熊本熊横空出世的5年内，熊本县旅游人数直线上涨，每年增长幅度接近20%，并后来居上赶超了隔壁的阿苏地区。

根据熊本县的日本银行统计，自2011年11月至2013年10月，熊本熊为熊本县带来的经济回报高达1244亿日元（约合76.3亿元人民币），仅在2013年，就有1.6393万件商品使用了熊本熊的形象，2015年年底，"酷MA萌"系列商品零售额达1007亿日元，较之前一年增长56.6%。《日本时报》报道称，熊本熊主题商品的销售额已连续五年突破同类商品的历史纪录。

三、用创意塑造文化旅游品牌

旅游业需要产业的提升更新，除了硬件基础设施获取完善外，更重要的是在旅游者进入旅游景区内，感受到本地文化给人们带来特殊感受，利用本地的风土习俗、建筑特色、时代特点、文化内涵等诸多文化元素融入旅游者参与体验之中，形成文化旅游品牌和品牌影响力。

（一）品牌主题创意

旅游营销最终都需回归主题，形成主题品牌。创意主题营销需要根据旅游需求和消费行为特点，结合地方的主题文化特色，配套旅游者喜欢且能够积极主动参与的主题旅游项目，让旅客真正体验到主题文化旅游的乐趣。比如，广东梅州市 4A 级景区雁鸣湖旅游度假村紧扣"养生、休闲、参与"的主题，根据一年四季的时令，推出系列各具特色的主题旅游项目。这不但很好地填补了传统旅游淡季的空白，做到淡季不淡，而且有力地提升了景区的品牌和扩大梅州旅游的影响力。

（二）品牌体验创意

旅游活动实质是一种寻找文化差异、体验异地文化的审美过程。在全面客户参与体验时代，品牌体验就是让客户参与主题文化创意活动，亲身体验产品的功能性。不仅需要对用户深入和全方位的了解，而且还应把对使用者的全方位参与体验和尊重凝结在产品和品牌层面，需要把本地的特色文化融入旅游产业的基础设施、旅游项目、景区景观中，才能让旅游者体验到当地文化特有的内涵和审美品位，形成全流程文化品牌的感知，并让用户感受到被尊重、被理解和被体贴。比如，广东梅州客天下旅游产业园的建设主要由"十大文化工程"和"五大景区"组成。这十大文化工程包括客家鼎、客家赋、百米大型客家迁徙图、客家墟日图、印象客都、潘鹤四大雕塑、作家庄园、客家祠、梅花园、客天下巨石广场十个文化含量极高的项目。五大景区则包括客天下广场、客家小镇、千亩杜鹃园、郊野森林公园、圣山湖五个景区。

（三）品牌营销创意

激发消费者的新欲望和购买潜力，是新创意的市场基础，发展文化创意旅游产业实际上是倡导开拓新的消费空间，培育新的消费群体。品牌营销创意的核心、关键还在于"创意"理念具备足够吸引受众眼球的能力。品牌营销创意也依赖网络传播、新媒体传播等传播技术的更新。同时，一个有创意新颖的品牌内容，其本身就具有品牌营销的功能。比如，《时空之旅》是一个定位为杂技娱乐秀的旅游产品，通过创意，突破了原先艺术总是"单独户"的状况，把其他姊妹艺术融合在一起，把多媒体声、光、电、影的现代舞台技术融入传统杂技中，创造了梦幻剧这一崭新的艺术形式，迄今演出已经超过 600 场，观众超过 50 万人次，成为上海标志性的旅游文化产品，培育了一大批忠实的旅游消费群体。

第八章 文化创意旅游产业运营与促进

　　文化创意旅游产业运营模式是由产业内外能够促进文化创意旅游发展的相关因素共同构成的一个复杂系统,主要是指根据文化创意旅游的具体要求,整合各种产业要素,对文化创意产品内外部环境和管理运营模式进行完善提升,搭建文化创意旅游发展平台,从而促进文化创意旅游产品的销售和文化创意旅游企业集聚,最终实现文化创意旅游产业的聚合。

第一节　运营主体与模式

文化创意旅游产业运营主要涉及内部动力主体、外部动力主体两大主体。通过产业运营的内外部动力主体的互动和共同作用，促进文化创意旅游产品结构不断优化、业态不断创新、旅游要素产业配套不断完善，从而推动文化创意旅游产业的发展。因此，动力主体是文化创意旅游产业发展活力的动力源泉。

一、文旅产业主体

（一）运营企业

作为文化创意旅游的运营主体，文化创意旅游的运营企业负责文化创意旅游的开发、经营、管理和组织接待工作，需从整体运营的视角综合考虑闲置资源利用、经济效益获取、树立企业形象、扩大市场份额等层面的工作，完善配套的基础设施和服务设施，提高管理人员和工作人员的素质，促进和保证文化创意旅游活动的顺利开展，从而优化发展环境和搭建发展平台。

（二）文化创意企业

文化创意旅游是文化创意旅游产品、业态和品牌的设计者和生产者，它的发展需要有富有创意的旅游吸引物、集聚特色的创意旅游产品和浓厚的创意氛围。富有市场号召力的创意企业不仅开发文化创意产品，还倡导艺术生活，营造浓厚的创意氛围，甚至文化创意企业本身也是对文化创意旅游者具有吸引力的新型"旅游吸引物"。

（三）旅游企业

旅游需求是一种综合性需求，涉及吃、住、行、游、购、娱六大要素，为旅游者提供完善的、高质量的服务是文化创意旅游发展的关键，这些服务活动的提供会涉及酒店业、娱乐业、交通业和餐饮业等许多专业的旅游企业和机构组织。文化创意旅游主要需要饭店业、交通业、娱乐业、餐饮业和购物业等旅游企业作为其支撑。因此，众多的旅游企业也成为文化创意旅游产业发展的重要动力主体。

（四）创客

尽管中国已有高校开设文化创意专业，但在人才培养层面仍有较多不足，缺乏长于创意、精于创作、动手能力强、谋于市场的复合型高级文化创意旅游人才培训、人才奖励机制、人才引进机制等，严重束缚了中国文化创意旅游产业的发展。创客是文化创意旅游的主力军，他们是基于市场力量成长起来的一批文化创意旅游人才队伍。从近十年的经验来看，各国文化创意旅游的发展无不得益于自由职业者创客，他们有理想、有情怀和有抱负，同时具有创新和创意能力。他们既懂得文化、创意和旅游，又懂得产业和市场化运作。

（五）创意旅游者

创意旅游者是指以创意学习、生产和体验为目的的旅游者。他们的旅游需求更加理性、旅游方式的选择更加重视个人取向，更加看重的是通过旅游活动开展获得新奇的体验，追求思想活动的创造性和差异性。创意旅游者积极参与旅游生产环节，为旅游业的发展开辟了新的空间，产生了动漫旅游、音乐旅游、影视旅游等全新的旅游产品以及互动模拟、虚拟实境等新的旅游体验形式，从而催生了全新的文化创意旅游产业的运营模式。

案例链接：杭州市宋城集团旅游演艺

浙江省杭州市宋城集团经过数年的不懈探索和深入研究，推出一条将文化创意主题公园与旅游演艺项目融合发展的旅游新兴道路，经过数年的市场实践，成功塑造了其特有的旅游品牌，创造了全国文化演艺多项第一的奇迹。宋城集团的演艺旅游也成为文化创意产业和旅游产业融合发展的成功典范。

1. 模式为主，选择富有自身特色的经营模式

全国约有2500家主题公园，70%是亏损状态，20%收支平衡，仅有10%的主题公园是赢利状态；纯粹做演出大约有10%的利润可以获取，而单纯的主题公园收益也仅仅只能达到30%，但如果将主题公园和文艺表演融合发展，就会产生意想不到的惊人价值。正是如此，宋城集团在发展过程中创造性的突破传统旅游行业的古板模式，选择了一条独具特色的经营模式将把主题公园与演艺项目相结合，创造属于自己的辉煌。

2. 紧抓定位，与城市的发展方向相吻合

宋城集团的决策层始终将企业发展方向与杭州市的发展方向保持一致，在杭州的整体未来规划背景下，企业也以建设"全国文化创意中心"、建设"国际旅游休闲中心"等作为企业的发展目标，其宋城景区、杭州乐园和《宋城千古情》的定位与创新都是对杭州文化进行高度的提炼和升华，为杭州城市的旅游业发展提供了有力支撑，同时也借助杭州这座全国最佳旅游城市给自身带来了巨大的商机。

3. 细分市场，做旅游者最喜爱的主题乐园

市场的反应，决定着企业发展的未来。宋城将旅游者市场细分为三类：华东线组团市场、省市内组团市场以及各种专题市场，根据市场的切实需求有针对性的推出产品和营销方案。在华东地区设立众多的办事处，初步形成区域性的庞大市场网络，在此基础上积极与各大旅行社合作，不断开拓其他市场，增加知名度，吸引更多旅游者。宋城集团根据市场上结构的变化，对市场进行风险预测，分析应对措施积极布局，还认真听取旅游者的建议，不断对园区的建设进行整改升级。宋城能够积极根据气候季节的变化做出适合的主题乐园，以旅游者的需求与喜爱为先导，让其成为旅游者喜欢的主题乐园。

4. 推陈出新，形成企业发展核心竞争力

宋城集团一直坚持把自主创新作为企业的核心竞争力，在景区建设和项目推动过程中始终贯彻这一原则，不断把创意融入景区建设和演艺开发的改革中，才使宋城景区和宋城演艺持续辉煌，历久弥新。

> 宋城的演艺内容也会不断地推陈出新，力邀国内外一线的团队对于演出内容、演出效果进行一次次的改革提升，以求为观众带来更强烈的现场视觉体验。

二、行业外部主体

（一）政府

政府动员是我国文化创意旅游发展的重要特征，政府的政策支撑是文化创意旅游发展的重要动力因子。首先，政府作为区域旅游信息推广和旅游形象的营销者，通过开展或参加一些节事活动，比如文化创意产业展销会、文化产业博览会等和通过一些大众媒体，如电视、网络、报纸等对区域的文化创意旅游进行推广和宣传，这些活动将提升区域旅游形象、营造浓郁的文化创意旅游氛围，从而直接增加市场对文化创意旅游的需求，区域大环境的改善将为文化创意旅游产业的发展带来更多的市场机会。同时，政府还可通过成立文化创意旅游协会、开展文化创意旅游示范点项目评选等工作，评定出各种文化创意旅游示范产业园、示范基地、示范点等，这些荣誉称号不仅成为文化创意旅游进行市场营销的重要组成部分，还将获取政府给予的政策、资金等相关支持，这都对文化创意旅游的发展具有积极促进作用。

（二）旅行商

旅行商包括传统的旅行社和现代的OTA都是通过招徕、接待旅游者并为旅游者提供交通、食宿、票务、讲解等有偿服务而获取经济收益的企业。旅行商在文化创意旅游产业发展过程中也是发挥着一种桥梁的功能。旅行商其实是沟通旅游供给和旅游需求的中介性服务企业。作为旅游产业中的市场桥头堡，旅行商在旅游经济活动中扮演着组织、协调和传递市场信息的角色。他们不仅对市场分析最为独到，而且在产品设计、包装、宣传及服务层面有专业的经营理念，可以在较短时间内提升文化创意旅游知名度，扩大其销量。文化创意旅游通过旅行商的线路组织融入区域旅游环境，可以迅速而准确地在区域旅游中找准自己的位置，并对自身的产品结构进行定位，拓展文化创意旅游产业的空间产业链。

（三）营销媒体

旅游产品的不可转移性特征决定了其不能像其他商品一样输送到客源地供消费者使用、消费。旅游活动的经济效益是依托旅游者的空间转移引发的资金流、物流等而实现的。这也就决定了市场营销在旅游产业发展中的重要作用。作为一种新兴的旅游产品，报纸、电视、网络等广告媒体在文化创意旅游的发展中具有异常重要的作用。媒体的介入，可以将文化创意旅游的发展动态、最新信息及时地传递给公众，引起公众对文化创意的关注，从而迅速的形成特有的文化创意旅游品牌。

（四）社会组织

文化创意旅游社会组织是指能对文化创意旅游发展能够产生影响的既非政府单位、又非一般民营企业的事业单位的总称。作为文化创意旅游产业运营的外部动力主体，第三部门一般包括高等院校、科研机构、行业协会（旅游协会、音乐协会）和版权保护组织。以高等院校为例，通过将高等院校内部资源与文化创意旅游企业间进行整合，实现资源共享，从而使文化创意旅游企业的发展输出源源不断的创意人才、新知识、新思维、新工艺和新管理模式，从而极大地促进文化创意旅游产业产品类型的丰富和完善，往往文化创意旅游发达的地方也就是文化创意产业集中的地区。而文化创意产业发展的实践经验表明，在智力资源集中的高等院校周围，凭借其人文环境和学术资源优势，能够吸引大量的创意工作室、创意企业乃至创意聚落在此集聚，并逐步发展成为具有规模效应文化创意的旅游产业集群。

三、产业运营模式

文化创意旅游的发展需要良好的外部环境和内部条件。从外部来说，文化创意旅游产业的发展首先需要符合区域经济发展趋势，顺应政府的政策导向并获取政府的一系列政策支持；其次，需要有旅行商作为桥梁将文化创意旅游产品与潜在市场进行对接，并通过区域旅游线路的组织使文化创意旅游景点能够融入区域旅游发展大环境中，受益于区域旅游发展的带动；再次，借助营销媒体的积极推广使得文化创意旅游产品尽快树立自己的旅游品牌，从而扩大知名度；最后，借助各种第三方部门的帮助，通过资源整合为文化创意旅游的发展不断输入高素质人才，保持文化创意旅游的发展活力。文化创意旅游产业的运营是一项系统工程，需要从产业融合顶层设计、公共服务平台构建、市场主体培育、保障体系建设等层面统筹兼顾、科学推进。从内部来说，文化创意旅游的发展首先需要获取产业运营主体的肯定和重视，并积极地为旅游发展创造条件、营造氛围；其次，需要有大量的创意个体、创意企业的入驻，为创造产品、建设吸引物、营造浓郁的创意氛围；再次，要有大量的旅游企业为旅游者文化创意旅游活动的开展提供吃、住、行、游、购、娱等完善的配套服务；最后，还需要有大量旅游者的积极参与，使得文化创意旅游的发展模式能够最终落到实处。[①]

（一）目标：文化资产的增值与保值

文化创意旅游产业的终极目标是文化资产的增值与保值。这种增值与保值主要体现在以下几个方面，一是通过对非物质文化、文物、自然资源和人文社会资源等文化资源和旅游资源的分级分类保护，梯度推进，有序开发，实现文化和旅游资源的保值。二是应在发展中注意文化资本的固化，克服流动性带来的文化和资源风险。三是充分利用旅游市场推动文化开发和文化价值的实现，反过来通过文化提高旅游的附加值，二者相互加持。四是充分利用创意推动文化资源的产品化，提高旅游活动的体验价值。

（二）任务：实现文化有机更新与文化生长

一个国家、一个民族存续的基本原因是能够在历史长河中实现对自己文化的有机更新与文化生长。文化创意旅游是一个民族文化有机更新与文化生长的重要推动力，因此文化创意旅游的主要任务是推动中华文化的有机更新与文化生长，助力中华民族的伟大复兴与持续发展。文化创意旅游中既需要对历史文化通过创意手段和旅游市场检验进行创意传承与发展，更需要通过创意旅游活动与实践加快文化在国内的传播与交融发展，同时与国际上的优秀文化进行交流与互鉴，推动文化的有机更新并形成当代新的社会文化。

---

① 于超.泰安太阳部落景区文化创意发展研究［J］.泰山学院学报，2017，39（2）：37–43.

（三）主体：培育市场主体和创意阶层

1. 市场主体

市场主体是文化创意旅游发展的第一因素，也是最为活跃的因素。首先，加强旅游企业和文化创意企业的培育，组建跨界融合的产业集团和产业联盟，建设文化创意旅游中小企业集群，培育具有地方特色的文化创意旅游企业。推动企业之间协同创新力度，联合进行产品创意设计和商业模式创新，通过资本融合、并购、组建战略联盟等进行深度合作。其次，支持创客的培养、帮扶，让创客创业成为文化创意旅游的核心力量之一。最后，全行业营造创新创意创造文化的氛围，潜移默化地培育一批忠实的创意旅游者，并与创意企业和创客之间形成良性互动，成为创意人才的主要来源之一。

2. 创意阶层

创意阶层其实质就是随着文化创意旅游产业的发展，创客和文化创意旅游者群体的扩大而形成的一个社会阶层。旅游创意阶层的培育是实现文化创意旅游发展的关键，要着力培养创新型、科技型、复合型文化创意旅游人才，他们不乏具有国际视野、战略眼光、专业水准和领军能力。因此，应构建多渠道、多形式、多途径的文化创意人才培养机制、渠道和平台，充分发挥市场在创意人才资源中的调配作用，实现创意文化人才通过人才中介机构的合理流动，促进创意阶层和经营业者融入本地社区，并制定符合市场需要的创意人才激励政策，对有突出贡献的优秀创意人才和突出贡献的创意人才予以表彰和奖励，也可通过举办全国文化创意旅游技能大赛等选拔人才。

（四）平台：搭建文化创意旅游发展平台

建立文化创意旅游公共信息服务数据资源共享和分级管理机制，搭建政府公共信息服务平台，为产业融合政策供给、信息咨询以及主体间沟通交流等提供迅捷的公共信息服务。创设文化创意旅游产权交易平台。文化创意创设产业融合投融资平台，通过国家财政激励和补贴机制对产业融合项目的监督和引导。创设文化创意旅游城市联盟、企业联盟等社会组织，配套建设文化创意联盟网络平台。

（五）环境：营造健康的产业营商环境

政府是文化创意旅游的主要推动者，但文化创意产业的融合发展需要更广泛的参与者，特别是相关的开发商、社区居民、从业者，他们才是保持文化创意旅游发展的生命力。政府应成为文化创意旅游发展的政策制定、方向引导者，同时推动文化、旅游、影视、出版和体育等多个部门协同合作。成立文化创意知识产权评估交易中心，为文化创意旅游企业提供知识产权登记、发布、展示、保护、交易等综合服务。完善文化创意旅游产品价值评估及产权交易机制，建立健全文化创意旅游产品知识产权信用保证机制，为旅游业和文化创意产业的渗透、交叉和融合提供法律保障。设立由参与主体、社区居民、开发商、从业者等利益相关者组成的管理协会，作为第三方机构来协调开发商与当地居民的利益关系、经济发展与文化发展的关系，反哺当地经济，并让当地老百姓有获得感。创设宽松自由的文化创意旅游社会环境，建设开放包容、充满活力的创意城市、创意景区、创意园区和创意社区，积极培育创意阶层。

第二节　文化创意旅游促进

文化创意旅游的发展需要遵循其发展规律,以改革创新为动力,以政策支持为保障,以转型升级为目标,把文化创意旅游业发展成为文化传承、精神生产、提升产业、拉动消费的综合产业平台。

一、政府统筹引导

(一)政府统筹推动

旅游业与文化创意产业的深度融合并非完全依靠市场来实现,政府必须主动参与。政府对文化创意旅游产业的支持首先应该表现在政策上,英国、美国、新西兰和韩国等为实现经济转型升级,积极配套文化创意旅游产业相关的法律法规。我国需制定鼓励旅游业和文化创意产业融合发展的宽松的产业政策和技术标准体系。其次是资金层面,政府应主导形成固定的文化创意旅游投入机制,并出台一系列优惠免税政策支持文化创意旅游产业的发展,以文化创意和知识产权为引领,注重市场主导和创新驱动相结合,推动产业结构"创意转向"。面对文化创意旅游发展过程中出现的文化趋同现象,地方政府可以利用其行政职能,通过政策引导,发挥经济的杠杆作用,引导本土文化的科学发展,重新认识本土文化的价值,激发他们的文化自豪感,促使他们自觉地去维护本土的文化传统创意利用。

(二)多部门协同

文化创意旅游的产业创新、文化创意、价值提升并非仅仅是研发与设计的任务,还包括文化更新、文化生长、技术创新、营销创新、经营管理创新等,因此,文化创意旅游不能归口于文化和旅游部门,归根结底需要跨部门整合多主体协作,需充分调动景区的财力、渠道、销售、营销、地段等资源，才能实现文化创意产品的变现转化，推动文化创意旅游产业的科学发展。

二、知识产权保护

知识产权保护是文化创意旅游生存和发展的关键。我国旅游同质化、低端化和山寨化现象突出，亟待加强版权保护。而且，要开发出高质量的文化创意产品，需要有较高的成本，从设计到生产，需要大量的研发费用，需要有持续的资金投入，也需要专业人才。文化创意旅游商品的发展只有加强知识产权保护才能健康持续。加强版权的保护，是文化创意产品从作品到产品转化过程必须重视的环节。文化创意产品从创意到设计是一个团队共同协作的过程，版权是文化创意产业核心的竞争力，必须尊重和保护。为此，首先要提高知识产权保护意识。学习知识产权保护层面的法律法规，如专利法、专利法实施细则、商标注册、商标认定等。其次，加强自主知识产权保护工作。开发出的每一个文化创意产业项目在推向市场以前，都要进行专利申请、商标注册、产品登记等。再次，实现全过程、全方位的知识产权保护。文化创意产业项目要从研究、设计开发、生产、销售整个过程进行知识产权保护，使企业、个人的知识产权都受到法律保护。最后，建立法律咨询机构。聘请专业律师团队，为自主研发项目提供知识产权保护层面的法律服务。

三、文化资源保护

文化资源的保护式利用的本质就是文化有机更新。一方面，不注重文化生态和文化多样性的保护，则会导致文化资源消失和文化生态被破坏，其危害绝不亚于自然界对人类的惩罚。另一方面，文化创意旅游发展中文化资源的保护表现的更为复杂，它具有旅游者参与生产和个性化体验的特征，这种"参与"和"体验"增加了文化的流动性风险，尤其当商业利益介入其中时，则会面临文化被过度商业化的风险，文化的完整性、真实性与可持续性面临系统性破坏的挑战。因此，文化的有机更新与生长，就是要保护地方文化系统性与生态性，文化创意化、文化旅游化和文化商业化的方式要控制和调适，掌握创意化、旅游化和商业化的"程度"，这种开发的"程度"的底线是保持文化生态系统的"存活"与"生长"，恰如一个有机生命体，对文化资源的开发与利用之后能够确保它的完整、真实和可持续性，并具有顽强的生命力。

四、旅游者教育与管理

文化创意旅游一个很重要的特征就是旅游者参与性强、体验性强和学习性强。文化创意旅游首先对旅游者的素质有一定的要求，特别是对于深度的文化创意旅游者，需要掌握一定专业技能或知识，如果达不到，文化创意旅游供给商还需要对旅游者进行一定的培训。其次，创意旅游者则对旅游的内容有浓厚的兴趣，其本身参与文化创意旅游的过程就是一个文化创意生产的过程，因此对于创意旅游者的教育甚至不亚于专业教育。最后，文化创意旅游的崛起的关键力量是文化创意旅游阶层的崛起。因此，需要对游客提供文化旅游资源保护的普及性教育，应对旅游者加强管理，教育、引导他们自觉遵循起码的道德规范，形成以创意创新为导向的相关制度和创意文化。

案例链接：老旧工厂的文化创意旅游

1．八号桥：从闲置厂房到工业旅游示范点

曾经是闲置的汽车制动器厂房的八号桥，历经改建，如今是汇集了中外创意产业的翘楚，一跃成为文化与时尚的聚集地，甚至还是全国工业旅游示范点中首个以创意产业为特色的示范点。改造后的八号桥吸引了海内外众多艺术设计类及时尚类的创意公司入驻，占整个创意园区的80%，包括国际知名建筑及室内设计、影视制作、艺术画廊、广告、公关、媒体、顶级餐饮等。其余的20%则被改建成为休闲设施。

2．莫干山路50号："上海的塞纳河左岸"

被称为"上海的塞纳河左岸"的莫干山路50号，隐匿在苏州河岸旧的工厂仓库里，红砖青墙中聚集着多个艺术家工作室、艺术中心以及画廊，老仓库变成时尚的艺术作品创作工坊，自然成为社会关注的焦点。

而且这些工作室是长年对外开放的，徜徉其间，既可以感受新锐艺术的气息，又可以看艺术家如何现场挥毫泼墨，将脑海中的灵感化为纸上神奇，观赏性大大提升；正在招收学徒的手绘玻璃小作坊增加了整个园区的互动参与性，而同样被赋予艺术气息的咖啡馆则填补了莫干山路50号餐饮休闲空白。

3. 1933老场坊：脱胎换骨后"倚老卖老"

1933老场坊作为曾经的远东最大的屠宰场，经过重新设计改造后，吸纳了外滩18号的高档时尚、新天地的人气活力、田子坊的艺术氛围。脱胎换骨后的1933老场坊里汇集了多个创意设计工作室，在那里的创意设计街上，人们可以享受创意设计师们为他们量身而制的独家设计。让人感慨的是老场坊并没有因新元素的融入而摒弃古老的韵味，而是"倚老卖老"，用现代的审美观来"卖老"，以增强对旅游者的吸引力。

第三节　文化创意旅游前景与展望

一、文化创意旅游成为旅游业发展的核心业态

旅游业与文化创意产业的融合发展引起联合国教科文组织、世界旅游组织、欧洲旅游与休闲教育协会等国际组织的高度关注，英国、美国、新西兰等国家也十分注重旅游业与文化创意产业的融合发展，相继制定了产业融合发展战略并付诸实践。从需求侧来看，未来十年，"文化创意 + 旅游产业"具有巨大的融合空间和广阔发展前景，文化创意必将成为中国旅游业创新发展的重要引擎。我国旅游业正在从资源导向时代向创意导向时代全面转变，用创意挖掘旅游资源价值提升资源附加值，创造市场需求和引领市场需求。从供给侧来看，文化创意旅游已经成为旅游景区、旅游企业及相关部门共同参与的新领域、新热点，为旅游业的发展注入新动力，文化创意旅游成为旅游产业发展的新引擎和新的增长极。

二、文化创意旅游成为一种新的生产和生活方式

文化创意旅游不只是一种新业态，而是可渗透于生产和生活的各个环节和方方面面。文化创意旅游的关键在于构建和输出文化价值主张和文化旅游生活方式，它以文化性和精神性以及渗透性和融合性，打破旅游业的发展边界，大大扩展了旅游业的发展空间并丰富了旅游的内涵。文化价值主张的构建与输出是指展现和教化一种生活方式和精神风范，其产品不再是一两种生活要素，而是"生活"本身，正如安徒生所说："旅游即生活"，因而能够占据价值链的上游，由此使旅游体验更加的深度化、个性化、高品质和高附加值，也为城市乃至国家赢得强大而持续的竞争力、影响力和感召力。文化创意旅游不仅着眼于以文化来满足体验，

更是以一种"创意"的方式去满足人类无限的"梦想"。因此，文化创意旅游会成为未来人们获取幸福感的基本生活方式之一。

三、文化创意旅游业态将不断演进与创新

随着文化创意旅游的市场化将推动其发展深度化、细化、融合化和新型化发展。主题公园、文化创意产业园、创意聚落、博物馆旅游、文化节事旅游、影视旅游、旅游演艺等文化创意旅游业态将不断融合演进。主题公园与文化节事、影视旅游、旅游演艺等业态将深度融合成综合业态，文化创意产业园、创意聚落、博物馆旅游会相互融合发展，甚至相互进行业态转换和业态集聚。此外，随着高科技的发展和创意产业的迭代，特别是 5G 技术的兴起，文化创意旅游中虚拟旅游、主题公园、影视旅游、旅游演艺等科技依赖型业态将得到全方位的提升。随着网络社会的进一步发展和成熟，文化创意旅游产业的生产方式、产品形式、营销模式和消费方式会进一步现代化、网络化和国际化。

四、文化创意旅游政策将进一步完善与创新

文化创意旅游发展政策对贯彻落实文化强国战略，增强文化影响力和竞争力，振兴文化产业和旅游产业具有引导、调节的重要功能，作为相对独立、特征鲜明、潜力巨大的新型旅游形态，文化创意旅游具有强劲发展势头，国家将出台具体鼓励和扶持性产业政策为其发展保驾护航。尤其是财政、税收和金融等政策的扶持力度，对文化旅游市场和文化旅游企业的宏观指导和政策引导，对文化创意旅游产业园、创意聚落、主题公园、国际知名旅游演艺品牌建设等将出台更具体的实施办法及扶持政策细则。同时行业协会组织也会制定科学、合理、规范的行业标准和评价体系，把制度理性转化为技术理性，推进文化、创意与旅游深度融合发展。

五、文化旅游管理体制改革将进一步深化

文化旅游的深度发展势必带来文化的各种形态与旅游的深度结合，尤其是在

高科技浪潮之中，文化产业不断升级换代，新型业态不断涌现，必然催生更丰富的文化旅游业态，这就对深化文化旅游管理体制改革提出了客观要求，完善和推进文化旅游发展政策，需要加快文化、旅游系统管理体制机制改革，以使两个部门的管理工作协调一致，从现实条件来看，地市级及以下的文广新局与旅游局的合并将会成为文化体制改革的一个新趋势，从长远来看，考虑文化旅游业态的充分发展，文化、旅游、影视、出版和体育等多个部门协同合作机制建设也会成为完善文化旅游发展政策的客观要求。

主要参考文献

[1] 白凯,原勃.扎根理论下的印象系列分析[J].陕西行政学院学报,2009,23(1):15-20.

[2] 白杨,陈藻,何虎.我国文化创意产业中的知识产权保护问题研究:案例分析:"山寨产品"烟花般繁华的背后[J].法制与经济(中旬刊),2011(9):139-140.

[3] 陈安华,宋为,周琳.乡村风貌的城市化现象及其影响因素分析[J].浙江工业大学学报,2017,16(1):22-26.

[4] 陈斌.文化创意旅游商品不能重文化轻创意[N].中国青年报,2015-07-09(011).

[5] 陈文渊.城市夜景观设计的意义和原则[J].福建广播电视大学学报,2008(1):71-72.

[6] 崔国,褚劲风,王倩倩,邹琳.国外创意旅游内涵研究[J].人文地理,2011,26(6):24-28.

[7] 戴光全.重大事件对城市发展及城市旅游的影响研究[M].北京:中国旅游出版社,2005:26-31.

[8] 范春.大力开发我国"节"和"节文化"旅游资源[J].渝州大学学报(社会科学版),2001(5):73-75.

[9] 符亚宾.张家界旅游娱乐业发展现状及对策研究[J].中南林业科技大

学学报，2010，4（1）:115-119.

［10］郭胜.旅游节庆的策划与市场化运作［J］.北京第二外国语学院学报，2005（3）：111-114.

［11］郭伟.上海节庆旅游的发展对策［J］.技术经济，2001（2）:45-47.

［12］胡惠林.文化产业学概论［M］.上海：上海文艺出版社，2006：109-112.

［13］胡璇.风景旅游区公共集散广场功能与空间形态设计研究［D］.长沙：湖南大学，2012.

［14］吉文桥.关于"节庆经济"的思考［J］.学海，2003（2）：56-60.

［15］李建中.论社会主义的文化产业［J］.人文杂志，1988（3）:38-44.

［16］李杰铭.小城镇风貌设计研究［D］.合肥：合肥工业大学，2017.

［17］李珂.文化创意产业与旅游产业融合的路径研究［D］.成都：四川师范大学，2015.

［18］李平生.谈文化旅游创意产业及其产品认定［J］.商业时代，2010（8）:118-119.

［19］李永菊.文化创意旅游产业的内涵［J］.中国集体经济，2011（15）:137-138.

［20］林小森.从香港旅游业的成功策划看文化创意产业的特点［J］.上海商业，2007（11）:27-29.

［21］林小森.文化创意产业在香港旅游业成功的有益启示［J］.探索与争鸣，2007（8）:53-55.

［22］刘丽莎.文化创意视角下旅游景区形象传播研究［D］.保定:河北大学，2012.

［23］刘庆慧.公共艺术介入旅游环境空间的价值导向研究：以徐州汉文化旅游景区为例［J］.美与时代（城市版），2016（11）:85-86.

［24］娄在凤.嘉兴文化创意旅游发展模式及对策研究［J］.嘉兴学院学报，2013，25（4）:67-71.

［25］马勇，舒伯阳.区域旅游规划：理论方法案例［M］.天津：南开大学出版社，1999.

［26］覃莎莎，姚小云.文化创意视角下民族地区旅游商品品牌创新研究：

以张家界为例［J］.旅游纵览（下半月），2017（9）:140-141.

［27］谭颖.博物馆旅游开发现状及发展研究［J］.绵阳师范学院学报，2007（3）:93-96.

［28］唐任伍，赵莉.文化产业：21世纪的潜能产业［M］.贵阳：贵州人民出版社，2004：8.

［29］田志梅，陈嫱.文化创意产业格局下的土家旅游商品创新设计：以西兰卡普为例［J］.创意设计源，2018（5）:54-58.

［30］王国华.转型经济时期文化产业发展的路径选择［J］.北京联合大学学报（人文社会科学版），2011，9（2）:71-77.

［31］王昊.旅游影视的特征研究［J］.乐山师范学院学报，2012，27（5）:63-66.

［32］胡丹.影视旅游发展研究：基于文化创意的视角［D］.扬州：扬州大学，2009.

［33］黄炜.旅游演艺业态创新驱动因素的扎根研究［D］.天津：南开大学，2012.

［34］王慧敏.文化创意旅游：城市特色化的转型之路［J］.学习与探索，2010（4）:122-126.

［35］王欣，杨文华.文化创意旅游产业发展模式及北京市发展对策研究［J］.北京第二外国语学院学报，2012，34（11）:30-35.

［36］翁剑青.公共艺术的观念与取向［M］.北京：北京大学出版社，2002.

［37］吴国清.旅游线路设计［M］.北京：旅游教育出版社，2006.

［38］陈兴中.旅游开发与规划［M］.北京：科学出版社，2005.

［39］肖梓瀚.对文化创意旅游的分析与研究［J］.中国集体经济，2018（7）:122-123.

［40］王莉莉.文化创意产品设计:旅游纪念品设计研究为例［J］.大众文艺，2012（22）:59-60.

［41］熊锦.旅游礼仪研究综述［J］.湖南商学院学报，2008，15（2）:69-72.

［42］徐莉，周保梅，杨兰会.生态理念下的城乡规划设计分析［J］.工程技术研究，2017（12）:202-203.

[43] 徐无瑕. 基于"产住共生"的文化创意聚落混合功能空间研究 [D]. 杭州：浙江工业大学，2015.

[44] 徐秀平. 新常态下文化创意旅游融合发展策略研究：以江苏省常熟市为例 [J]. 四川旅游学院学报，2017（3）：54-56.

[45] 薛兵旺. 文化创意产业与旅游产业融通效应与发展模式研究 [J]. 西南民族大学学报（人文社会科学版），2015，36（1）：168-171.

[46] 杨桂红. 文化主题公园整体形象研究及策划 [J]. 经济问题探索，2003（3）：106-109.

[47] 杨英. 节庆旅游效应分析：以广东省国际旅游文化节为例 [J]. 特区经济，2010（4）：151-153.

[48] 于超. 泰安太阳部落景区文化创意发展研究 [J]. 泰山学院学报，2017，39（2）：37-43.

[49] 袁锦贵. 基于全产业价值链的文化创意旅游发展研究 [J]. 旅游论坛，2015（2）：82-88.

[50] 苑捷. 当代西方文化产业理论研究概述 [J]. 马克思主义与现实，2004（1）：98-105.

[51] 金元浦. 重新审视大众文化 [J]. 当代作家评论，2001（1）：84.

[52] 张俊杰. 开发文化娱乐游 振兴桂林旅游经济 [J]. 桂林市教育学院学报（综合版），2000（1）：15-18.

[53] 张坦. 生态休闲旅游背景下山区乡村风貌提升策略研究：以张家口小五台山区域为例 [D]. 张家口：河北建筑工程学院，2019.

[54] 张文洁. 英国创意产业的发展及启示 [J]. 云南社会科学，2005（2）：85-87.

[55] 张玉蓉. 加强旅游业与文化创意产业深度融合的有效途径[N]. 光明日报，2015-05-17（007）.

[56] 薛兵旺. 文化创意产业与旅游产业融通效应与发展模式研究 [J]. 西南民族大学学报（人文社会科学版），2015（1）.

[57] 郑玉. 创意民宿设计 助力乡村振兴 [J]. 中国住宅设施，2018（9）：60-61.

[58] 周静书. 对轨道交通地铁站文化创意的思考与建议 [N]. 宁波日报，

2012-06-12（A08）.

［59］周钧，冯学钢.创意旅游及其特征研究［J］.桂林旅游高等专科学校学报，2008（3）:394-397.

［60］左鲜菊.谈创意在桥梁设计中的作用［J］.企业科技与发展，2010（14）:185-186.

［61］李永亮，梁衡义.城市轨道交通文化创意产品开发模式探讨［J］.都市快轨交通，2012，25（1）:64-67.

后记

国家旅游局与文化部进行机构改革整合之后，文化与旅游的研究逐渐成为热点，但事实上文化创意与旅游的融合发展在机构改革之前就是一种客观的存在。不管是中宣部部长黄坤明提出的"以文塑旅，以旅彰文"还是文化和旅游部部长雒树刚所倡导的"能容则容，能融尽融；以文促旅，以旅彰文"，都表明了文化与旅游的融合原则、效应和方向。文化与旅游的融合主要表现为文化、创意与旅游的融合，其融合发展所孵化的最终结果是文化创意旅游业的诞生。文化创意旅游对中国而言具有天然的文化资源优势，有着历史文化、生态文化、民族文化、医药文化等丰富而特色的文化资源。西方国家历史文化资源相对稀少，他们对文化的开发更多是基于想象，面向未来文化，而中国不但拥有当代文化和未来的文化，更重要的是拥有上下五千年的历史文化和独特的中华文化，这是中国文化创意旅游业发展的国际比较优势。但实事求是地来说，由于近代以来中国积贫积弱，国力不济，没有能力和资金来开发文化资源，导致了长期以来中国的文化资源处于沉睡状态，文化资源被破坏、浪费、低效利用或闲置现象尤为严重。十八大以来，中国进入新时代，提出了两个100年目标，中华民族的复兴成为当代人的重要历史使命，而中华民族伟大复兴的核心要义是中华文化的复兴。如今，中国综合国力也进一步增强，社会主要矛盾发生了重要的转变，"满足人们对美好生活的向往和追求"成为发展的目标导向，文化创意旅游是把文化资源转变为文化资产的重要手段和方式，为人民提供美好创意生活和美好旅居生活的支撑产业。

本书能够顺利付梓，感谢李一凡老师的推荐，耿秀彦老师的主持以及李石华老师的全程敦促与辛苦付出。全书理论与实践相结合，以创意思维的方式，全方位解构了文化创意+旅游产业，系统阐释文化创意+旅游要素、文化创意+旅游目的地、文化创意旅游业中二者互动、渗透、融合和孵化发展的规律、过程和案例。我的研究生王娜（第一章、第二章、第三章、第七章）、王尧（第四章、第五章）、陈晓芬（第六章、第八章）深度参与了本书前期资料和文献整理，付出了艰辛的劳动。由于文化创意旅游内涵深刻，外延丰富，是一个庞大的学科交叉型的知识体系，写作过程中吸纳了大量学者前期研究的思想、成果与观点，很多案例是根据网络资料等整理而来，在此一并表示感谢！

2019年6月